"十三五"国家重点图书出版规划项目

新版《列国志》与《国际组织志》联合编辑委员会

主　　任　谢伏瞻
副 主 任　李培林　蔡　昉
秘 书 长　马　援　谢寿光
委　　员（按姓氏音序排列）

陈东晓	陈 甦	陈志敏	陈众议	冯仲平	郝 平	黄 平
贾烈英	姜 锋	李安山	李晨阳	李东燕	李国强	李剑鸣
李绍先	李向阳	李永全	刘北成	刘德斌	刘新成	罗 林
彭 龙	钱乘旦	秦亚青	饶戈平	孙壮志	汪朝光	王 镭
王灵桂	王延中	王 正	吴白乙	邢广程	杨伯江	杨 光
于洪君	袁东振	张倩红	张宇燕	张蕴岭	赵忠秀	郑秉文
郑春荣	周 弘	庄国土	卓新平	邹治波		

列国志 新版

GUIDE TO THE WORLD NATIONS

顾章义　安春英
编著

THE FEDERAL
REPUBLIC OF SOMALIA

索马里

社会科学文献出版社
SOCIAL SCIENCES ACADEMIC PRESS (CHINA)

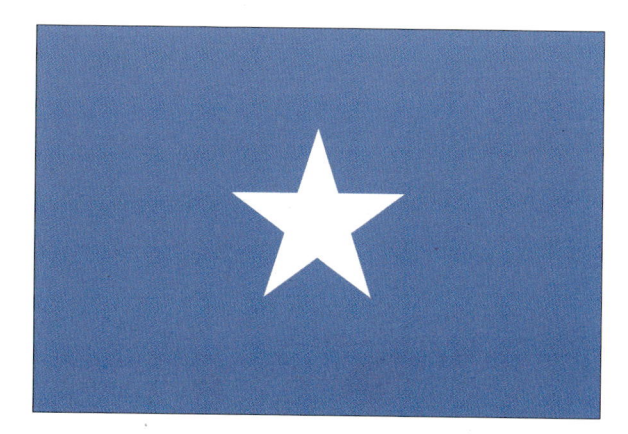

索马里国旗

索马里国徽

哈尔格萨警察（Abdifatah Said Jibril 摄）

哈尔格萨军队（Abdifatah Said Jibril 摄）

农村妇女和儿童（Abdifatah Said Jibril　摄）

盖比莱动物（Abdifatah Said Jibril　摄）

摩加迪沙的 LIDO 海滩（中国驻索马里大使馆　提供）

哈尔格萨饮食（Abdulhakim Abdi　摄）

各国有关资源开发、环境治理的内容;特设"社会"一章,绍各国的国民生活情况、社会管理经验以及存在的社会问题;增设"大事纪年",方便读者在短时间内熟悉各国的发展;增设"索引",便于读者根据人名、地名、关键词查找所相关信息。

顺应时代发展的要求,新版《列国志》将以纸质书为基础,面整合国别国际问题研究资源,构建列国志数据库。这是国志》在新时期发展的一个重大突破,由此形成的国别国际题研究与知识服务平台,必将更好地服务于中央和地方政府门应对日益繁杂的国际事务的决策需要,促进国别国际问题究领域的学术交流,拓宽中国民众的国际视野。

新版《列国志》的编撰出版工作得到了各方的支持:国家管部门高度重视,将其列入"'十二五'国家重点图书出版规项目";中国社会科学院将其列为创新工程学术出版资助项王伟光院长亲自担任编辑委员会主任,指导相关工作的开国内各高校和研究机构鼎力相助,国别国际问题研究领域知名学者相继加入编辑委员会,提供优质的学术指导。相信各方的通力合作之下,新版《列国志》必将更上一层楼,以新的面貌呈现给读者,在中国改革开放的新征程中更好地发挥作为"知识向导"、"资政参考"和"文化桥梁"的作用!

新版《列国志》编辑委员会
2013年9月

《列国志》编撰出版工作自 1999 年正式启动
出版 144 卷，涵盖世界五大洲 163 个国家和国际
出版史上第一套百科全书式的大型国际知识参
自出版以来，受到社会各界的广泛好评，被誉
《海国图志》"，中国人了解外部世界的全景式"

这项凝聚着近千学人、出版人心血与期盼的
时十多年，作为此项工作的组织实施者，我们
《列国志》的出版深感欣慰。与此同时，我们也
国际形势风云变幻，国家发展日新月异，人们
新动态的需要也更为迫切。鉴于此，为使《列
不断补充最新资料，更好地服务于社会各界，
版《列国志》编撰出版工作。

与已出版的 144 卷《列国志》相比，新版
是形式还是内容都有新的调整。国际组织卷次
系列编撰出版，原来合并出版的国家将独立成
出版的国家都将增补齐全。新版《列国志》的
设计更加新颖，力求带给读者更好的阅读享受
主要体现在数据的更新、最新情况的增补以及
等方面，目的在于进一步加强该套丛书将基础
研究相结合，将基础研究成果应用于实践的特

前　言

自1840年前后中国被迫开关、步入世界以来，对外国舆地政情的了解即应时而起。还在第一次鸦片战争期间，受林则徐之托，1842年魏源编辑刊刻了近代中国首部介绍当时世界主要国家舆地政情的大型志书《海国图志》。林、魏之目的是为长期生活在闭关锁国之中、对外部世界知之甚少的国人"睁眼看世界"，提供一部基本的参考资料，尤其是让当时中国的各级统治者知道"天朝上国"之外的天地，学习西方的科学技术，"师夷之长技以制夷"。这部著作，在当时乃至其后相当长一段时间内，产生过巨大影响，对国人了解外部世界起到了积极的作用。

自那时起中国认识世界、融入世界的步伐就再也没有停止过。中华人民共和国成立以后，尤其是1978年改革开放以来，中国更以主动的自信自强的积极姿态，加速融入世界的步伐。与之相适应，不同时期先后出版过相当数量的不同层次的有关国际问题、列国政情、异域风俗等方面的著作，数量之多，可谓汗牛充栋。它们对时人了解外部世界起到了积极的作用。

当今世界，资本与现代科技正以前所未有的速度与广度在国际流动和传播，"全球化"浪潮席卷世界各地，极大地影响着世界历史进程，对中国的发展也产生极其深刻的影响。面临不同以往的"大变局"，中国已经并将继续以更开放的姿态、更快的步伐全面步入世界，迎接时代的挑战。不同的是，我们所面临的已不是林则徐、魏源时代要不要"睁眼看世界"、要不要"开放"的问题,而是在新的历史条件下,在新的世界发展大势下,如何更好地步入世界,如何在融入世界的进程中更好地维护民族国家的主权与独立,积极参与国际事务,为维护世界和平,促进世界与人类共同发展做出贡献。这就要求我们对外部世界有比以往更深切、更全面的了解,我们只有更全面、更深入地了解世界,才能在更高的层次上融入世界,也才能在融入世界的进程中不迷失方向,保持自我。

与此时代要求相比,已有的种种有关介绍、论述各国史地政情的著述,无论就规模还是内容来看,已远远不能适应我们了解外部世界的要求。人们期盼有更新、更系统、更权威的著作问世。

中国社会科学院作为国家哲学社会科学的最高研究机构和国际问题综合研究中心,有11个专门研究国际问题和外国问题的研究所,学科门类齐全,研究力量雄厚,有能力也有责任担当这一重任。早在20世纪90年代初,中国社会科学院的领导和中国社会科学出版社就提出编撰"简明国际百科全书"的设想。1993年3月11日,时任中国社会科学院院长的胡绳先生在科研局的一份报告上批示:"我想,国际片各所可考虑出一套列国志,体例类似几年前出的《简明中国百科全书》,以一国(美、日、英、法等)或几个国家(北欧各国、印支各国)为一册,请考虑可行否。"

中国社会科学院科研局根据胡绳院长的批示,在调查研究的基础上,于1994年2月28日发出《关于编纂〈简明国际百科全书〉和〈列国志〉立项的通报》。《列国志》和《简明国际百科全书》一起被列为中国社会科学院重点项目。按照当时的计划，首先编写《简明国际百科全书》，待这一项目完成后，再着手编写《列国志》。

1998年，率先完成《简明国际百科全书》有关卷编写任务的研究所开始了《列国志》的编写工作。随后，其他研究所也陆续启动这一项目。为了保证《列国志》这套大型丛书的高质量，科研局和社会科学文献出版社于1999年1月27日召开国际学科片各研究所及世界历史研究所负责人会议，讨论了这套大型丛书的编写大纲及基本要求。根据会议精神，科研局随后印发了《关于〈列国志〉编写工作有关事项的通知》，陆续为启动项目拨付研究经费。

为了加强对《列国志》项目编撰出版工作的组织协调，根据时任中国社会科学院院长的李铁映同志的提议，2002年8月，成立了由分管国际学科片的陈佳贵副院长为主任的《列国志》编辑委员会。编委会成员包括国际片各研究所、科研局、研究生院及社会科学文献出版社等部门的主要领导及有关同志。科研局和社会科学文献出版社组成《列国志》项目工作组，社会科学文献出版社成立了《列国志》工作室。同年，《列国志》项目被批准为中国社会科学院重大课题，新闻出版总署将《列国志》项目列入国家重点图书出版计划。

在《列国志》编辑委员会的领导下，《列国志》各承担单位尤其是各位学者加快了编撰进度。作为一项大型研究项目和大型丛书，编委会对《列国志》提出的基本要求是：资料翔实、准确、最新，文笔流畅，学术性和可读性兼备。《列国志》之所以强调学术性，是因为这套丛书不是一般的"手册""概览"，而是在尽可能吸收前人成果的基础上，体现专家学者们的研究所得和个人见解。正因为如此，《列国志》在强调基本要求的同时，本着文责自负的原则，没有对各卷的具体内容及学术观点强行统一。应当指出，参加这一浩繁工程的，除了中国社会科学院的专业科研人员以外，还有院外的一些在该领域颇有研究的专家学者。

现在凝聚着数百位专家学者心血，共计141卷，涵盖了当今世界151个国家和地区以及数十个主要国际组织的《列国志》丛书，将陆续出版与广大读者见面。我们希望这样一套大型丛书，能为各级干部了解、认识当代世界各国及主要国际组织的情况，了解世界发展趋势，把握时代发展脉络，提供有益的帮助；希望它能成为我国外交外事工作者、国际经贸企业及日渐增多的广大出国公民和旅游者走向世界的忠实"向导"，引领其步入更广阔的世界；希望它在帮助中国人民认识世界的同时，也能够架起世界各国人民认识中国的一座"桥梁"，一座中国走向世界、世界走向中国的"桥梁"。

《列国志》编辑委员会
2003年6月

CONTENTS

目 录

导　　言 / 1

第一章　概　　览 / 1

　第一节　国土与人口 / 1

　　　一　国土面积 / 1

　　　二　地理位置 / 1

　　　三　地形 / 2

　　　四　气候 / 3

　　　五　河流与湖泊 / 6

　　　六　行政区划 / 8

　　　七　人口、民族与语言 / 9

　　　八　国旗、国徽、国家 / 13

　第二节　自然资源 / 14

　　　一　矿产 / 14

　　　二　植物 / 15

　　　三　动物 / 16

　　　四　近海水域生物 / 19

　第三节　宗教、民俗和节日 / 19

　　　一　宗教 / 19

　　　二　民间习俗 / 20

　　　三　节日 / 24

　第四节　特色资源 / 27

　　　一　名胜古迹 / 27

　　　二　著名城市 / 27

CONTENTS

目 录

第二章 历 史 / 33

第一节 古代索马里 / 33
一 蓬特国 / 33
二 诸素丹国 / 35
三 古代中索关系 / 37

第二节 西方列强对索马里的侵略与瓜分及索马里人民的反抗斗争 / 39
一 葡萄牙的入侵 / 39
二 英国和法国的入侵 / 39
三 西方列强对索马里的瓜分 / 41
四 索马里人民的反抗斗争 / 43

第三节 殖民统治下的索马里与民族独立运动的兴起 / 46
一 殖民统治下的索马里 / 46
二 民族独立运动的兴起 / 47

第四节 索马里独立的历史进程与索马里共和国的成立 / 49
一 英属索马里独立的历史进程 / 49
二 意属索马里独立的历史进程 / 51
三 索马里共和国的成立 / 52

第五节 独立后的索马里 / 53
一 共和国时期 / 53

目 录

　二　民主共和国时期 / 56

　三　内战和地方割据时期 / 61

　四　联邦共和国的成立 / 68

　五　索马里重新统一前景 / 70

第三章　政治和军事 / 73

第一节　部落观念对索马里政治的影响 / 73

第二节　独立以来索马里政治体制的演变 / 75

　一　共和国时期的政治体制 / 75

　二　民主共和国时期的政治体制 / 76

　三　内战与地方割据时期的政治体制 / 77

　四　联邦共和国确立的政治体制 / 78

第三节　立法与司法 / 78

　一　索马里的传统法制 / 78

　二　殖民时期的法制 / 79

　三　共和国时期的立法与司法 / 80

　四　民主共和国时期的立法与司法 / 80

　五　内战与地方割据时期的立法与司法 / 82

　六　联邦共和国时期的立法与司法 / 83

　七　监狱 / 84

第四节　政党、团体 / 84

　一　政党 / 84

　二　社会团体 / 91

CONTENTS

目 录

第五节 现政府组成情况 / 92
    一 政府成员 / 92
    二 重要人物 / 93
第六节 军事 / 94
    一 军队历程 / 94
    二 准军事力量 / 96
    三 主要反政府武装 / 98

第四章 经 济 / 101

第一节 经济发展概况 / 101
    一 殖民统治以前的经济 / 101
    二 殖民统治阶段的经济 / 102
    三 独立以来的经济 / 105
第二节 农业 / 110
    一 种植业 / 110
    二 畜牧业 / 113
    三 渔业 / 114
    四 林业 / 115
第三节 工业 / 117
    一 制造业 / 117
    二 采矿业 / 118
    三 水电工业 / 120
第四节 商业、服务业 / 121

CONTENTS
目 录

第五节 交通与通信 / 125
    一 公路运输 / 126
    二 海上运输与港口 / 127
    三 空运 / 129
    四 电信业 / 131

第六节 财政金融 / 133
    一 货币与汇率 / 133
    二 侨汇 / 133
    三 政府财政 / 135
    四 金融服务业 / 136

第七节 对外经济关系 / 137
    一 对外贸易 / 138
    二 外国援助 / 142

第八节 旅游业 / 145

第五章 社 会 / 147

第一节 社会结构及其内在矛盾 / 147
    一 索马里的社会结构 / 147
    二 索马里社会的内在主要矛盾 / 149

第二节 国民生活 / 153
    一 收入水平 / 153
    二 居住条件 / 154
    三 社会保险 / 155

CONTENTS
目 录

第三节 难民与侨民 / 155

　一 难民 / 155

　二 侨民 / 157

第四节 医药卫生 / 158

　一 独立初期的医药卫生 / 158

　二 民族政府改善医药卫生状况的举措 / 159

　三 内战期间的医药卫生 / 159

　四 内战结束以来医药卫生状况的改善 / 160

第五节 水资源 / 161

　一 水资源与饮用水 / 161

　二 解决水资源短缺的途径 / 162

第六节 海盗 / 163

　一 主要海盗组织 / 164

　二 海盗产生的原因 / 164

　三 敲诈勒索 / 166

　四 解决海盗问题的途径 / 167

第六章 文 化 / 175

第一节 教育 / 175

　一 殖民时期的教育 / 175

　二 独立以来的教育 / 176

第二节 科学技术 / 180

第三节 文学艺术 / 181

　一 文学 / 181

目 录

　　二　戏剧电影 / 181

　　三　音乐舞蹈 / 181

第四节　体育 / 182

第五节　新闻出版 / 182

　　一　报纸与通讯社 / 182

　　二　广播 / 184

　　三　电视 / 185

　　四　互联网 / 186

第七章　外　交 / 187

第一节　外交政策 / 188

　　一　共和国时期的外交政策 / 188

　　二　民主共和国时期的外交政策 / 189

　　三　联邦共和国时期的外交政策 / 190

　　四　索马里政府签署的人权条约 / 191

第二节　同美国的关系 / 191

第三节　同意大利的关系 / 195

第四节　同英国的关系 / 197

第五节　同德、法等欧盟国家的关系 / 198

第六节　同苏联/俄罗斯和东欧国家的关系 / 199

第七节　同周边邻国的关系 / 201

　　一　同埃塞俄比亚的关系 / 201

　　二　同肯尼亚的关系 / 205

　　三　同吉布提的关系 / 207

CONTENTS
目 录

　　第八节　同阿拉伯国家的关系 / 209
　　第九节　同中国的关系 / 212
　　　　一　索马里与中国关系概述 / 212
　　　　二　中索外交关系的建立 / 212
　　　　三　中国与索马里共和国的友好交往 / 214
　　　　四　中国与索马里民主共和国的友好交往 / 215
　　　　五　索马里地方割据时期的中索关系 / 219
　　　　六　索马里过渡联邦政府以来的中索关系 / 219
　　　　七　中索经贸关系 / 220
　　　　八　其他领域的交流与合作 / 223
　　　　九　中索历任驻对方大使简况 / 225
　　第十节　同联合国的关系 / 226
　　第十一节　同伊加特的关系 / 228

大事纪年 / 231

参考文献 / 261

索　　引 / 263

导　　言

在非洲大陆的东部，印度洋和亚丁湾之间有一个突出的半岛，其形状如同犀牛角，被称为"非洲之角"，这就是索马里半岛。索马里共和国就坐落在这个半岛上。该半岛处在印度洋通向红海的要冲地带，是沟通亚、非、欧三大洲的桥梁，也是联结太平洋、印度洋和大西洋的纽带，在地理交通和战略上都十分重要，这就使索马里成为世人关注的一个国家。

正是由于地缘上的重要性，从16世纪开始，葡萄牙、英国、法国、意大利和德国等西方国家先后将侵略矛头指向索马里，欲将索马里变成自己的殖民地。19世纪末20世纪初，英国和意大利达成瓜分索马里的协议后，英国就把英属索马里看成是通向印度洋和远东的战略基地和中转站，意大利则把意属索马里当作向非洲内地扩张的基地和跳板。1960年索马里独立后，美、苏竞相将索马里变为自己的军事基地。1991年索马里陷入军阀混战和地方割据后，美国极力主张联合国使用武力干预，并统领多国部队出兵索马里，介入索马里内部冲突。2001年"9·11"事件后，索马里被列为打恐、防恐的重点目标之一。

自古以来，索马里就是以畜牧业为主的国家，饲养的牲畜主要有牛、羊、骆驼、马和驴等。根据索马里民主共和国政府被推翻，全国陷入地方割据的前一年即1990年统计，全国各类牲畜约4200万头，其产值占国内生产总值的40%，出口收入占全国出口总值的70%。在各类牲畜中，以骆驼最为珍贵。在索马里，一匹500千克左右的骆驼可卖1000美元，一匹怀孕的母驼售价则高达1300多美元。这主要是由于骆驼比其他牲畜更能适应干旱的气候，能为人们提供所需的一切。营养丰富的驼奶和驼奶酪是牧民的主要食品，也是城市居民不可缺少的美食。骆驼还是民间的交通

索马里

工具，是边防军人保卫边疆的得力助手，等等。索马里至今传唱这样的民歌："你可曾见过我可爱的骆驼？你可曾见过我那枣红的母骆驼？它长得多么肥壮……一旦我失去它，将会感到万分悲伤。"

在非洲，索马里是民族成分比较单一的国家，同时又是部落制残余比较严重的国家。索马里的主体民族是索马里人，其人口在全国总人口中约占97%。然而，由于历史和社会的原因，索马里人在进入民族发展阶段和建立国家组织后，仍保留较多的部落制残余。这种部落制残余主要表现在部落时代人们共同体的名称和实体仍得到保留，也表现在部落制时代人们的思想意识——部落观念和部落主义仍继续存在。在索马里独立前，这种部落制残余是西方殖民者推行分而治之政策的工具；独立后，这种部落制残余是影响民族团结的重要因素，是导致国家政局不稳甚至分裂的重要政治思想根源。

应该说，索马里的一些先进人士和政治家对部落制残余的危害是有所认识的。例如，为了削弱人们思想中的部落观念和部落主义，独立初期索马里议会就做出一项决议，不许用部落和氏族的名称命名政党。随后，政府部门做出相关规定，废除部落和氏族拥有土地、牧场和水源的特权，禁止宣传部落主义，加强民族团结教育等。这些措施对索马里自1960年获得独立后近20年间稳定国家政局、发展经济、改善人民生活等，都起到了积极的作用。

然而，部落观念和部落主义作为一种社会思想意识，对人们的影响是不能在短时间内消除的。到70年代末和80年代初，随着索马里国内和国际形势的变化，部落观念在人们的头脑中又滋长起来，部落主义在索马里再度盛行，以部落或氏族为后盾的政治军事派别组织纷纷建立。这些政治军事派别组织以推翻索马里民主共和国政府为目标，实行大联合。可是当1991年1月民主共和国政府被推翻后，这些派别组织就割据一方，彼此争斗，互不相让，致使索马里陷入"一国多主"的"战国时代"。

1991年开始的索马里各政治军事派别的混战和索马里国家的分裂状态，引起了国际社会的高度关注。为了调解索马里各政治军事派别的矛盾和冲突，恢复索马里的和平与统一，联合国、非洲统一组织/非洲联盟、阿拉伯国家联盟以及索马里的邻国几经努力，克服多种困难，扫除多种障碍，终于使索马里各派达成和解，索马里于2004年2月通过《索马里过渡联邦共和国宪章》，8月成立索马里过渡联邦议会，10月选举过渡联邦政府总统。2005年1月，过渡联邦政府内阁正式组成；6月，过渡联邦政府从肯尼亚迁回索马里国内开展工作。2012年8月1日，索马里全国制宪会议通过《索马里联邦共和国临时宪法》；8月10日，索马里联邦议会正式成立，并选举产生议长和副议长；9月10日，选举联邦共和国总统；12月，联邦政府内阁正式组成。索马里联邦政府的成立是索马里各政治军事派别走向和解的契机，使人们看到了索马里结束二十多年动乱和割据、重新实现统一的曙光。

这里需要说明的一点是，我国一些媒体和出版物常常把包括索马里在内的非洲国家的人们共同体称作"部族"。有的人还说，非洲国家的人们共同体不论如何发展，都只能称作"部族"。这未免失之偏颇。其实，人们共同体有没有"部族"这一发展阶段，"部族"一词的内涵是什么，如何界定，仍是我国学术界争论的问题。把一个没有确切内涵、定界不清的词语"部族"，用作对包括索马里在内的非洲国家人们共同体的统一称呼，显然是不妥当的。正因为如此，本书在涉及索马里人们共同体的称谓时摒弃了"部族"这一词语，而采用马克思主义经典作家常用的"氏族"、"部落"和"民族"这样的术语。

本书编撰体例恪守《列国志》编写大纲，但根据索马里的具体情况做了适当调整。首先，鉴于索马里自1991年以来国家陷入四分五裂的状态，原来的国家军队解体，相关资料甚少，故将大纲所列第五章"军事"方面的内容合并于第三章"政治"之中，第三章的标题改为"政治和军事"。其次，为了突出《列国志》的国别特色，笔者对"节"的设置和名称做了调整和充实。这在第二章"历史"和第三章"政治和军事"中尤为明显。为了说明部落观念和部落主义对独立后索马里的危害，第三章专辟一节"部落观念对索马里政治的影响"，进行论述。

在本书撰写过程中，笔者参考了国内外有关文献、专著、辞书、年鉴以及百科全书等。资料一般截至2014年，个别延伸到2017年。

第一章

概　览

第一节　国土与人口

一　国土面积

索马里联邦共和国（The Federal Republic of Somali），简称"索马里"（Somali）。有关"索马里"这一名称，一说来自索马里语中的索马尔（Somal），其含义是奶牛或母羊的乳汁，因为索马里人大多数是游牧民，常以牛乳、羊乳为主要食物；另一说它是东非一部落名称，来源于古埃塞俄比亚语"Cushite"，含义是黑色的或黑人。

索马里国土包括1960年7月获得独立的原英属保护地索马里和意属托管地索马里的领地，面积637657平方千米，比英国和意大利两国本土面积之和还多20%。

二　地理位置

索马里位于非洲大陆东部的索马里半岛上。国家领土呈狭窄的带状，沿印度洋和亚丁湾南岸伸展。其陆地部分的最东端哈丰角也是非洲大陆的最东端，位于东经51°31′；最南端，位于南纬1°36′；西南边界，则沿着东经41°线；最北端，位于北纬11°30′。索马里东面和东南面濒临印度洋，西南与肯尼亚为邻，西面与埃塞俄比亚接壤，西北与吉布提毗连，北面濒临亚丁湾，与亚洲的阿拉伯半岛隔水相望。索马里的这种

地理位置，在区域交通和地缘上都十分重要，对索马里的社会、历史、政治、经济和文化影响深远。从古代开始，索马里就处在从地中海经苏伊士地峡通往印度洋的世界贸易通道上，到索马里沿海地区做买卖或旅行的有腓尼基人、波斯人、印度人、阿拉伯人和中国人等。到中世纪，索马里与阿拉伯半岛诸国的联系进一步加强，这对此后索马里社会、政治、经济和文化的发展产生了重大影响。1869年苏伊士运河通航后，索马里的地缘价值进一步提高，成了欧、亚、非三大洲的战略要冲。

三 地形

从总体来看，索马里的地形具有平原的特征。国土的大部分是被称为索马里高原的高平原，其高度从北向南和东南逐渐降低，然后通过不高的陡坡过渡到微缓起伏的沿海平原。只有高原的北部边缘在亚丁湾沿海低地的内侧隆起，并且被断层分割成一些山块，形成山链状。海岸线少弯曲，全长3200千米，是非洲海岸线最长的国家。根据地貌特征，全境大体上可分为四个不同部分。

1. 亚丁湾沿海低地

这是一条狭窄的冲积平原，被称为古班①平原。平原沿亚丁湾自西向东逐渐变窄，西段起点处宽达100千米，东段末端处宽仅数米。在布勒哈尔、柏培拉和博萨索等海滨地带有风积沙丘。

2. 北部山地

由一系列平顶的山块和山脉组成，与亚丁湾沿海低地平行。东部和西部山地海拔为1500~1800米，中部山地则在2000米以上。其中位于埃里加沃西北面的苏鲁德山海拔为2408米，该山地南、北两面的结构很不对称。北坡是一系列陡坎，它们像一堵高墙，屹立在狭窄的沿海低地内侧，形成山链状。但因受更新世水流冲蚀，在一些山块之间也有地势宽阔、坡度和缓的谷地，人们通过这些天然谷地可以较容易地从沿海进入内陆。南坡比较平缓，山地逐渐递降到索马里高原的一般高度。北

---

① "古班"（Guban）一词源于索马语"古卜"（Gub），意为"火烧""酷热"。

部山地在索马里水文地理上起重大作用，它是索马里的一条主要分水岭，许多季节性河流皆发源于此。这些河流顺着地表的坡向，向北或东南方向流去。

3. 内陆高原

在北部山地以南和东南沿海平原以西的广大地区，是一片波状起伏、切割微弱、一望无垠的内陆高原——索马里高原，其总的地面坡向是由北部和西部的1500米递降到东南部和南部的500~600米。高原由中生界和新生界石膏层组成。由于这类岩石主要由可塑性沉积层组成，很少表现为裂缝和断裂，这就决定了高原地表波状起伏平缓的特点。努加尔谷地（宽130多千米）将整个高原分成两大部分，谷地以北称索尔高原，以南称豪德高原。由于气候干燥和岩石透水性强，地表十分缺水，妨碍了耕作业的发展和定居村庄的形成，所以自古以来索马里内陆高原是一个以游牧业为主的地区。高原上一些宽阔不深的洼地和水塘，是游牧民和牲畜重要的饮用水源，高原地带纵横交错着驮运商队踩出的一条条小径，说明高原上不大的地表坡度并不妨碍人们的交往。

4. 东南沿海平原

该平原从同肯尼亚接壤处沿印度洋海岸一直延伸到半岛的东北端。宽度从西南向东北逐渐变窄，平原的西南部宽度为200~300千米，几乎包括整个西南部国土，而平原的东部和东北部则渐次变窄，最后没于海洋。地表较平坦，海岸多沙丘。东南沿海平原雨量较其他地区充沛，是索马里主要的农业区和半农牧区。这里的贝纳迪尔沿海地区被称为"索马里的美索不达米亚"，是索马里人口集中居住的地方。全国的一些重要城市，如摩加迪沙、基斯马尤等也位于此。同埃塞俄比亚和肯尼亚接壤的西南边境地区，海拔为100~200米，植物茂盛，野生动物繁多，是天然的放牧场所。

四　气候

索马里整个国土处在邻近赤道的纬度内，以干热的大陆性气候为主。全年太阳辐射总量很大，西南部为每平方厘米670~750千焦耳（KJ），北部为每平方厘米750～840千焦耳。终年高温，年均温度为26℃～27℃。各季节温差不大，冬季与夏季温度相差仅2℃～3℃。

索马里虽处在邻近赤道的纬度内，但雨量不多，全境平均年降水量为200～300毫米。降雨的季节分配很不均衡，大部分降雨集中在春季（占全年总雨量45％左右）和秋季（占30％左右），多为阵发性降雨。雨量地区分布也不均衡，总的来看是南多北少、东南沿海多内陆高原少。南部地区平均年降水量为500～600毫米，其中两河流域有的年份可达1000毫米左右。北部山区年均降水量为500毫米左右。内陆高原平均年降水量为200毫米左右。而亚丁湾沿海低地平均年降水量不到100毫米，其中柏培拉是51毫米，博萨索是19毫米。造成上述这种状况的原因主要有三方面。首先，索马里地处埃塞俄比亚高原的背风面，西南赤道季风所携带的水分大部分降落在埃塞俄比亚高原的西坡，带到索马里上空的主要是干燥炽热的空气。其次，索马里半岛外形紧凑，海岸少弯曲，东南赤道季风在地球自转偏向力的影响下，其风向平行于海岸线，所携带的水分只降落在西南地区和东部沿海地带。最后，每年冬季和夏季索马里都处在东北季风的影响之下。东北季风将亚洲大陆上空的干燥气团吹到索马里上空时，其绝对湿度和相对湿度均很低，很难给索马里带来降雨。至于全境每年春、秋两季多雨，并大多为阵发性降雨，则同赤道辐合带先后两次从索马里上空通过密切相关。

根据降雨的特点和多寡，索马里人将全年分为春、夏、秋、冬四季。农业耕作和放牧随季节而变化。

春季，索马里人称为"古"（Gu）。此季节在每年的3～5月。其特点是温度从西南向东北迅速升高，东北季风逐渐被携带赤道气团的西南季风取代，出现短暂的静风期。于是，在湿润的空气中产生了强大的对流气流，并降下强暴雨。这是索马里每年降雨最集中的季节，降雨量往往超过全年雨量的一半。在此季节，常年河流河水猛涨，季节性河流不再干涸。人们充分利用这一季节从事农耕，种植玉米、高粱、芝麻、甘蔗和棉花等作物。在辽阔的绿色牧场上，随处可见放牧的山羊、绵羊和骆驼。在东北部，人们割开含胶的树皮，采取芳香树脂等。

夏季，索马里人称为"哈加伊"（Hagai），6~8月。此时东南季风将赤道气团输往北半球，但因主要风向平行于海岸线，潮湿空气基本上只影响索马里西南地区和东部沿海地带。随着潮湿空气而来的阵雨，缓解了这一带夏季的炎热。至于内陆高原和亚丁湾沿海低地，则处于全年的高温期。尤其是亚丁湾沿海低地，7月平均温度为32℃~34℃，最高温可达50℃，成为世界上最炎热的地方之一。这个季末，人们收获第一熟玉米、高粱和甘蔗等，并采摘上年秋季播种的棉花。

秋季，索马里人称为"德尔"（Dayr），9~11月。此时东北季风挺进，西南季风衰退；北部气温下降，西南部气温上升，气压处于平静，是又一个多雨季节。但与春季相比，秋季降雨的量和次数均少，降雨强度也小。在这个季节里，牧场再次披上绿色，又为牲畜提供了良好饲料；农民又进行新的耕作，种植玉米、高粱、花生和棉花等作物。

冬季，索马里人称为"吉拉尔"（Jilal），12月至次年2月。这个季节气候的特点是盛行东北季风，天气晴朗，空气干燥，蒸发量大，稀少而短暂的降雨难以增加土壤水分。在这个季节里，小河干涸，牧草枯萎，大多数树木开始落叶。对广大游牧民来说，这是一年中最困难的时期。由于缺乏食物和饮水，人和牲畜都容易患病，尤其是肠胃病。患黏膜病、呼吸道疾病和肺病的人也不少，这是因为在干燥炽热的土地上即使微弱的空气流动也会吹起一股股灰尘，侵入人的呼吸系统。但在两河流域和西南部等农耕区，则是又一个收获期，人们收获春季播种的棉花和秋季播种的花生，收割第二熟高粱和甘蔗等。不过，由于这个季节雨量稀少，妨碍农业增产的干旱现象也屡见不鲜。

根据气温和降雨的差异，索马里全境大体上可分为四个不同的气候区。（1）湿润的印度洋气候区，包括西南部和东南沿海平原。因受印度洋的影响，该地区常年气温适中。夏季比较凉爽，平均气温为25℃~26℃；冬季较热，平均温度为29℃~30℃。年降水量为500~600毫米，有的年份可达1000毫米。空气湿度大，春季和秋季湿度为76%~90%，夏季和冬季一般也不低于70%，相对湿度年差不超过20%。这是索马里主要农业区，约占国土面积的10%。（2）干旱的大陆性气候区，主要是内陆高原。全年有春、秋两个多雨期和夏、冬两个干旱期,降水量不大,年均 200 毫米左右。终年高温,1 月和 7 月平均温度都在 26℃~28℃,农作物大多一年两熟。(3)山地气候区,主要是北部高原山地。其特点是气候凉爽,年平均气温为 18℃~24℃。最低气温出现在每年的 12 月和 1 月,有低于 0℃的纪录。年降水量 500 毫米左右。(4)热带大陆性气候区,主要是亚丁湾沿海地区。其特点是高温、干燥和少雨。夏季特别炎热干旱,7 月平均温度为 32℃~34℃,最高可达 50℃,植物大多干枯。年降水量大多少于 100 毫米。降雨多在每年的秋末和冬初。但全年相对湿度较高,一般为 37%~45%,柏培拉则为 45%~79%。

五 河流与湖泊

由于气候干燥炎热,降雨稀少且分配不均,索马里的河网很不发达。全境常年有水的河流只有两条,即谢贝利河和朱巴河,其余皆为季节性河流。季节性河流,又称间歇河。这类河的特点是,只在雨季有水流,其余时间无地表径流,只有为数不多的小片水洼表明河流的存在。

1. 常年有水的河流

谢贝利河和朱巴河之所以常年有水,皆因为其源头在埃塞俄比亚中南部山地,那里的年降水量超过 1500 毫米。谢贝利河发源于埃塞俄比亚格朗巴山,全长约 2000 千米,其中索马里境内河段长约 700 千米。该河在巴累特温附近流入索马里境内后,就朝东南方向流到巴拉德,因附近沙丘阻挡折向西南,并同印度洋岸相隔 20~25 千米的距离平行流下,然后在离朱巴河口不远处的杰利布镇附近的一大片沼泽洼地中消失。不过,遇有大暴雨,河水流量增大时,这条河也流入朱巴河,从而注入印度洋。朱巴河发源于埃塞俄比亚的松卡鲁山南麓,全长 1600 多千米,其中索马里境内河段长 500 多千米。该河在多洛附近流入索马里境内后,就朝东南方向流下,在基斯马尤港以北 5 千米处注入印度洋。谢贝利河和朱巴河的上游及其支流都流经又深又窄的峡谷,落差大、水流湍急并携带大量泥沙和碎屑物。流入索马里境内后,地面起伏平缓,河面展宽,落差变小。其中谢贝利河从维拉布鲁齐到阿瓦伊之间河段的落差为每千米 21 厘米,朱巴河从杜朱马到出海口之间河段的落差为每千米28厘米。河水原来携带的悬移物质不断沉淀，以至于河床高出两岸地面，为自流灌溉提供便利条件。从古代起，两河之水就被用来灌溉农田。索马里人民在长期实践中在谢贝利河和朱巴河流域修建了一系列灌溉系统，使其成为索马里的主要粮食产地。这两条河流水力资源不多，总计约800万千瓦；航运价值也不高，只有朱巴河在巴尔德拉以下可以航行浅水船。

谢贝利河和朱巴河流经地区的气候特点和地质构造对两河特征起着重要作用。埃塞俄比亚中南部山区充沛的雨量主要集中在每年4～9月，因此河流上游地区最大流量出现在夏季。流至索马里境内后，因降水量减少，并有春、秋两个多雨季和夏、冬两个旱季，所以河水也出现两个汛期，河水最大流量出现在春季和秋季，最小流量出现在冬季。冬季降雨稀少，河水很浅，但是两河从来没有干涸过。河水含盐量相当高，谢贝利河水年平均含盐量为每100升水4克以上，朱巴河水含盐量稍低。主要原因是谢贝利河在埃塞俄比亚境内，流经易溶性岩石组成的地区的岩石可溶性浓度比朱巴河在索马里境内流经易溶性岩石的地区的岩石可溶性浓度要高。

2. 季节性河流

按径流分配的特征，季节性河流又可分为春季径流最大的河流和秋季径流最大的河流。除亚丁湾沿岸地区之外，其他地区的季节性河流皆属春季径流最大的河流。春季径流最大的季节性河流主要有努加尔河、达罗尔河和贾埃尔河。努加尔河是一条自西向东的河流，它流经布尔科、加罗韦，至埃尔注入印度洋，全长300多千米。沿途两岸许多支流注入其中，为索马里北部地区最大的河流。干流河道流经高原地区，在距布尔科30千米附近，修建拦河坝和引洪淤灌工程。由于上游来水大部分沿途流失，淤灌草原，或渗入地下，所以努加尔河一年中只有雨季才有地表水，其余时间是干涸的，只有在埃尔居民点附近以东才形成常有水的河道。流域有较好的牧场和一些农耕地。北部沿海地区河网密度大，在长达1000多千米的亚丁湾海岸，有百余条季节性河流。这些河流的发源地一般都在海拔1000～2000米的北部山地或高原，从源头至海边，距离短的100多千米，长的 200 多千米。流域地形较陡，上游坡陡流急，沙土流失严重，进入沿海平原后则水流散乱，多数河流无固定河道，漫流入海，有的在亚丁湾岸边形成海滨潟湖，有的潟湖与亚丁湾之间有水道相连，可以通航。这类河流主要有达甘河、巴拉德河和多格维恩河等。旱季时，这些河流就成为地下径流，只有少数地方以小水塘或泉水的形式露出地表，是当地牧民和牲畜良好的饮用水源。

湖泊，当地人称之为"巴列赫"（Baiehe），是一些不大的浅底天然洼地，多数是山岩石在降雨时充水坍塌形成的。这类湖泊与当地水塘一样，具有明显的季节性特点，雨季来临后能存水 1~2 个月，也是人们饮用水的一个重要水源。湖泊面积一般为 1 公顷左右，有的达数公顷。

六 行政区划

索马里联邦共和国是由原英属保护地索马里和意属托管地索马里合并成立的。1960 年合并时，前者称索马里北区，后者称南区。随后，索马里政府将全国划分为 8 个州，其中南区划分为 6 个州，分别是贝纳迪尔、上朱巴（Upper Juba）、下朱巴（Lower Juba）、希兰（Hiran）、米朱提尼亚（Migiurtinia）和穆杜格（Mudugh）；北区有两个州，分别是哈尔格萨（Hargeisa，又名西北州）和托格代尔（Togdheer，又名东北州）。州下分 48 个区（District），州由州长管理，区由政府任命的教导员管理。区下辖镇和村（Village）。

1973 年，政府先后于 1 月、3 月、5 月、8 月和 9 月对全国行政区划做了 5 次调整，将全国划分为 14 个州和 1 个直辖市，下辖 78 个区。分别为：中谢贝利（Middle Shabelle）、下谢贝利（Lower Shabelle）、拜多阿（Baidoa）、下朱巴、盖多（Gedo）、巴科勒（Bakol）、穆希兰、加勒古杜德（Galgadud）、穆杜格（Mudug）、努加尔（Nugal）、哈尔格萨、萨纳格（Sanag）、巴里（Bari）和托格代尔。直辖市是摩加迪沙（Mogadishu）。每一个州由 3~6 个区组成，摩加迪沙市下辖 15 个区，区下辖村。州和区均设地方政府和经选举产生的州、区委员会。委员会候选人需经中央政府同意。村委会由村民选举产生。中央设地方政府和农村发展部负责管理地方政府。

1980年，中央政府对行政区划又做了一次调整，将全国划分为18个州，即下朱巴、中朱巴、盖多、巴科勒、拜（Bay）、下谢贝利、中谢贝利、巴纳迪尔（Banaadir）、希兰、加勒古杜德、穆杜格、努加尔、萨纳格、巴里、托格代尔、西北、奥达勒和索勒（Sool）。各州下辖若干区，全国共分为87个区。州和区均设地方政府和经选举产生的州、区委员会，区下辖镇和村。摩加迪沙市作为首都由中央政府直辖。

2012年索马里制定临时宪法，规定两个或多个州可在自愿基础上合并组成联邦成员。2016年，全国联邦成员组建工作结束，共形成6个联邦成员州，分别为：索马里兰（由奥达勒、西北、托格代尔、萨纳格、索勒5个州组成）、邦特兰（主要由巴里州、努加尔州以及穆杜格州北部组成）、加尔穆杜格（由穆杜格州南部和加勒古杜德州组成）、希尔谢贝利（由希兰州和中谢贝利州组成）、西南（由巴科勒州、拜州和下谢贝利州组成）、朱巴兰（由盖多州、中朱巴州和下朱巴州组成）。①

七 人口、民族与语言

（一）人口

1. 人口规模

根据联合国有关部门估计，索马里的人口1947年为161.1万人，1953年为190万人，1958年为199万人，1962年为220万人，② 人口自然增长率年均约0.5%。人口自然增长率低的原因显然不是出生率低，而是医疗卫生条件差，儿童死亡率和成人死亡率都高。独立后，由于医疗条件的改善，人口自然增长率明显上升，1971年全国人口达450万人，人

---

① 《索马里国家概况》，中华人民共和国外交部网站，https://www.fmprc.gov.cn/web/gjhdq_676201/gj_676203/fz_677316/1206_678550/1206x0_678552，最后访问日期：2019年9月14日。

② 联合国：《人口统计年鉴》，纽约，1962，第133页。

口年均增长率城镇为3.5%，农牧区为2.2%。① 1990年，据联合国开发计划署估计，索马里人口约750万人，年均增长率为3.1%。2002年，伦敦经济研究所估计索马里人口为1040万人，年均增长率降为2.2%。2017年，联合国估计索马里人口为1470万人，自然增长率为3.2%。②2018年，索马里人口为1518万。③

2. 人口年龄结构

从人口年龄看，2015年索马里15岁以下（不包括15岁）人口为503.8万人，占总人口的46.7%；15~64岁人口为544.3万人，占总人口的50.5%；65岁及以上人口为30.5万人，仅占2.8%。这体现了索马里人口结构年轻化的特点（见图1-1）。

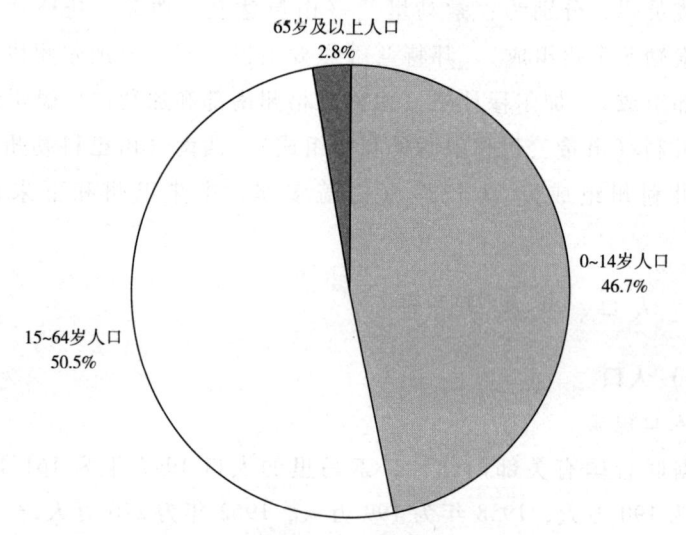

图1-1 2015年索马里人口年龄结构

资料来源：AfDB, *African Statistical Yearbook 2018*, 2018, p. 325。

---

① 索马里新闻部：《1969~1973年索马里社会主义革命建设》，摩加迪沙，1973，第145~147页。
② AfDB, *African Statistical Yearbook 2018*, 2018, p. 325.
③ 《索马里国家概况》，中华人民共和国外交部网站，https://www.fmprc.gov.cn/web/gjhdq_676201/gj_676203/fz_677316/1206_678550/1206x0_678552，最后访问日期：2019年9月14日。

3. 人口分布

索马里人口分布很不均衡。按 1000 万人口计算，全国人口密度为每平方千米 16 人，而占国土面积 36% 的西南部地区为每平方千米 21 人，谢贝利河和朱巴河谷地、贝纳迪尔州一带逾 200 人。这主要是西南部地区的土壤、气候条件与其他地区相比，更有利于农牧业的发展。至于其他地区，人口大多又集中在供水较方便的沿海港口城市（如柏培拉、奥比亚）、渔业中心（如阿卢拉）和农业区（如哈尔格萨、布劳），每平方千米 20～80 人。2013 年，索马里主要城市摩加迪沙、哈尔格萨、布劳人口分别为 160 万人、49.3 万人和 15.9 万人。① 这些人口较密集的地方其周围一般是用于放牧的旷野，每平方千米仅 1～5 人。内陆高原每平方千米不到 1 人，有的地方往往步行数日见不到一个人。

4. 人口从业

长期以来，索马里的大多数居民以游牧为生。他们主要饲养山羊、绵羊和骆驼，而在一些气候比较湿润的地区人们还饲养牛。据一般统计，独立前夕，游牧民占当地总人口的 71%，定居人口包括农民、渔民、手工业者和商人等，仅占 29%。1 万人以上的城市人口比例更低，不足全国人口的 10%。独立以后，随着国家经济建设的开展，到城市就业的人越来越多。到 20 世纪 80 年代末，城市人口在全国总人口中已占 25%。其中 33% 的人口从事工业生产，其余的从事商业、手工业和服务行业等。20 世纪 80 年代末内战爆发后，为躲避战乱，不少城市居民又回到农村。目前，在全国总人口中，游牧民约占 60%，农民占 20% 左右，城市居民约占 20%。

（二）民族

索马里是非洲民族成分比较单一的国家，主体民族索马里族约占全国总人口的 97%，故有的社会学家将索马里这个国家称为"索马里人之国"。少数民族有希德莱族、谢贝利族和瓦加沙族等。

从人种学上说，索马里族人属于埃塞俄比亚人种，是欧罗巴人种和尼格罗人种的过渡类型。其特点是头颅狭长，身材较高，肤色介于古铜色与

---

① EIU, *Country Report: Somali*, December 25, 2018, p. 2.

暗褐色之间，头发卷曲，嘴唇稍厚，脸型酷似欧罗巴人。

索马里人源于埃塞俄比亚高原，是库希特人的一支。考古资料表明，距今3500多年前，索马里人已分布于整个非洲之角。公元9世纪开始接受伊斯兰教。10~13世纪，一批又一批阿拉伯人和一些伊斯兰教徒移居索马里，出现了阿拉伯移民与当地索马里人的大混合。结果，索马里人虽保留了自身的许多特点，但基本上改信伊斯兰教。

依照文化、地理和历史的差异，索马里人可分为两大族系，即主要从事游牧的萨马莱和主要从事农耕的萨布。而由于相同的社会和历史原因，这两大族系至今仍保持着部落时代按父系追溯血统的习俗，仍保留着部落时代的名称和实体。每一族系的索马里人都有自己的始祖，并从始祖那里传下姓氏。按照父系血统追溯，萨马莱人分为迪尔、伊萨克、哈维耶和达鲁德四个部落，萨布人分为迪基尔和拉汉文两个部落。各个部落的人数不等，多的达数百万人，少的也有数十万人。每个部落都有自己的方言、标志和生活习惯。每一个部落又有若干支系，即氏族。在每个氏族里，其男性成员同自己的妻子、儿女组成一个家庭，然后若干家庭一起组成一个家族村落，从事放牧和相关劳作。在农业区，情况稍有不同，由于人们同土地关系日益密切，同一村落的成员来自不同的氏族，血缘关系有近的也有远的，但大多属于同一部落。没有明显的等级制度和阶级分化，所以促使索马里人结合在一起的不是对首领的依附关系，而是有约束力的父系血统关系，决定索马里人在政治上效忠的也是父系血统。索马里人在政治上同谁联合或同谁分裂，是以父系血缘为根据的。有时，同一部落的不同氏族，甚至同一氏族内部的不同家族集团也可能相互对立，但当这一部落或氏族受到外来敌人攻击时，它的各个氏族或家族就会联合起来保护其共同的利益。十分明显，这种按父系追溯血统的习俗是一种部落制残余，它对索马里社会和历史有着重大的影响。

希德莱、谢贝利和瓦加沙等少数民族属尼格罗人种，有30万多人。他们散居在谢贝利河和朱巴河流域地区，从事农耕。他们至今虽保留着原有体貌的不少特征，但作为社会团体来说，正越来越多地接受索马里族的文化。

此外，尚有阿拉伯人、印度人、巴基斯坦人、波斯人、英国人和意大利人等外来民族，总人数不多，不过数万人。他们大部分经商，一部分经营农场或企业。

（三）语言

索马里的官方语言为索马里语和阿拉伯语，并通用英语和意大利语。索马里语和阿拉伯语之所以都被作为官方语言，主要是由于在同阿拉伯人的长期交往中，许多索马里人学会了阿拉伯语，甚至把阿拉伯语看成第二种民族语言。

索马里语有多种方言，其中主要的有北部方言、南部方言和沿海方言。北部方言主要是广大从事畜牧业的居民的语言，南部方言主要是从事农耕的居民的语言，沿海方言通用于东部沿海及介于南、北方言之间的地带。不过，这三种方言的差别都不大，几个地方的人在一起，彼此都能沟通。

索马里语长期没有文字。在英、意殖民统治时期，索马里民族知识分子多次提出文字方案，但均遭殖民当局禁止。索马里独立不久，民族政府就设立了索马里语言委员会，负责研究和制订索马里语的最佳书写方案。该语委先后考虑了包括阿拉伯文、拉丁文等九种文字的字母拼写方案。但在1962年提出的报告中，该语委倾向于使用拉丁文字母，认为该字母最适合索马里语的结构和发音，有利于索马里青年到国外接受高等教育，便于索马里采用现代印刷设备等。但是，由于一些宗教界人士和泛阿拉伯主义者的强烈反对，政府未能宣布实行，该语委的工作也因此停滞。1969年索马里最高革命委员会成立后，索马里语言的文字化再次被提上议事日程。1971年1月，索马里语言委员会恢复运行，并开始编写用拉丁文字母拼写的索马里文语法、字典和学校教材。1972年10月21日，最高革命委员会做出决议，规定用拉丁文字母拼写的索马里文为国家的官方文字，从1973年1月1日开始使用。决议还要求政府官员用3个月（后延长为6个月）学会使用索马里文字。1973年10月21日，首张官方索马里文报纸——《十月之星报》问世。

八　国旗、国徽、国家

1. 国旗

根据1961年6月20日通过的共和国宪法，索马里国旗的旗面为浅蓝色，中间是一个五角星。浅蓝色是联合国旗帜的颜色。索马里国旗之所以要采用与联合国旗帜相同的颜色，乃是因为联合国是索马里托管和独立的创议者。五角星象征非洲自由和独立，它的五个角还分别象征当时的意属索马里（现称索马里南区）、英属索马里（现称索马里北区）、法属索马里（独立后改称吉布提），以及在西方列强瓜分非洲时被分割到现在的肯尼亚和埃塞俄比亚的一部分索马里人居住区。

2. 国徽

由两只左右相对站立的非洲黑斑金豹托着一张盾牌。盾面为索马里国旗。盾牌上端为一顶王冠，象征独立；下端是两把矛和两片棕榈叶，象征自由。非洲豹象征威严、勇敢、坚强和力量。

3. 国歌

《索马里万岁》，歌颂索马里的光荣与伟大。

第二节　自然资源

索马里是一个自然资源较丰富的国家。

一　矿产

索马里国土的地层是元古代基底上的非洲地台的突出部分，其地层由古老的结晶质岩石构成。后经风化、海浸和地壳运动等作用，形成波状起伏的地形和很少弯曲的海岸。独立前，索马里被普遍认为是矿产资源贫乏的地方。独立后，经过初步勘探，已发现多种多样的矿产资源，主要有煤、铁、铅、锡、锰、镍、锌、镁、钼、铀、铌、绿柱石、石膏、岩盐和石油等。这些矿产大多分布在北方地区，其中煤矿主要分布在亚丁湾沿岸的海相沉积层里；铁矿主要分布在北方的谢赫地区、巴里州和南方的下朱巴州，储藏量1亿多吨；铅矿主要分布在柏培拉地区；锡矿主要分布在博萨索地区、埃里加沃东部地带；铀矿分布在萨纳格州的布兰和拜州的布尔哈卡巴；铌矿和锰矿分布在西北州的拉法鲁格；石膏矿主要分布在柏培拉和拉斯阿诺德附近；岩盐主要分布在泽拉、柏培拉和哈丰角等地；石油资源主要分布在东南沿海和东北部地区。独立初期，在摩加迪沙附近曾钻出石油。20世纪80年代，有关外国石油公司在索马里的勘探表明，索马里储有可开采的石油和天然气资源，但进一步的勘探被索马里战乱打断。目前，得到开采和利用的主要是岩盐、石膏和绿柱石。

二　植　物

索马里植物种类较多，有着非洲和亚洲热带地区特有的植物。不过，由于土壤和气候条件的差异，索马里的植物以旱生植物为主，而中生和湿生植物则较少。

北纬3°以北的索马里广大地区，主要分布着热带及亚热带半干旱红棕色土壤和浅红棕色土壤。这种土壤是在干湿季节分明、水分经常变化的气候条件下发育而成的。植被不稠密，主要分布着旱生灌木，而草被层则由多年生草本植物组成。灌木以金合欢属、柽柳属、巴豆属、扁担杆属和大戟属为主。多年生草本植物以金须茅属、画眉草属、三芒草属和细茎针茅属占优势。细茎针茅植物不仅是优质饲料，而且是编制席子、草鞋、草帽和绳索的重要原料。在长满草本植物的地面上还生长着多刺多枝杈的灌木，其高度一般在6米以下。在季节性河流河床附近可见狼尾草属、孔颖草属等草本植物，还可见到棕榈树和枣树等。各种植物在湿润季节蓬勃生长，干旱季节大多落叶或枯萎。在人工灌溉条件下，这类土壤在耕作业上用来种植玉米、高粱和棉花等。

索马里西南部主要分布着红褐色土壤。这种土壤有明显的碳酸盐淀积层，并具有咸化的特点。地表遍覆0.5米左右高的草被层，其间散生着金合欢属、风车子属、榄仁树属、大戟属和猴面包树属等乔木，草被层常见的有三芒草属、金须茅属、画眉草属、狗牙根属和鼠尾粟属等。而在朱巴河和谢贝利河下游两岸，则延伸着热带走廊林。林带宽从十多千米到数十千米不等，林木稠密，树高一般在20米以上。这里有许多榕属、藤黄属、金合欢属和椰子属等乔木。林下是藤本植物灌丛，藤本植物中最有代表性的是非洲橡胶树和青紫葛树。一些沼泽地带有的盛长须芒草属、马唐属、

索马里

莎草属和澳洲香蒲等草本植物，有的则盛长芦苇、蔍草和纸莎草。沿印度洋的某些地段还分布着红树林，其代表性树种为红茄冬、海榄雌。此类树种高7~20米，树冠密致，树干坚实。在人工灌溉条件下，西南部地区可生产玉米、高粱、甘蔗、花生、木薯、棉花、芝麻、香蕉、柠檬和稻谷等。

索马里北部山地主要分布着山地稀树草原红棕色土壤。这里气候比较温和，蒸发量较小，平均年降水量500毫米左右，土壤相对湿润，所以大部分地表终年常绿。代表性的植物有金合欢属、密儿拉属、大戟属、虎尾兰属、芦荟属、黄杨属和桧属等。多年生草本植物以金须茅属、画眉草属和三芒草属为多。而东北部山地还生长着索马里特有的出产芳香树脂的乔木（高6~7米）和灌木（高1~2米），这类乔木和灌木有没药、乳香、弗里尔乳香和含胶树等。沿季节性河流河床还可见到椎果属、棕榈属等组成的丛林。

索马里境内很多植物具有重要的经济价值。例如，乳香林出产的乳香、没药和阿拉伯树胶是索马里重要出口物资，大部分输往阿拉伯国家；椎果属、黄杨属、大戟属和金合欢等，其树干可用于建造房舍、小帆船等；红树林中海榄雌和红茄冬，其树皮可以提取单宁，树干可用作坚实的木桩；猴面包树和棕榈树可生产植物油，其纤维还可制作绳索、席子和口袋；莎草属植物和澳洲香蒲是造纸的好原料；等等。

索马里境内的植物有着明显的生态效益，对保持水土、调节气候起着积极的作用。独立后，政府为改善生态环境，采取了封山育林、扩大林地面积的措施，如只有经过政府部门许可才能砍伐树木、定期规定禁牧区等。根据索马里官方资料，20世纪60年代中期，适于农业耕种的土地面积占全国总面积的12.5%，适于从事畜牧业的土地面积约占60%，森林面积约占20%。但从1991年1月民主共和国政府垮台后，索马里长期处于无政府状态，滥伐树木和过度放牧现象十分严重，森林和牧场遭到了严重毁坏。目前，森林和林地面积不到全国总面积的13%，索马里的生态环境明显恶化。

三　动物

按动物地理区的划分，索马里的动物群属于热带界东非区。这里动物种类多样，既有东非地理区的动物种，如羚羊、犀牛、河马、长颈鹿、象、蹄兔、土豚和狭鼻猴等；又有索马里特有动物种，如索马里驴、瞪羚、索马里鸵鸟。

辽阔的热带草原和疏林地带，是羚羊和长颈鹿的栖身之地。羚羊的种属很多，常见的有大角斑羚、麋羚、直角羚、捻角羚、瞪羚和跳羚等。索马里人称麋羚为"齐格"（Zige）牛羚，它们具有强烈的攻击性，不易为人们所接近。瞪羚仅见于索马里，同一般羚羊的主要差别是其颈部和尾巴均较长。跳羚个头不大，同兔子差不多，但躯体匀称，角短而直，蹄很小，可以抓住很微小的地表起伏，灵活轻便地攀跳陡崖；跳羚主要分布在北部山地，常成为当地人猎杀的对象。

长颈鹿是相当稀有的动物，皮色美观，呈栗褐色，并带有黄色条纹。它以吃树叶和嫩枝为主，以吃草为辅，很少喝水。长颈鹿的视觉和听觉都很灵敏，一旦发现受到威胁，会很快地躲避，并能用前脚蹬踢来进行自卫。长颈鹿的经济价值很高。目前这种动物在索马里已为数不多。

蹄兔是一种食草的有蹄动物，外形似家兔，常栖息于季节性河流附近的洞穴中。一般是白天眠于洞穴中，夜间出来觅食。土豚也是个头不大的动物，它同食蚁兽一样，以蚂蚁及其他昆虫为食。

象一般生活在附近有水的灌木丛中。与非洲其他地区的象一样，索马里象的门牙可长到2.5米，重70~75千克。象虽然看似粗笨，但是听觉极灵，如果遇到危险，就会以火车头似的速度奔入灌木丛的深处。由于象的门牙价值高，所以常成为偷猎者猎杀的对象，现在索马里境内的象已十分罕见。

谢贝利河与朱巴河两岸的森林和灌木丛是猴子、犀牛、野猪、瘤牛及狒狒等动物的栖息之处。常见的猴子有髯猴和长尾猴。髯猴体形不大，头和躯体长着浓密的黑色毛发，但脸部是白色毛发。常三五成群地活动在树上和地下，以果实和昆虫为食。髯猴的皮在古代很值钱，被用来制作士兵的盾牌。长尾猴体形也不大，毛色鲜艳。长尾猴与狒狒一样，很活跃，常成群闯入当地居民的庄稼园地，肆意摘取食物，糟蹋庄稼。犀牛喜欢在河

索马里

边的芦苇丛中为自己踩出巢穴，以植物的根、叶和嫩树枝为食，大多在夜间出来活动，白天在巢穴中休息。犀牛极富进攻性，甚至敢于顶撞进入其活动区的吉普车，并有将吉普车顶翻的记录。瘤牛是一种奇特的动物，其腿和身躯看起来倒匀称，但面部形状古怪，除了长有三对硬瘤状的增生物之外，还有一对巨大的獠牙。

在谢贝利河和朱巴河中，可见到巨大的河马和鳄鱼。河马体长4~5米，重1~1.5吨，大部分时间生活在河水里，以水藻、芦苇、岸边的草和灌木枝条为食，有时在夜间闯入庄稼园地寻觅食物，践踏农作物。鳄鱼生性凶猛，对人和牲畜都有危害性。

索马里有多种猛兽，如狮、豹、鬣狗、土狼、胡狼、大耳犬等，它们主要以吃羚羊等食草动物为生。狮、豹一般在夜间出来猎食，跟踪羚羊，偷袭家畜。鬣狗和土狼的食物主要是狮、豹吃剩下的东西。

索马里境内的啮齿动物主要有沙地大老鼠和长腿鼠。它们主要活动在半荒漠地带，繁殖力很强，吃植物或杂食。沙地大老鼠的体形与刚生下的小狗差不多，眼很小，皮毛为黄色。通常在夜间出来活动，白天在洞穴中休息。人们可以从地面出现的无数小土堆，判断出这种动物的存在。

爬虫纲和两栖纲动物也很多，有蛇、蜥蜴、蟾蜍等。在蛇类中对人特别危险的是灰色眼镜蛇，这种蛇长2米左右，能喷射毒液。蟾蜍俗称癞蛤蟆或疥蛤蟆，生活在潮湿的地方，吃蜗牛、昆虫等小动物，对农作物有益。

索马里的鸟类也很多。其中著名的除了索马里鸵鸟之外，还有小巧的羽毛鲜艳的太阳鸟、五彩缤纷的食蕉鸟、会筑精致球形巢的文鸟等。此外，还有金雀、白头翁、伯劳、犀鸟、珠鸡、沙鸡、鸽子、隼、鹰和鹫等。索马里鸵鸟常见于稀树草原地带。雌性鸵鸟全身为浅灰色，雄性是黑色，翅膀和尾部有白色羽毛。鸵鸟是杂食鸟类，除了吃昆虫、果实和草之外，还吃蜥蜴、蛇、小鸟和小哺乳动物等，耐渴，能长时间不喝水。

索马里境内的昆虫种类不少，其中最值得注意的是萃萃蝇和白蚁。萃萃蝇主要分布在南部地区。尤其是雨季，谢贝利河和朱巴河两岸的灌木丛中会出现成群的萃萃蝇。萃萃蝇是引起牲畜重病——寄生虫病的主要传播者，对牲畜特别有害。萃萃蝇还直接危害人的健康，会使人患一种难以治愈的昏睡病。白蚁之所以引起人们的注意，乃是因为它修筑的蚁巢是一道别具一格的自然景观。白蚁一般是在有石灰岩地层的地表上修筑蚁巢。蚁巢直径2米左右，高5～7米，有的像座小山，有的像蘑菇或巧克力糖果。在树桩里建巢的白蚁，则把树桩中软的部分咬掉，而把硬的木质留作通道间的隔墙。

四　近海水域生物

索马里近海水域辽阔，水中生物丰富多样。各种各样的藻类、海绵和五颜六色的珊瑚，构成了一片又一片海底森林。在其间来回穿梭的有鲂鲱、豹鲂鲱、鲈鱼、鳝鱼和飞鱼等，而巨大透明的水母则在珊瑚枝杈间缓慢游动。在接近底部的海水里还生长着海参、海胆和海星等生物。

索马里近海水域的鱼类中，以鲨鱼、鲔鱼、鲭鱼、比目鱼和沙丁鱼最富经济价值。捕获的对象还有海龟、海参、螯虾和砗磲。砗磲是一种巨型珍珠贝，生活在海底，介壳厚，略呈三角形，大的长达1米左右。在索马里海岸一带还可见到儒艮，儒艮俗称"人鱼"，是一种海洋哺乳动物，全身灰褐色，无毛，头圆，无耳郭，吻部有刚毛，眼小，前肢呈鳍状，后肢已退化，雌性有一对乳头，食物以海藻为主。目前全球儒艮的数量已很少。

第三节　宗教、民俗和节日

一　宗教

索马里人早先信奉原始宗教，9世纪开始从阿拉伯人那里接受伊斯兰教。从10世纪起，由于不断有大批的阿拉伯移民来到索马里，并同当地人通婚，皈依伊斯兰教的索马里人与日俱增。到13世纪，广大索马里居民基本上改信伊斯兰教。后来，西方列强对索马里的侵略和在索马里的殖民统治，都未能改变索马里人对伊斯兰教的信仰。1960年索马里独立后，政府宣布伊斯兰教为国教。宪法明文规定，一切法律都必须符合伊斯兰教的教规和精神，不允许进行反对伊斯兰教的宣传和活动。索马里还加入了阿拉伯国家联盟，积极参加伊斯兰教的国际活动。由于索马里政府的努力，1964年12月下旬至1965年1月上旬，在摩加迪沙成功召开了第六届世界穆斯林大会。这次大会还提出了"非洲——穆斯林的大陆"的口号。目前，索马里99%的居民信奉伊斯兰教，大多数属于逊尼派。全国大小城市和重要村镇都有清真寺，各级学校都设有与伊斯兰教义有关的课程。

索马里虽以伊斯兰教为国教，但对信仰其他宗教（如基督教、印度教等）的人并不歧视，妇女的地位也比较高。为了提高妇女的地位，1975年1月政府还颁布了关于实行男女平等的法令。在索马里，穆斯林女子同男子一样参加生产劳动和社会活动，一般不用面纱遮脸。

二 民间习俗

1. 衣着

索马里人的传统衣着较简单。男子的衣服主要由两块布组成，一块布缠在腰、腿部，另一块布披在上身。人们还常用皮带束腰，使得披在上身的布像一件百褶衬衫，显得颇为潇洒。

女子通常穿裙子，上身或用一块布紧裹前胸、后背和右肩膀，露左肩，或穿短袖外衣。头巾可戴也可不戴。衣着虽简，但高挑的身材、优美的曲线、楚楚动人的外形，使索马里女子往往成为模特公司关注的对象。当今非洲不少名模出自索马里，实非偶然。衣着布料有白色、灰色、红色和赭色条格等。

由于天气炎热，索马里人平日大多穿凉鞋，尤其爱穿本地的传统凉鞋。这种凉鞋系用骆驼皮、河马皮或长颈鹿皮等制成，鞋底厚，具有耐用、凉爽的特点。但在农业区，人们仍有平日赤脚的习惯。

到现代，由于受到外来文化的影响，在城市居民中穿西服的人也屡见不鲜，一些妇女还穿起色彩鲜艳的连衣裙等。

2. 饮食

在索马里，广为人们食用的是牲畜的奶和肉。这主要是由于畜牧业在索马里国民经济中长期占主导地位。奶类主要是骆驼奶、羊奶和牛奶，肉类主要是羊肉和牛肉。喝奶时,人们喜欢用同量的茶水将奶冲稀后饮用。家中来客人,主人通常以奶茶招待。难怪当地许多人在解释"索马里"这一名称时说,"索马里"(Somalia)是"去"(So)和"奶汁"(Mai)两词的合成,其意为好客的主人去拿奶汁,以招待客人。

在各种奶类食品中,最富营养的是骆驼奶和奶酪。经食品专家测定,骆驼奶和奶酪几乎含有人体所需要的各种营养物质,维生素A、维生素B、维生素C的含量尤其丰富,蛋白质的含量不低于牛奶、羊奶,而脂肪的含量则低于牛奶、羊奶。经常食用骆驼奶和奶酪可以强健身体,预防因营养不良而引起的多种疾病。

索马里牧民除了经常食用奶类和肉类食品之外,还食用玉米、高粱、豆类等农作物。这些作物有的是牧民们利用放牧的空余时间种植的,有的是购买或用畜产品交换来的。农民除了经常食用玉米、高粱、木薯和香蕉等农产品之外,也食用奶类食品。奶类食品有的是自己饲养的牲畜产的,有的是购买或用农产品交换来的。城市居民食用的玉米、高粱和奶类等食物,均可在市场上购买。城市附近的牧民和农民可以直接将这些食物运到市场上出售。至于市场上出售的大米、面粉一类食物,基本上靠进口。

索马里人平日很少吃蔬菜,蔬菜品种不多。大城市出售的蔬菜,相当一部分来自海外。索马里人一般不喝酒,但吸烟较普遍。

3. 居住

索马里人的传统住房大体上可分为两类,一类是固定性住房,另一类是活动性住房。固定性住房主要是茅舍,此外还有木房和阿拉伯式石砌房;活动性住房是一种易于安装、拆卸且便于搬迁的帐篷和席篷。前者是从事农耕的农民、定居的牧民和城镇居民的住房,后者为游牧民的住房。当然,到了近代,城镇里还出现了泥瓦砖房、水泥楼房等固定性住房。

索马里人的茅舍大多为圆柱状,屋顶呈圆锥形或圆形。茅舍中间是一根或数根高3米左右的柱子,支撑着屋顶。屋顶用树枝和草帘铺成,然后在草帘上抹一层黏土,防止雨水渗漏。茅舍的墙壁用树枝和树皮编成,墙根用石块加固。墙面一般抹上薄层黏土和石灰。茅舍内部用树枝、草帘和兽皮等作隔墙分成两间,一间为卧室,另一间为家务用房,用于炊事、纺织和储存日用品等。一般在茅舍的南墙上开一扇门，没有窗子。屋内虽不明亮，但较凉爽，即使在炎热的天气也是如此。有的茅舍前还有一个庭院，庭院里有小棚子、炉灶等。

4. 婚姻

索马里人的婚姻习俗既具有伊斯兰教的特征，又具有民族特色。男子一般在20岁左右结婚，女子大多在12～15岁出嫁。同一氏族的人禁止结婚。实行一夫多妻制，允许一个男子娶四个妻子。不过受财力所限，能娶四个妻子的只有少数富人，大多数穷人只能娶一个妻子。结婚要事先征得家长同意。

索马里人的求婚方式多种多样，有的别有情趣。小伙子求婚由家长出面向女方家长提出，被称为"巴杜努斯"。小伙子直接向姑娘求婚，被称为"范戴德布"。在见到心爱的姑娘时，有的腼腆的小伙子就扔一件衣服给姑娘，被称为"莫罗萨尔"。姑娘如果接受小伙子的衣服，就表示自己接受了小伙子的求婚。此时，小伙子还要给姑娘再送一件她所喜欢的衣服。随后，姑娘就会拿着意中人送的衣服，兴高采烈地跑到父亲面前，诉说见到心爱的小伙子的情景。面对女儿的诉说和恳求，父母一般都会同意这门亲事。还有一种求婚方式叫"待婚"，即一名男子看上了某个姑娘，决定娶她为妻，但由于姑娘年纪尚小，完婚尚待时日，在征得女孩家长的同意后，可以在女孩头上系一根彩色的头绳，表示这个女孩已有了归宿，别的男子见后就不会再冒昧向这个女孩求婚了。

男女双方在征得父母同意后，就互赠订婚信物。随后，小伙子就可登门拜访女方的父母。为接待未来的女婿，女方家要为他准备休息的房间，姑娘则要亲自下厨房为未来的郎君做可口的佳肴，然后端到他的面前。到了夜晚，这对未来的夫妻可在姑娘的卧室里通宵长谈，以增进相互了解，加深爱慕之情。不过此夜小伙子千万不可有越规的行为，否则姑娘的父母会因自己贞洁的女儿受到侮辱和伤害而进行报复，结果不仅这门婚事会成泡影，而且两家人可能反目成仇，甚至造成人命血案。

索马里人婚前有索要聘礼的习俗。聘礼通常是一两头骆驼。有的年轻人实在出不起聘礼，会同相爱的姑娘一起远走他乡。在异地共同生活一段时间后，年轻人会把姑娘送回老家，然后请媒人登门做媒，以征得女方家长同意，再明媒正娶。在此情况下，多数女方家长会顺水推舟，同意这门婚姻。但有的女方家长固执己见，不依不饶，往往酿成悲剧。

为了让男女青年结婚，人们通常要为他们搭建新茅舍或帐篷作为婚房。举行婚礼那一天，亲戚、好友和邻里都会前来庆贺，男方家则用丰盛的美餐予以款待。夜幕降临后，欢庆的人们聚集到婚房门前，跳起欢乐的舞蹈，唱起美妙的歌曲，向新人表达美好的祝愿。欢庆活动一直到第二天破晓结束。有趣的是，新娘本人可以不参加婚礼，届时只要她的父母或保护人作为她的代表参加就行了。

索马里人尚有收寡补房的婚俗。一旦某一年轻的男子去世，他的近亲男子有权收其遗孀为妻。如果他有几个亲兄弟，那么最年长的一位享有优先权；如果没有亲兄弟，则由他的叔父或伯父收娶。在索马里人看来，为了维护家庭和家族的亲缘关系，收寡补房是十分重要的事情。寡妇同别的家族的男子结婚是绝对不被允许的。除非她决定终身为亡夫守寡，否则她只能同亡夫的一名近亲结婚。

索马里人还崇尚联姻，视联姻为神圣之举。在索马里语中，联姻被称作"哈达德"（Hadade），其意为"根"。索马里人认为，对树木来说，根深才能叶茂，同样，人要有力量，也要从联姻的"根"中得到滋养。所以，索马里人在双方家庭联姻后，特别讲究同舟共济、患难与共。一旦女方家受到欺凌，男方家一定鼎力相助。同样，要是男方家受到冒犯，女方家也是尽力相帮。

5. 爱惜骆驼及其他

索马里是世界上拥有骆驼最多的国家，同时又是对骆驼十分爱惜的国家之一。20世纪90年代初，据统计全国有685万多头骆驼，占世界骆驼总数的1/3。索马里人认为，骆驼整天为人们效力，人们对它应倍加爱护和尊敬。在平日，除了病人和儿童之外，骆驼是不让人骑的。在旅途中，骆驼驮运货物，人们徒步同行。为了让骆驼健壮，索马里人不轻易让人对着骆驼照相，他们认为对着骆驼照相会缩短骆驼的寿命，加速其死亡。一

索马里

些即使年老的骆驼，牧民们也不忍心屠宰，只有到了因长期干旱没有草料喂养，才难舍难分地将其出售。

索马里人如此爱惜骆驼，主要是因为骆驼比其他牲畜更能适应索马里干旱的气候，是他们在同大自然做斗争中难舍难分的伴侣。骆驼一年四季不论在何种天气条件下都能跟随主人在索马里半岛上忙碌奔波，或驮运牧民的家什，或驮运商品货物等。此外，骆驼还能为主人提供许多日常生活必需品，骆驼奶是人们的上等饮品，用驼奶制成的奶酪是传统美食，驼毛可以换取一些日常用品，驼皮制成的皮靴能保护人们双脚不被灼热的沙漠烫伤等。难怪索马里人常说："只要家中养有几匹骆驼，日常生活不用愁。"

骆驼是索马里牧民用来衡量财富多寡的重要依据，有的地方还将骆驼作为进行交易的计算单位。有一打骆驼并有相当数量山羊和绵羊的人，被认为是富裕的牧民；拥有100头以上骆驼的人，被认为是最富裕的牧民。不过，大多数牧民一般只有一两头骆驼。

放牧骆驼和其他牲畜是索马里男人们的天职。男孩子5岁以后就要跟随父兄到野外去学习放牧。妇女们则要担当繁重的家务，为家人准备食物，照料老人、孩子，修建茅舍，到集市上出售奶和奶酪并购回日用品和食物等。在外放牧时，男子中午多以驼奶为食，晚上回到住所用餐。但到了旱季，往往要到很远的地方寻找水草，晚上无法回到居住地，他们只好同所放牧的骆驼、牛、羊为伍，睡在草原或沙漠上，并学会提防狮、豹和狼等的袭击。为了防止自家的牲畜跑丢或与他人的牲畜混淆，索马里人通常用烧红的烙铁在牲畜身上烙上特殊的记号。

在索马里，尤其在送勇士出征时，人们有将骆驼血与骆驼奶混合起来喝的习俗。届时人们在骆驼的脖子上缠上绳子，然后将绳子慢慢收紧。当骆驼脖子上的血管隆起，一位长者就执刀在这一血管上切一小口，将放出来的骆驼血与骆驼奶混合，让出征的勇士痛饮。

三 节日

索马里人的节日较多，大体上可分为三类，即民间性节日、宗教性节日和政治性节日。民间性节日极具民族特色，主要有篝火节和伊斯通卡节等。宗教性节日同其他伊斯兰国家类似，如朝圣节（伊斯兰教历1月1日，放假2天）、斋戒节（伊斯兰教历9月1日，放假1天）、开斋节（伊斯兰教历10月1日，放假2天）等。政治性节日主要有独立节（6月26日，放假一天）、国庆节（7月1日，放假1天）和联合国节（10月24日，放假1天）等。

1. 篝火节

所谓篝火节，实际上是一种迎新年、盼丰收的联欢活动。为了期盼新的一年风调雨顺、五谷丰登、六畜兴旺，人们在索马里的新年到来之时都要热烈欢庆一番。索马里新年的起算时间是公历8月1日。欢庆活动从新年的前一天，即7月31日开始，要持续数天。当夕阳西下，夜幕降临时，村落附近的大路旁或河湖岸边会点起一堆堆篝火，村民都身穿节日盛装，来到篝火旁。成年人相互寒暄致意，年轻人则嬉戏打闹。当作为主持人的一位长者宣布庆祝活动开始后，人们就围着一堆堆篝火跳舞唱歌，热闹异常。天真的少男少女还会排成长龙，一个个从篝火上跳过，以烧掉过去一年自己身上的晦气，在新的一年里健康成长。成年人则在一旁为他们呐喊助威，并为他们计算跳过的次数。篝火节也是青年男女挑选意中人和谈情说爱的好机会。一些互相看中对方的青年男女，会悄悄地离开众人，躲到夜幕里互诉衷情。迎新活动往往通宵达旦，人们尽欢而散。

2. 伊斯通卡节

伊斯通卡节，又称"打棍子节"。这是从事农耕的索马里人每年夏天都要举行的节日。据说该节日始于16世纪，源于谢贝利河畔的阿夫戈伊镇。说是节日，实际上是一种传统的庆丰收的游戏活动。农民在夏季喜获丰收时，会举行一些小型的娱乐活动来庆祝，同时预祝来年有个好收成。一些年轻人为了活跃节日气氛，他们在唱歌跳舞之余还身穿类似古代战袍的服装，手持木棍，模仿古人打仗，相互打闹。如此年复一年，参加的人越来越多，此种游戏活动就被固定下来了。这种活动要求双方以同等人数参加，场地中间用石灰画出一条醒目的白线。比赛一般由当地长者主持。参赛人员手持木棍，高唱着"我们决不后退"的歌曲，列队进入阵地。

比赛的长筒号角"西姆巴尔"一响，双方人员同时冲向白线，用木棍互相对打。不论哪一队的人，只要冲过白线，迫使另一队的人后退，就算胜利。周围观众尤其姑娘们则为参赛队员呐喊助威。有的小伙子如果在"停止战斗"的号角吹响前就退下来，会遭到姑娘们的讥笑和斥责："胆小鬼，快回到阵地上去！"在人们尤其姑娘们的眼里，只有那些遍体鳞伤、血流满面仍继续战斗，一直到"停止战斗"的号角吹响后撤离阵地的人才是真正的英雄，才会得到人们的尊敬和未婚姑娘的青睐。为防止相持过久出现意外，常常由长者出来宣布停止比赛，并由别的参赛队进行另一场比赛。自然，用棍子对打虽然是一种游戏，但是为了取胜，难免会有人受伤。独立后，为了人身安全，木棍已逐渐被树枝所代替。比赛的组织者还要对双方参赛人员所持的树枝进行检查，防止将过于粗大或带刺的树枝带进比赛场地。

节日活动一般要连续三天，具体日期由一些年高德劭者商定。在此期间，人们都身着盛装，除参加娱乐游戏活动外，还走村串户、探亲访友、相互祝福，到处是一派欢乐的景象。

一位索马里作家在谈到伊斯通卡节时深刻地指出："当人们了解到索马里人民赋予'伊斯通卡节'深刻的社会意义时，他们就能在这样一个叹为观止的场面中清楚地看到孕育在朴实的索马里民族性格中的英雄胆略。"这就是为什么"索马里人民没有被一个世纪多的欧洲殖民主义所屈服，也没有被殖民主义带到非洲土地上来的灾难所压倒"。

3. 斋戒节与开斋节

每年伊斯兰教历9月1日为斋戒节，索马里人称之为"拉马丹"节，历时一个月。按教规，在斋戒期间，每天太阳出来后至太阳落下前，除16岁以下学生、孕妇、病人和值勤士兵之外，每个伊斯兰教徒都不准吃饭、不准喝水、不准吸烟。所有饭馆、咖啡馆（飞机场的咖啡冷饮馆除外）也一律停止营业，只能到日落后才开始营业。斋戒节过后即为开斋节，当地人称之为"伊迪"节。这是索马里的一个重大节日，全国举行庆祝活动，到处张灯结彩，人们屠牛宰羊，相互拜访。夜幕降临后，人们在街上、在公共场所载歌载舞，尽情欢乐。

第四节 特色资源

一 名胜古迹

索马里地处低纬度地带，三面环海，既有美丽的海滨低地，又有一望无际的高平原。在海滨低地，从南到北镶嵌着一个又一个海港市镇，形态各异，风光如画。在内陆高原，牧场毗邻，农田连片，牛羊成群，驼马成行，山林芬芳，民歌阵阵……让人目不暇接。

下面是索马里几个著名的旅游景点。

1. 阿夫戈伊镇

该镇位于贝纳迪尔州，索马里第二大河谢贝利河从镇中缓缓流过。这里河流两岸土地肥沃，树木参天，花草丛生，景色宜人，物产丰富。一片片的棕榈树、芒果树掩映着一幢幢小楼，是人们的避暑胜地之一。

2. 哈丰角

哈丰角是非洲大陆的最东点，是非洲大陆能最早看到太阳出来的地方。它位于哈丰半岛的顶端，是一个小石岛，岛与大陆相连之处，为一沙土构成的地峡。哈丰角以其特殊的地理位置吸引着那些想一睹非洲大陆第一缕曙光的旅客。

3. 赤道纪念碑

位于朱巴河下游贾马梅镇附近，南距基斯马尤港 60 千米。纪念碑是一座高约 3 米的水泥建筑，其顶端装有地球仪和一根东西指向的指针，作为赤道线的标志。这里环境幽静，有旅游饭店。赤道上空直射下来的阳光灿烂夺目。这里的设施虽然简单，但是游客都喜欢来此一游，作为一生中的纪念。人们对着赤道指针所指的赤道线，以一只脚踩着南半球、另一只脚踩着北半球的姿势摄影留念。对来访的贵宾，当地居民常用鲜花结成的花环，用棕榈叶、芭蕉叶扎成的牌楼来迎接。

二 著名城市

索马里城市的起源可以追溯到公元前 2000 年的蓬特国时期。随着手

索马里

工业和商品交换的发展，一些原来的贸易点和港口逐渐发展成为城市。西方列强在索马里建立殖民统治后，在索马里推行村落都市化，将原来的村落建成行政或经济活动中心。不过，这时期建立起来的城市规模不大，与后来的乡镇相差无几，仅有一条街道，两旁是为数不多的几座作为行政管理用的阿拉伯式石砌建筑物，几家小店铺和一两座伊斯兰教建筑等。索马里城市的迅速发展始于1960年独立之后，其特点是城市人口增长迅速，而且主要分布在沿海地带。在内陆地区，人口超过5万人的城市只有哈尔格萨市。与当今世界其他大洲国家现代化的城市不同，索马里的城市具有经济不发达的非洲国家城市所具有的一些特点。由于城市居民大多来自农村或牧区，他们仍保留着原来饲养家禽、家畜的习惯，所以在城市大街上，人们经常会看到汽车被成群缓慢行走的骆驼或牛羊挡住去路，市面上多处有人在交易骆驼或牛羊等。不少居民还在自己的住处旁边设栏饲养牛羊和家禽，不仅可以自己享用新鲜的牛奶、羊奶和禽蛋，还可向附近的居民供应。

下面介绍一下索马里的几个著名城市。

1. 首都摩加迪沙

摩加迪沙是索马里的首都。它坐落在印度洋岸边峰谷跌宕的丘陵上，扼守着东北非地区的南北海上交通要道，北倚谢贝利河下游平原，腹地广阔，并有可停泊商船的优良港湾。市内多白色建筑，被誉为"印度洋上的白色明珠"。摩加迪沙是人们旅游的好地方。

摩加迪沙位于北纬2°01′、东经45°20′，面积20多平方千米，海拔12米。虽然位于赤道附近，但因全年有海风调节，气候相对凉爽。年平均气温为27.5℃，最凉爽的7月气温为18℃左右。全年最热月份是3~5月，日最高温度约35℃。气候干燥，少雨。一年有两个雨季，4~7月为大雨季，降雨较多；10~11月为小雨季，降雨较少。相对湿度较高，经常保持在60%~86%。

摩加迪沙原名"哈玛"，"哈玛"在索马里语中是一种棕红颜色的名称，可能与当地多赤色土壤有关。相传后来波斯人入侵，将其改名为"摩加迪沙"，在波斯语中的含义是"国王所在地"，也就是首都之意。7

第一章 概 览

世纪伊斯兰教兴起后，移居到摩加迪沙的阿拉伯人越来越多。阿拉伯人与当地索马里人长期相处，互相融合，遂索马里既保存了当地人的传统文化，又带有阿拉伯人的一些风俗。

阿拉伯人到来后，摩加迪沙的进出口贸易日益频繁。到13世纪，这里已成为东非著名的商港。14世纪，中国商人、印度商人也来此进行贸易。这里的手工业特别发达。直到西方殖民者侵占索马里之前，摩加迪沙还是东非沿海乳香、没药以及象牙和皮革的贸易中心。1905年，意大利殖民者"购买"该地，将其作为"意属索马里"的首都。

1960年索马里独立后，宣布摩加迪沙为共和国的首都。历届政府对摩加迪沙的市政设施建设都十分关注，投入很大，使它逐渐发展成为索马里全国的政治、经济、文化和贸易中心。1977年，在旧港的南面建起了新港。该港水深8～12米，可同时停泊5艘轮船，年吞吐量由独立初期的12万吨增加到70万吨。

摩加迪沙郊区的国际机场是索马里最大的国际机场，曾开辟有每周飞往内罗毕、开罗、亚丁、罗马和莫斯科等国际及国内各主要城市的航班。

摩加迪沙是索马里的经济中心。摩加迪沙拥有纺织、制糖、皮革、烟草、肉类加工、电力、食品、水泥、木材加工等生产部门。两条互相交叉的主要街道都是分上行和下行的柏油路，中间镶嵌着颇具热带特色的花坛，终年都有鲜花盛开。大街两边，商店、餐厅、咖啡厅和酒吧等鳞次栉比。自由市场上充斥着周围地区生产的农副产品。在一些大街和小巷中都可看到手工艺品的作坊。

在索马里人民争取自由与独立的历史中，摩加迪沙还是一座具有光荣传统的城市。在反对葡萄牙、意大利和英国殖民主义者的斗争中，摩加迪沙人民和全国人民一道，谱写了可歌可泣的英雄战绩。索马里独立以后，为纪念独立和自由，纪念在争取民族独立斗争中英勇献身的民族英雄，一些街道和广场被索马里政府授予各具纪念意义的名字，如七月一日大街、索马里大街、非洲团结广场等。索马里政府还在一些广场建立了纪念碑和青铜塑像。例如，十二月二十一日广场上矗立的英雄纪念碑，就是为纪念民族英雄穆罕默德·本·阿卜杜拉·哈桑而建立的。纪念碑的上半部是一匹腾空而起、奋蹄长鸣的奔马，马背上坐着身穿军装的哈桑铜像。他右手举着剑，左手紧握马缰绳，显得英姿勃勃。纪念碑的底座构思新颖，完全模仿当年的哈桑驻防城堡的形状。

摩加迪沙还是索马里宗教文化的中心。据统计，全市共有清真寺148座。其中尚存的最古老的一座清真寺法克拉德清真寺建于1182年，迄今已有800多年的历史。在这座古老的清真寺里，藏有阿拉伯文的石碑和木雕。建于1238年的哈玛·韦恩清真寺、建于1268年的亚尔巴·鲁基清真寺和建于14世纪的亚布得·亚古斯清真寺等，至今都有六七百年的历史。

摩加迪沙市内有一座国家博物馆。这是一座19世纪的建筑，原为桑给巴尔素丹代表驻地的加勒萨宫。博物馆的大门朝东，正对着印度洋。门前陈列着两尊短小、低矮的大炮，据说是近代索马里人用来抗击西方殖民者的武器。在陈列室里，人们可以看到中世纪用来进行海上贸易的平底船和独桅三角帆船，可以看到索马里人当年从葡萄牙侵略者手中夺来的武器等。

摩加迪沙还有一些标志性的建筑，如意大利承建的人民厅，中国援建的国家剧院和摩加迪沙体育场，欧盟承建的总医院，苏联承建的军队医院、议会大厦、国家银行和警察总部大楼等。其中国家剧院建筑面积达4000多平方米，能容纳1200名观众。

摩加迪沙还有许多全国性的高等学府，如索马里国立大学、伊斯兰法律学院、兽医学院、索马里政治学院等。此外，还有一些技术学校。索马里大学是一所综合性大学，拥有十几个专业学院。索马里政治学院是西亚德政府培训党政干部的专门学校。

为了吸引国内外游客，摩加迪沙还在近郊开发有国家公园与动物保护区，制订了以"动物狩猎旅行"为名的旅游计划。在这里，人们可观赏到索马里的多种动物和奇禽异兽，可观赏到惊心动魄的"人鳄之战"等。在观赏"人鳄之战"后，游客还可品尝到刚刚被捕杀的鳄鱼肉。据说，鳄鱼的每个部位都有一定的医药功效，是索马里人用来招待贵宾的上等佳肴。

摩加迪沙如此多彩多姿,难怪一位索马里诗人曾用优美的诗歌予以赞美:

> 摩加迪沙,你是索马里花园中最艳的一朵奇葩
> 摩加迪沙,你那漂亮的容颜闻名于海角天涯
> 纵横的街道构成你头巾上的花格
> 洁玉般的楼房点缀着你披的彩纱
> 碧蓝的大海与你喃喃细语
> 浓绿的棕榈为你舞婆娑……
> 啊,摩加迪沙,你的秀丽天姿令我陶醉
> 我愿永远长眠在你的脚下

2. 基斯马尤

基斯马尤濒临印度洋,是索马里南部的重要港口和经济中心,也是下朱巴州的州府所在地。"基斯马尤"一词在索马里语中是"小海洋"的意思。这是由于它地近朱巴河口,水源丰富,挖井取水极为方便。大约9世纪,阿拉伯人和波斯人建立了这座城市。到了18世纪,基斯马尤先被葡萄牙人占领。随后,又相继被桑给巴尔素丹和英国人统治。1924年,基斯马尤又被意大利人占领。

今天,人们在基斯马尤可以看到不同历史时期留下的遗址与古迹。

基斯马尤位于朱巴河入海口以南不远处,属于冲积平原,距摩加迪沙约500千米。索马里的两大河流之一朱巴河从基斯马尤附近注入印度洋。在该河的冲积下,基斯马尤一带土地肥沃,全年可种植热带水果、玉米、棉花、水稻、芝麻、甘蔗等作物。优越的自然条件使基斯马尤成为索马里重要的农业区和香蕉的出口基地。

基斯马尤一带不仅农业发达,畜牧业和渔业也很兴旺。这里建有较大的肉类与鱼类罐头厂、皮革加工厂等企业。基斯马尤港可停万吨巨轮,有公路与摩加迪沙相连,还设有机场。基斯马尤还是索马里重要的军港之一。

基斯马尤有一个专供游客观光的旅游区——"瓦慕"旅游区,风景

异常优美。一幢幢造型别致的宾馆点缀在花木丛中,鸵鸟、猴子、旱龟等动物异常惹人喜爱,五彩的太阳伞供游客们纳凉,小巧玲珑的游泳池供游客们消遣等。基斯马尤还有一个国家公园,拥有的动物种类超过摩加迪沙的国家公园。

3. 哈尔格萨

哈尔格萨是索马里北部最大的城市,是西北州的首府。哈尔格萨地处海拔1300米的奥戈高原,常年绿树成荫,气候宜人,是人们避暑和旅游的好地方。

哈尔格萨历史上由于缺少饮用水,人丁不旺,百业不兴,索马里独立时全市人口不足5万人。1960年独立后,索马里政府请中国派专家帮助解决哈尔格萨居民饮水问题。1969年,中国工程技术人员来到这里,开始进行大量勘探。经过艰苦勘探,终于在郊区一棵大乔木附近,穿过不蓄水的玄武岩层找到了古河道,这里不仅有水,而且水源充足。随后中索两国人员在这里建成了供水工程。从1973年起,向哈尔格萨市供水量不断增加。由于有了水,人口逐渐增多,到70年代末,哈尔格萨的人口即增加到15万人左右,各种商业活动也得到发展。市内不仅有中小学,还建起了大学和其他文化设施。哈尔格萨有公路通往柏培拉和附近的哈拉尔,还有可起降大型飞机的机场。

4. 柏培拉

柏培拉位于索马里北部沿海,是一座有悠久历史的古城。尽管北部沿海气候炎热,但是柏培拉由于港湾水深,近处的谢赫山林木葱郁,气候较沿海其他港湾凉爽,适于人们旅游观光。

柏培拉历来是索马里进出口贸易的重要港口城市。它濒临亚丁湾,扼红海咽喉要道曼德海峡,与阿拉伯半岛遥遥相望,是索马里北部的门户,战略地位极为重要。1884年,英国人占领柏培拉后,将它作为英国殖民统治区的首府。到了20世纪70年代,苏联又把该港作为其舰队在印度洋的后勤基地。从80年代起,柏培拉又成为美、英等国在亚丁湾的重要海、空基地。

从时差上说,上述索马里四个著名城市比中国北京均晚5小时。

第二章

历 史

第一节 古代索马里

由于索马里历史上长期只有语言而没有文字，考古发掘尚未系统进行，所以有关索马里古代文明的确切材料至今仍很少。有关这一时期历史的材料，目前主要来自埃及的文献和神庙里的浮雕，以及古代到过索马里的埃及、希腊、罗马、腓尼基、阿拉伯及波斯等旅行家和商人的一些记载。

一 蓬特国

近代以来，在索马里北部的加罗韦、曼代拉和南部的布尔哈卡巴等地先后发现了石器时期的文化遗址。从加罗韦发掘出的燧斧、刮刀等石器工具来看，在距今一百万年前后的旧石器时期，索马里半岛就有了人类活动。而从曼代拉、布尔哈卡巴发掘出的刮削器、钝背刀和錾刀等石器工具来看，在距今一万年前后的新石器时期，索马里半岛多处有人类活动。这些原始人三五成群，长期以采集、打猎为生，他们可能是今天南部非洲科伊桑人①先民的一部分。到公元前 3000 年前后，埃塞俄比亚高原库希特人的一支索马里人开始进入索马里半岛。此时索马里人已知道使用金属工具，并饲养牲畜，生产水平高于当地的原始人群——科伊桑人。所以，在索马里人到来以后，岛上的科伊桑人不断受到排挤，有的被同化，有的向

---

① 科伊桑人的早期居住地是非洲赤道以北的广大地区，后因受其他族群的排挤，有的被同化，有的向赤道以南方向迁移，直至南部非洲。

索马里

赤道以南方向迁移。到公元前 2000 年前后，索马里人已遍布整个索马里半岛，并在北部沿海地区建立起蓬特（Punt）国。① 有关蓬特国时期的资料很少。从古埃及的文献和神庙浮雕中可以知道，古埃及人把蓬特称作"神的故乡"和"神奇的香料之国"。在这一时期，埃及与蓬特之间就有商业往来。公元前 16 世纪后半期至前 15 世纪初期是埃及第十八王朝（公元前 1570～前 1320 年）的鼎盛时期，女王哈特舍普苏特（公元前 1504～前 1482 年在位）大力促进埃及与蓬特的贸易，派遣了一支由 8 艘商船组成的贸易船队前往蓬特。贸易船队抵达后，受到蓬特国君（一位很胖的老妇人）和当地居民的欢迎。船队从蓬特带回大批没药、乳香、肉桂、象牙、豹皮、没药树、肉桂树、黄金和白银等，此外还有动物狒狒、长尾猴等。这些有的是蓬特人作为礼品赠送的，有的是埃及人用金属器皿和兵器交换来的。在公元前 15 世纪，索马里出产的没药和乳香已广泛用于埃及的宫廷和寺院。

蓬特国在古希腊和罗马也已闻名，它们的航海家到蓬特观光过，称蓬特为"香料之国"（"香乡"）。古希腊人还将索马里北部沿海地区取名为"巴巴里阿"（Babaria），今天柏培拉（Berbera）城名实际上保持了"巴巴里阿"这一名字，这说明柏培拉城在上古时代就已存在。在 19 世纪 80 年代英国侵占该城时，发现其郊外有一段很长的路上随处可见碎陶片和碎玻璃片，可证明过去柏培拉城的面积比此时要大几倍。在柏培拉城西北方向不远处，有一座古城阿巴斯港废墟，其年代比柏培拉还要久远。② 蓬特国还同古印度、南阿拉伯、马其顿和腓尼基等有贸易联系和交往。蓬特国输出的主要有香料、象牙和龟壳，还有奴隶和大象。这说明蓬特国已处于奴隶制发展阶段。

到纪元开始前后，根据希腊人编写的《厄立特里亚海航行记》一书记载，索马里沿海地区已有多个城市。这些城市类似古希腊的城邦，没有

---

① 关于蓬特国的地理位置，学术界长期存有争议。比较一致的看法是，蓬特国位于索马里北部沿海地区，但具体地点尚难确定。
② 〔匈〕西克·安德烈：《黑非洲史》第 1 卷上册，上海新闻出版系统"五·七"干校翻译组译，上海人民出版社，1973，第 126～140 页。

共同的统治者,由各自的首领治理。到 4~6 世纪,索马里北部沿海有的城邦如柏培拉、泽拉等,先后臣服于埃塞俄比亚的阿克苏姆王国,并成为后者对外贸易的窗口。

二 诸素丹国

公元 7 世纪阿拉伯帝国兴起后,随着阿拉伯移民一批又一批进入索马里,伊斯兰教也在索马里传播开来。在索马里居民普遍接受伊斯兰教的同时,索马里沿海各城邦和内地一些王国的统治者先后都以素丹自称。这些城邦和王国成为由各自素丹统治的国家,通常称为素丹国。①

阿拉伯人从沿海进入索马里是自上古以来就有的现象,但大批进入则是在公元 7 世纪阿拉伯帝国兴起以后。由于阿拉伯帝国大肆对外扩张,以及王朝更迭引起统治集团内部矛盾和教派冲突,从 8 世纪开始出现大量阿拉伯人四处外迁的情况。许多阿拉伯人举家或从南阿拉伯,或从波斯湾渡海来到索马里。他们与此前来到索马里的阿拉伯人有显著不同,就是不再只是为了做生意,而是在做生意的同时大力传播伊斯兰教。他们先在沿海地区传教,继而又深入内地传教,其中不少人还同当地人通婚,逐渐形成索马里人和阿拉伯人混合的文化和社会。正由于伊斯兰教的广泛传播和影响,到公元 11 世纪和 12 世纪,索马里一些沿海城邦和内地王国的统治者先后都以素丹自称,成为素丹国。这类沿海城邦主要有泽拉(Zeila)、柏培拉(Beraera)、摩加迪沙(Mogadishu)、马尔卡(Marka)② 和布拉瓦(Brava),内地王国主要有米朱提因(Mijerteyn)、奥比亚(Obbia)、杜巴尔汉特(Dubahante)、瓦尔桑格里(Warsangeli)和格勒迪(Geledi)等。

在公元 11 世纪和 12 世纪建立的素丹国中,最著名的是泽拉、摩加迪沙和米朱提因。泽拉的阿拉伯移民主要来自南阿拉伯地区。到 13 世纪,

---

① 素丹,阿拉伯文的音译,又译为"苏丹"、"速檀"和"算端",语意为"有权威的人"。9 世纪,阿拔斯王朝的突厥禁卫军长官即有此称号。最早以素丹自称的国家统治者,是 998 年继王位的伽色尼王朝统治者马哈穆德,随后逐渐为各伊斯兰国家所使用。后来,人们把由素丹统治的国家称为素丹国。

② 也译"梅尔卡"。

索马里

泽拉素丹国的管辖区扩大到索马里西北部内地,并为摆脱埃塞俄比亚的控制进行长期斗争。14世纪30年代,著名的阿拉伯旅行家伊本·白图泰访问过泽拉。根据他的记载和描述,泽拉是个商业城市,城内有大市场,从这里输出的主要有皮革、树胶、酥油、鸵鸟毛、象牙和奴隶,输入的主要有椰枣、布、铁、武器和陶瓷器皿。这里的人皮肤黝黑,饲养的牲畜主要有骆驼和绵羊。伊本·白图泰访问摩加迪沙是1337年,他将摩加迪沙称作繁荣的城市,说该市管辖着附近的内陆地区。当地生产的布匹质地上乘,远销埃及、波斯等。当地人身体强壮,食物丰富,主食往往是油焖米饭,副食有鸡肉、羊肉、鱼和青菜,水果有香蕉、柠檬和芒果等。人们还经常将未成熟的香蕉摘下来,用羊奶或驼奶煮制后食用。① 15世纪和16世纪,摩加迪沙素丹国实力强大,控制着东非沿海贸易。17世纪初开始衰落,先后受控于阿曼素丹国和桑给巴尔素丹国。米朱提因素丹国始建于索马里东北部内地,后来逐渐扩大到东北部沿海地带,是索马里境内管辖范围最大的素丹国。它除了同邻近的素丹国有交往之外,同半岛以外的一些国家如阿曼素丹国、奥斯曼帝国等也有交往。到西方殖民者侵入前,一直保持着独立地位。

到公元16世纪,索马里境内的素丹国已增至30多个。这些素丹国的统治者,或是阿拉伯化的索马里人,或是索马里化的阿拉伯人。就生产方式而言,这些素丹国基本上是宗法封建制,并保持严重的氏族部落制残余和奴隶占有制残余。诸素丹国在经济上有一定的来往和联系,沿海素丹国还是内地素丹国与外界通商的中介。但在政治上,诸素丹国各自为政,时而结盟,时而对立。同时,由于诸素丹国管辖的疆界很不明确,相互间常常为此事争吵,有时甚至酿成武装冲突。正因为这样,一些素丹国遭受外来侵犯时,并不是联合起来共同对敌,而是向地区大国求援,结果不得不从属于他国。例如,北部沿海泽拉、柏培拉等素丹国为了同异教的埃塞俄比亚和葡萄牙殖民者做斗争,积极寻求奥斯曼帝国的帮助,结果不得不

---

① 〔摩洛哥〕伊本·白图泰:《伊本·白图泰游记》,马金鹏译,宁夏人民出版社,1985,第200~204页。

第二章 历 史

属于奥斯曼帝国，到19世纪又从属于奥斯曼帝国的附庸国埃及。而东部沿海的摩加迪沙、布拉瓦等素丹国为了同葡萄牙殖民者做斗争，起初寻求奥斯曼帝国的帮助，后来又寻求阿曼素丹国的帮助，结果到18世纪中期，东部沿海诸素丹国基本上为阿曼素丹国所控制。19世纪中期，桑给巴尔摆脱阿曼素丹国另成立国家后，东部沿海诸素丹国又归属于桑给巴尔。所有这些，都便利了西方列强对索马里的入侵。

三 古代中索关系

中国人知道索马里，大约始于8世纪盛唐之时。751年，唐人杜环被大食国所俘，随后跟随大食国人西行，遍历西亚和非洲北部许多地方，直到762年回国。他根据见闻写成的《经行记》，对埃及、马格里布和东非沿海的风土人情、地理环境和物产等有所记载。唐人段成式于860年成书的《酉阳杂俎》，则较详细地记载了索马里柏培拉（当时称为拨拨力国）的情况。该书中说："拨拨力国在西南海中，不食五谷，食肉而已。常针牛畜脉，取血和乳生饮。无衣服，唯腰下用羊皮掩之"，"土地唯有象牙及阿末香"。这时期中国与索马里之间的贸易基本上是间接贸易，即中国的货物先由中国船只运到东南亚或阿曼，然后再由印度或阿拉伯商船运到索马里。同样，索马里的货物先由印度或阿拉伯商船运到阿曼或东南亚，然后再由中国船只运回中国。当然，有时印度或阿拉伯商人直接把货物由索马里运到中国，又直接把货物由中国运往索马里。

到了宋代，中国与索马里之间除了间接贸易之外，还出现了直接贸易，即中国人直接将货物运到索马里，然后又将索马里的货物运回中国。随着双方贸易的发展，许多中国钱币也流入索马里。① 1071年和1083年，根据《宋史》《宋会要辑稿》记载，摩加迪沙、布拉瓦等素丹国遣使来华"入贡"，宋神宗"念其绝远"，诏赐白金及其他财物。这是历史上非洲国

---

① 根据20世纪考古发掘，在摩加迪沙及东非其他一些地方发现有许多中国宋代甚至唐代的钱币，总计千余枚。

索马里

家最早向中国派遣外交使节。由于双方交往增多，中国对索马里的了解也逐渐增多，所以宋人的一些史地著作对索马里的记载也更具体。例如，成书于1225年的赵汝适所著《诸蕃志》，对索马里的风俗习惯是这样记载的："申理国（即索马里——引者注），人露头跣足，缠布不敢着衫，唯宰相及王之左右，乃着衫缠头以别。王居用砖甓甃砌，民屋有葵茆苫盖。日食烧面饼、羊乳、骆驼乳"，"国人死，棺殓毕，欲殡，凡远近亲戚慰问"。书中还记载了索马里处理死鲸的方法，"每岁常有大鱼死，飘近岸，身长十余丈，径高二丈余，国人不食其肉，唯刳取脑髓及眼睛为油，多者至二百余墱，和灰修船舶，或用点灯。民之贫者，取其肋骨作屋桁，脊骨作门扇"等。

15世纪上半期是古代中国与索马里友好交往的极盛时期。此时期双方除了频繁的贸易往来之外，还多次遣使互访。1405～1433年，明代著名航海家郑和奉诏率领庞大船队七次下西洋，其中在1413～1415年、1417～1419年、1421～1422年和1431～1433年先后四次抵达非洲东部海岸，直接访问了木骨都束（摩加迪沙）、不剌哇（布拉瓦）和竹步（朱巴）等地，可能还到达了泽拉和吉布提。郑和的"宝船""体势巍然，巨无与敌"，长约147米，宽约60米，能载千人，载货千吨，装有指南针。郑和的船队浩浩荡荡，所到之处，备受人们的瞩目和欢迎。郑和对索马里沿海素丹国的访问极大地推动了中国和索马里的友好关系。据《明史》记载，永乐十四年至二十一年（1416～1423），木骨都束三次遣使到中国，不剌哇九次遣使到中国。竹步也在永乐年间派使臣来过中国。随着中索之间往来的密切，彼此的了解增多，中国文献中对索马里的记载也越来越多。著名的《郑和航海图》记载了索马里沿海城邦及其他东非沿海城邦的地理位置。随同郑和出使西洋的费信撰写的《星槎胜览》一书，也记载了有关东非尤其索马里城邦文化的大量资料，其中对木骨都束、不剌哇和竹步的记载特别详细，如记载了这些城邦的气候、生活和特产等，为中国与索马里之间贸易的进一步发展提供了资料。很明显，15世纪前半期中国与索马里的关系已出现了一个崭新的局面。然而，由于西方殖民主义者的入侵，刚出现的这一崭新局面遭到破坏，并被迫中断了。

第二章 历　　史

第二节　西方列强对索马里的侵略与瓜分及索马里人民的反抗斗争

一　葡萄牙的入侵

1497年11月，葡萄牙殖民者绕过非洲南端好望角来到印度洋，于1499年来到索马里沿海，几次欲侵占摩加迪沙，均未得逞。从16世纪开始，葡萄牙对索马里的侵略更加频繁。1506年，葡萄牙殖民者用武力强占布拉瓦，并随处烧杀抢掠。布拉瓦居民奋起反抗，击毙击伤葡萄牙侵略者百余人。葡萄牙殖民者被迫退出布拉瓦后，旋即北上企图侵占摩加迪沙。但他们的船队驶近摩加迪沙港口，见到当地的骑兵和步兵已经在海岸上摆好阵势准备迎战时，他们没有贸然发动进攻，而是继续北上，并一度占领索马里东北海面的索科拉特岛。1516年和1517年，葡萄牙又把侵略矛头指向索马里北部沿海，先后发动对泽拉和柏培拉的袭击，这两处港口遭到严重破坏。16世纪中叶，葡萄牙殖民者建立起对北自瓜达富伊角、南至蒙巴萨的东非沿海地区的控制。16世纪70年代和80年代，在土耳其人的帮助下，索马里诸素丹国将葡萄牙人赶出索马里北部沿海和东部沿海。但不久，土耳其人因其舰队在海战中被西班牙和威尼斯联合舰队击败，从索马里撤退。1587年，葡萄牙殖民者从印度调来军队，在索马里沿海烧杀抢掠，企图重新控制索马里东部海岸，以便建立葡属东非殖民地，但由于当地人民的反抗，一直未能得逞。1740年，在阿曼素丹国的帮助下，葡萄牙人最后被赶出鲁伍马河以北的东非沿海地区。1752年，葡萄牙在同阿曼素丹国签订的条约中，明确宣布放弃德尔加杜角以北的东非沿海地区的所有据点。葡萄牙对索马里的侵略以失败告终。

二　英国和法国的入侵

继葡萄牙之后侵入索马里的是英国和法国。早在1789年，一艘英国战舰驶到朱巴河口附近进行探测。一只小船试图越过沙洲，但触礁沉没，

索马里

船上人员全部丧命。此后很长一段时间,英国把自己的侵略活动转到索马里北部沿海地区。为了尽快在印度到苏伊士地峡的中途建立停泊港口,1827年英国试探性地派"塔马尔"号军舰侵入柏培拉港口,用花言巧语诱使哈巴尔·阿瓦尔酋长签订"友好通商条约",使英国在柏培拉地区的贸易合法化。1839年英国用武力侵占亚丁,1840年又用武力强迫塔朱拉和泽拉两地的统治者签订割让领土的条约。根据1840年8月19日英国与塔朱拉素丹签订的条约,英国仅以10袋稻米的代价买下了塔朱拉素丹管辖的穆沙岛。而根据同年9月3日英国与泽拉总督①签订的条约,泽拉总督无偿将奥巴特岛割让给英国,并允诺未经英国许可不与其他欧洲国家的代表交往,也不让其他欧洲人在泽拉市内定居。从此以后,英国来往于印度到苏伊士地峡的船只有了可靠的停泊港口。从40年代下半期开始,英国的军舰经常出没于索马里沿海的港口。英国人以维护贸易和"恢复"各素丹国的"和平"为借口,不断加强对索马里北部沿海地区的管理。1856年11月,英国以1855年4月19日两名中尉军官在柏培拉地区同当地居民冲突中一死一伤为由,派了两艘军舰,除了要求惩办"凶手"、索要1.5万美元赔偿费之外,还强迫哈巴尔·阿瓦尔氏族酋长签订新的通商条约,其中还规定今后英国可向柏培拉派遣驻节长官。

英国在索马里沿海的侵略活动引起了法国的注意。1840年,法国委托"南脱·博尔多斯公司"尽快派人前往索马里。然而,当该公司的代表孔伯于1840年10月抵达索马里北部沿海的塔朱拉和泽拉时,英国早在一个多月前就与当地统治者签订了条约,孔伯只好空手而归。1846～1848年,法国冒险家夏尔·吉兰率领的"迪库迪克"号双桅船在索马里东南部沿海地带活动,了解摩加迪沙、布拉瓦和马尔卡等港口城市的政治经济情况。总的来说,这些港口城市既承认桑给巴尔素丹的权力,也承认内地格勒迪素丹的权力。前者的权力是不明确和不稳定的,而后者的权力是直接的。这里的纺织业虽然古老,但利润仍然相当可观。生产的布匹除了当

---

① 从公元17世纪开始,泽拉和柏培拉两个素丹国在名义上并入了奥斯曼帝国,其统治者改称总督。

地消费之外，不仅输往索马里北部沿海和东非其他地方，还远销至阿拉伯、波斯和埃及等商港。另一方面，由于不久前的瘟疫和饥荒，以及不时发生的内乱，这几个城市都遭到不同程度的破坏。吉兰了解到的情况，无疑为西方列强此后对索马里的侵略和瓜分提供了依据。1859 年，法国驻亚丁的领事朗贝尔从达纳基尔部落酋长那里取得了奥博克港的租借权。继之，法国以"友好"姿态拉拢达纳基尔诸酋长。1862 年，塔朱拉素丹的一个表兄弟前往巴黎，同法国签订了一个条约，法国仅以 1 万泰勒（一种德国银币）就买下了奥博克港。这不仅使法国来往于印度洋和红海的船只有了一个可靠的加煤站，而且使法国有了一个向索马里内地扩张的基地。

三　西方列强对索马里的瓜分

1869 年苏伊士运河通航后，索马里因地处苏伊士运河至印度洋的海上交通要道，在地缘政治上的重要性大为提高。西方列强对侵占和瓜分索马里的兴趣也大为增加。

法国首先采取行动。1870 年，法国的一支舰队占领了索马里东南沿海的基斯马尤港。但不久，法国在普法战争中败北，撤出了基斯马尤港。此后，法国将侵略重点转向奥博克地区。1881 年，法国在奥博克设立了"法国－埃塞俄比亚公司"。1882 年，建立了奥博克法国公司和法国代理商行。1883 年，又设立了梅斯尼尔公司。1884 年 6 月，法国政府任命拉加尔德为奥博克警备司令。同年 8 月，法军进驻奥博克。拉加尔德来到奥博克后，施展手腕，与附近的部落氏族首领签订了一系列条约，将阿利角、塔朱拉、古贝特哈拉巴和塔朱拉湾沿岸地区的其他据点都转让给法国。1887 年，法国政府为了表彰拉加尔德的"功绩"，任命他为奥博克殖民地及其属地的总督。1888 年，法国又侵占了吉布提。同年 9 月，法国与英国签订了边界条约，规定以吉布提到泽拉的中间线为两国在索马里的殖民疆界。1892 年，法国将行政中心从奥博克转移到吉布提。1896 年，法国又将在这一带侵占的全部土地和海域合并为一个殖民地，称为"法属索马里海岸"，以吉布提为首府。1897 年，法国与埃塞俄比亚签订边界

索马里

条约,完成了对法属索马里的殖民占领。

英国因忙于埃及事务,行动上比法国稍晚一些。鉴于索马里北部沿海地区名义上是由作为奥斯曼帝国的附属埃及管辖,所以英国在1877年同埃及签订了一个协议,规定索马里海岸的"任何部分,都不得以任何借口,割让给任何一个外国"。1884年,埃及放弃了对这一地区的管辖。于是,英国乘机于1884~1886年先后与泽拉、布勒哈尔和柏培拉等地的统治者签订条约,使其接受英国的"保护",并保证"除了英国政府之外,决不把目前由他们居住或控制的任何领土以割让、出卖、抵押等方式由他人占领"。继之,英国就从沿海向内地扩张领土。1887年7月20日,英国通知欧洲列强,从吉布提至齐阿达港的索马里北部沿海地区均为"英国保护地"。随后,英国与法国为争夺吉布提附近地带进行了激烈的争斗。经过多次谈判,双方于1888年9月签订协议,确定泽拉和吉布提两地的中间线为英法两国在索马里的殖民疆界。1891年,英国迫使桑给巴尔素丹签订协定,侵占了索马里的朱巴地区。然后,英国又将朱巴地区划入英属东非(即后来的肯尼亚)的范围。1897年,英国为了不让埃塞俄比亚支持正处于蓬勃高涨的苏丹人民的抗英斗争,与埃塞俄比亚签订了一项秘密协定,英国答应把索马里人居住的欧加登地区交给埃塞俄比亚。1925年,英国将包括基斯马尤港在内的朱巴地区一部分领土让给意大利,朱巴地区的其余部分仍留在英属东非范围内。

德国是后起的资本主义强国,也企图在瓜分索马里中分一杯羹。在德国政府的支持下,1885~1887年,德国东非公司先后同米朱提因和奥比亚等地区的素丹及一些酋长签订条约,德国获得了在这些地区经营商业、森林、河流和开发闲置土地的垄断权。不过,由于英国认为力量较弱的意大利做自己在索马里殖民掠夺的邻居较之实力强大的德国为好,并对意大利在索马里东部地区的扩张采取赞同和支持的态度,这就决定了德国与索马里当地酋长和素丹签订的条约将是一纸空文。根据1890年英国和德国签订的《赫尔戈兰条约》,德国在东非势力范围为南自伍鲁马河、北至温巴河。温巴河以北的原桑给巴尔素丹管辖的沿海地区,均为英国势力范围。这就是说,德国放弃了在索马里攫取领土的欲望。

由于受到英国的鼓励，1889年意大利便对曾同德国签订条约的米朱提因和奥比亚两个素丹国提出领土要求。是年2月8日，意大利驻桑给巴尔领事与奥比亚素丹优素福·阿里签订了一项条约，确定奥比亚为意大利"保护地"。同年4月8日，意大利从米朱提因素丹那里取得了从阿瓦达角到基莱角之间领土的"保护权"。1889年5月，意大利宣布米朱提因为其"保护地"。与此同时，意大利还从奥比亚向南扩充其殖民领地。1889年11月18日，英国东非公司经理与意大利代办在伦敦签订了协议书，前者把它在布拉瓦、马尔卡、摩加迪沙、瓦尔谢克和姆鲁提等港口的权力转让给意大利。这些港口当时仍属桑给巴尔素丹管辖，但是签订该协议书时并未取得他的同意。1892年，在英意双方共同压力下，桑给巴尔素丹才答应把这些港口租让给意大利。意大利在侵占索马里东南沿海地区后，紧接着就大力向内地扩张。1901年，意大利再次与米朱提因素丹签订条约，将意大利的殖民统治伸展到瓜达富伊角。1905年，意仅以14.4万英镑的代价，从桑给巴尔素丹那里买下了从布拉瓦到姆鲁提的索马里东南沿海地区。同年，意大利又从英国手中租得了基斯马尤港及其附近地区。1908年5月，意大利与埃塞俄比亚订立边界条约，取得了从朱巴河到谢贝利河之间号称"索马里谷仓"的大片肥沃土地。不久，意大利宣布将其在索马里的各部分领地合并，称为"意属索马里"。第一次世界大战结束后，西方列强对非洲进行再瓜分，意大利从英国手中得到了包括基斯马尤港在内的朱巴地区。至此，意属索马里殖民地包括北部从齐阿达港以东到瓜达富伊角，然后往南直到基扬博尼的广大地区。在西方列强瓜分索马里过程中，意大利攫取的领土面积最大。

四 索马里人民的反抗斗争

从西方殖民者侵入索马里的那天起，索马里人民就进行英勇的反抗斗争。到19世纪后半期，随着西方列强对索马里侵略步伐的加大，并对它进行瓜分，索马里人民对西方殖民者的愤怒日益加深，反抗斗争日趋高涨。1889年，意军侵占奥比亚，遇到当地居民的英勇抵抗。1890年，瓦尔谢克的居民用长矛、标枪袭击在这里登陆的意大利殖民者，把他们打得

索马里

狼狈逃窜。1893年,英国东非公司用武力胁迫基斯马尤居民交出全部公有土地,该地区居民坚决予以拒绝,并进行武装自卫,打死了蛮横的英国代表托德。英国军舰炮轰了这个城市。也在1893年,一名意大利海军中尉在马尔卡横行霸道,被愤怒的马尔卡居民当场打死。意大利军舰对马尔卡进行了炮击。1899年,索马里各地人民在民族英雄穆罕默德·阿卜杜拉·哈桑的领导下,掀起了声势浩大的反瓜分的武装起义。

穆罕默德·阿卜杜拉·哈桑,1864年出生于索马里北部杜尔巴汉特氏族居住区一牧民家。7岁时开始学习《可兰经》,10岁时能读《可兰经》。19岁时,由于他学识渊博和信仰虔诚,故获得"教长"称号。1894年,他前往麦加朝圣,在那里加入萨里赫教派。1895年,他回到索马里后,积极宣传萨里赫教派的教义,奉劝人们严格遵守穆斯林的献身精神。他认为西方殖民者是要摧毁索马里人民的伊斯兰信仰,他号召同胞们起来进行战斗,赶走西方殖民者。1899年8月,哈桑把自己的忠实信徒召集到布劳,宣布对异教徒进行"圣战"。起义开始后,人们争相参加。到1900年底,起义风暴几乎席卷整个英属索马里,还波及意属索马里的部分地区。据估计,1901年初起义者的武装力量有6000余人,其中600人持有火枪。他们运用机动灵活的游击战术,出其不意地打击殖民侵略者。

在起义开始后的前三年,英国殖民者企图用索马里人打索马里人的办法镇压起义,英国军官多次指挥经由他们训练过的索马里人武装向起义军发动进攻,结果连遭失败,被迫退缩到柏培拉港口地带。1903～1904年,英国从国内增调正规军,还使用印度、南非和苏丹等国的部队,向起义者发动新的进攻。英国还迫使埃塞俄比亚出兵,从东南方向攻击起义者。此时,起义者的武装队伍已发展到2万余人。在1903年4月17日贡布鲁山战役中,起义军歼敌200余人,其中9人是英国军官。1904年1月,起义军与敌军在吉德巴利进行了一场激战。起义军因武器落后,伤亡很大,不得不撤退到意属索马里。1905年3月,起义军与意大利殖民当局在伊利格港谈判,并签订《伊利格条约》。意大利殖民当局为避免起义规模在意属索马里境内扩大,同意起义军进入米朱提因与奥比亚交界地带并使用伊利格港,其交换条件是起义军停止对意大利人和英国人作战,并承认意大利殖民当局对起义军驻扎地区有"监督"权和"保护"权。

《伊利格条约》为起义军赢得了喘息时间,他们利用这一时机进行休整和积极训练,提高作战能力。不久,意大利殖民当局以起义军不服从"监督"为由,对起义军居住地区实行封锁。1908年,英军对积极支持起义军的瓦尔桑格里(Warsangeli)部落进行"征讨"。哈桑决定予以回击,在英属索马里重新开展游击战。起义军愈战愈强,到1910年底,起义军已在英属索马里内地站稳了脚跟,英军被迫撤至柏培拉、布拉哈尔和泽拉等沿海城市防守。此时,哈桑向起义领导者提出的任务是团结各地群众、消除部落内讧。到第一次世界大战爆发前夕,哈桑领导的由起义军控制的地区已逐渐形成政教合一的局面。起义者还在塔莱、梅迪谢、吉利达、拉斯阿诺德和加拉迪等地构筑防御工事,其中以塔莱的防御工事最壮观。它由13座石头堡垒构成,墙高18.29米,宽3.6~4.27米。

第一次世界大战期间,一方面,英国忙于欧洲及非洲一些地方的战事,对英属索马里只能采取守势;另一方面,起义军由于英国殖民者联合意大利殖民者共同实行封锁,长期得不到外界援助,武器弹药逐渐减少,难以进一步发展壮大。所以,一战结束后,当1919年英国殖民者动用由欧洲人、印度人和非洲人组成的大量军队向起义军进攻,并使用空军滥肆轰炸时,起义军伤亡很大。1920年2月11日,英国殖民军队占领了起义军总部所在地塔莱。哈桑和他的一部分战士撤退到埃塞俄比亚的欧加登省,准备重新组织武装力量,继续战斗。英国殖民当局写信并派人劝哈桑投降,许诺"给予特赦"。哈桑坚决予以拒绝。同年12月21日,哈桑在谢贝利河上游的伊米病故。但是,索马里境内的起义军仍继续战斗了数月。意大利军队也参加了对起义军的"清剿"。哈桑领导的起义是被英、意两国殖民者联合绞杀的。这次起义虽然失败了,但是为全体索马里人赢得了尊严和荣誉,哈桑成为备受尊敬的索马里民族英雄。

索马里

第三节 殖民统治下的索马里与民族独立运动的兴起

一 殖民统治下的索马里

西方列强瓜分索马里的过程，也就是在索马里建立殖民统治的过程。为了在索马里建立殖民统治，英国和意大利都向自己所属殖民地派出掌握统治大权的行政长官总督。总督之下，是州和县的驻节长官或专员，各州、县的驻节长官或专员由领取殖民当局薪金的部落酋长和氏族长老协助，后者在殖民当局与本地人民群众之间起中间人的作用。人民的民主权利几乎全被剥夺，殖民者对人民大众横征暴敛，利用从他们身上搜刮来的钱，强迫他们修建港口和公路，以保障苏伊士运河至印度洋的海上交通线的安全。少数公立学校用英语或意大利语进行教学。政府机关公文都使用当地绝大多数人不懂的英文或意大利文。

在英、意殖民统治下，索马里的经济处于落后状态。畜牧业是索马里国民经济的主要部门，但是由于殖民者霸占土地，大量牧场和牲畜都集中在外国资本家和本地牧场主手里，绝大部分牧民一无所有。农业在索马里国民经济中的地位仅次于畜牧业，而由于大部分耕地为殖民者占有，大多数农民没有土地或仅有少量土地。农业生产方式落后，极易受自然灾害影响，产量低且不稳定。在英属索马里西部农耕地区，刀耕火种的耕作方法虽被牛拉木犁耕地所代替，但1928年的蝗灾发生后，高粱、玉米等庄稼几乎颗粒无收，出现了饥荒，许多人不得不背井离乡。失去土地和牲畜的农牧民大多受雇于种植园主和牧场主，受尽各种剥削。

工业发展缓慢，商业不发达。工业除了少数几家由外国资本家投资经营的制盐厂、制糖厂、鱼类加工厂和皮革工厂之外，便是一些手工业工厂，如纺纱织布厂、木器厂、草席编织厂和金属用具厂等。1920年，在哈丰角兴建了一座制盐工厂，产量增长缓慢。到1933年，其年产量才达到20多万吨。内地商业运输靠骆驼，公路很不发达。

对外贸易完全由外国垄断资本控制，进行不等价交换，输出的是农产品和畜产品，进口的是工业品，表现出鲜明的殖民地经济特点。除此之外，英属索马里与意属索马里之间的贸易也受到限制。尽管意属索马里盛产蔗糖，价格便宜，但是英属索马里所需蔗糖则要从亚丁、印度等地方进口。这是因为英国殖民当局规定来自非英镑区的进口货物要纳高额进口税，导致从意属索马里进口的蔗糖每公担的平均价格高达250先令，而从亚丁、印度等地方进口，每公担的价格仅141先令。这种不合理的规定，既增加了人民的负担，也不利于索马里经济的发展。

教育极不发达，广大青少年受教育的权利几乎全被剥夺。不过，为了减少索马里人的不满，同时为了使索马里人担任派给他们做的一些带有技术性的工作，殖民当局也不得不办一点教育。1930～1939年，意属索马里的小学生人数由1390人增加到1776人，英属索马里的小学生人数比这一数字略低一些。英、意殖民当局还兴办了几所公立学校。有的索马里人还被送往苏丹、亚丁和印度等地学习，有的甚至被送到宗主国留学。

在英、意殖民统治和剥削下，索马里人民的生活极其贫困。广大农牧民住的基本上是茅草棚，衣不蔽体，食不果腹，更谈不上医疗设备的投入，因此死亡率很高。当地工人与欧洲人同干一种工作，但其工资只有后者的30%～50%，难以维持生计。工人们因工伤事故丧失劳动力时，得不到任何抚恤金，只能流落街头，靠乞讨生活。

二 民族独立运动的兴起

依照上述分析，我们可以明白，在西方列强瓜分索马里后，索马里已经从独立的宗法封建经济形态的社会变成依附于英国和意大利的殖民地社会。索马里社会状况的这一根本性变化，使英、意殖民者与索马里人民之间的矛盾成为索马里社会的主要矛盾。这是因为在索马里沦为英、意的殖民地后，在这种社会里居于统治地位的是英、意殖民者，居于被统治地位的是广大索马里人民。英、意殖民者是以民族压迫者的姿态进行统治的，

索马里

他们的残暴统治和无情掠夺势必激起广大索马里人民的反抗，唤醒索马里人的民族意识。索马里人民反对英、意殖民者的民族压迫和剥削，争取民族独立和解放的革命运动由此发端，并逐渐发展成为势不可当的历史潮流。

索马里民族独立的先驱是一些受过教育，并为英、意殖民当局雇用的索马里青年。这些年轻人一方面接受西方教育，了解外部世界；另一方面长期处于受压制和受歧视的地位，因而逐渐对英、意殖民统治产生不满。这种不满的最初表现形式是这一类年轻人会举行一些小型秘密集会，抨击时政，要求改变现状。哈吉·法拉赫·奥马尔是这些人中的一个典型，他在20世纪20年代从海外留学回到柏培拉后，在英属索马里政府部门当雇员。他积极参加秘密集会，宣扬新思想以及谋求改善索马里人的社会地位和政治地位。这引起了殖民当局的注意，他被放逐到亚丁。他到亚丁后，继续在索马里侨民社会中宣传鼓动，并参加"索马里伊斯兰协会"的创建工作。他和他的同事还在报纸上发表文章，向世人表达索马里人的愿望和要求。

英、意殖民统治也引起索马里本地商界人士的不满。为谋求自身的发展，1935年前后，英属索马里的商人在柏培拉、布劳和哈尔格萨等中心地方开始组织政治协会和俱乐部。不久，发展成为"索马里民族协会"。该协会提倡现代教育和各方面的进步，主张消除索马里传统社会的部落狭隘性和相互对立状态。后来，该协会又提出包括统一索马里民族和领土这一目标在内的纲领。1937年又出现了一个政治性组织"索马里公务员联盟"，它的主要目的是增进索马里人在担任公职方面的利益。

就促进索马里民族独立运动兴起来看，还有一件事的作用不可忽视，就是伊斯曼·优素福·克纳迪德在20世纪20年代为索马里语发明了一套精练而准确的字母和文字。在伊斯兰教传入索马里后，虽然阿拉伯文字长期以来就在一定范围内成为书写索马里语的工具，然而索马里语与阿拉伯语的差异性使得这种做法存在明显的缺陷，只能是一种权宜之计。所以，这种新文字出现后立即引起索马里社会各界人士的关注，并很快以它的发明者伊斯曼的名字命名为"奥斯曼尼亚文"。它创造了一套全新的字母，而完全不依靠阿拉伯文字母，从而克服了用阿拉伯文字母表达索马里语的缺陷。创造符合索马里语言规律的字母和文字，并在实际中推行，一定会进一步唤醒索马里人的民族意识，提高索马里人的民族觉悟。所以，尽管奥斯曼尼亚文当时由于殖民当局的禁令未能得到推行，但是此后索马里民族主义者和知识分子一直在关注它，把它看作索马里人民族意识增强的象征，并把争取索马里民族独立看作索马里文字得以推行的前提。

第四节　索马里独立的历史进程与索马里共和国的成立

第二次世界大战前夜开始兴起的索马里民族独立运动，在大战期间和战后初期得到不断升华，终于促成了索马里的独立和索马里共和国的建立。

一　英属索马里独立的历史进程

第二次世界大战爆发后不久，法西斯意大利向英、法等同盟国宣战，并于1940年8月占领了英属索马里。1941年3月，英军在柏培拉实施登陆，展开反攻，英属索马里人积极配合，参加战斗，赶走了意大利。但是，英属索马里并没有因此获得独立，英国在这里重新建立起殖民统治，并将统治中心从柏培拉迁至哈尔格萨。为了争取独立，索马里人民必须继续进行斗争。二战爆发前成立的索马里民族协会重新开展活动，明确提出以争取独立和解放国土为斗争目标。1949年，这个组织遭英国殖民当局查封。但50年代初，这个组织在同另一个民族组织联合后，以"索马里民族联盟"的名称进行活动。与此同时，1947年成立于意属索马里的"索马里青年联盟"也在英属索马里开展活动，发展成员，主张独立和建立一个统一的国家。

为了尽快实现民族独立，1955年1月，索马里民族联盟与不久前成立的索马里统一党等组织共同组成"民族统一阵线"。为了让民族统

索马里

一阵线有足够的活动基金，社会各阶层纷纷捐款捐物。1956年11月，民族统一阵线派代表到伦敦，要求英国政府允诺英属索马里在英联邦范围内独立。英国政府予以拒绝。但是，英属索马里人民并未因此止步，而是在埃及人民1956年收回苏伊士运河斗争胜利的鼓舞下，进一步开展争取独立的斗争，示威游行、请愿活动接连不断。在这种情况下，1957年初，英国被迫做出"让步"，表示要尽快在索马里实行代议制。

1957年5月，英属索马里建立了以总督西奥多·派克为主席的立法议会。但议员不是由选举产生，而是由总督指定；不是代表政党团体，而是代表主要部落。所以当立法议会召开会议时，各政党团体要求由索马里人选出的代表参加会议。英国殖民当局被迫做出让步，于1958年12月决定改组立法机构，议员人数增加至29名，其中12名由选举产生。索马里民族联盟要求立即建立由选举议员占多数的立法议会。由于这个要求未被接受，该联盟宣布抵制这次选举。但在殖民当局的拉拢下，以米齐尔·马利安诺为首的民族统一阵线参加了这次选举。选举于1959年3月进行，选举结果是民族统一阵线在12名由选举产生的议员中占有7名，成立了以马利安诺为总理的自治政府。

鉴于索马里民族联盟的抵制和公众对增加选举议员名额的强烈要求，英国殖民当局不得不再次做出让步，并决定于1960年2月举行新的立法议会选举。议员人数增至36名，其中33名由选举产生，3名由总督任命。选举结果是：索马里民族联盟在全部33个由选举产生的议席中获得20席，索马里统一党获得12席，原来的执政党民族统一阵线只得到1席，变成了在野党。2月26日，民族联盟的首领埃加勒出任自治政府总理。4月6日，立法议会通过了要求独立的南北统一的提案。当立法议会讨论此项提案时，3000多名群众一早就聚集在会场外，打着标语和旗帜，高呼口号，要求通过此项提案。最终，该提案获得通过。4月26日，以埃加勒为首的政府代表团前往伦敦，同英国政府进行谈判。英国被迫同意英属索马里在6月26日独立，然后与获得独立的意大利托管地索马里合并。

二　意属索马里独立的历史进程

第二次世界大战爆发后，意大利为了在东非实施扩张计划，加强了在意属索马里的法西斯统治，有4万多名索马里青年被迫加入法西斯意大利军队。1941年1月，以英国为首的盟军在东非对意大利军队发动攻势，并从肯尼亚向意属索马里推进，索马里人民予以积极配合，参加了攻占摩加迪沙等城市的战斗，为把意属索马里从意大利法西斯奴役下解放出来做出了贡献。不过，意大利法西斯被赶走后，意属索马里人民并没有获得自由，而是处于英国军事管辖之下。1946年6~7月，美、苏、英、法四国外长在巴黎会议上讨论处理意属索马里问题时，英国外交大臣贝文提出一项大索马里计划，即将包括意属索马里在内的所有索马里人居住地区合并在一起，交给英国托管。美国和苏联不赞同这一提议。由于四大国难以达成协议，于是这一复杂问题便被转交给联合国大会解决。1949年11月21日，第四届联合国大会在美国的操纵下，不顾索马里人民要求独立的意愿，通过了一项决议，把原意属索马里交由意大利托管十年。

正是由于意属索马里在1941年意大利法西斯被赶走后仍未获独立，所以未等大战结束，意属索马里人民就为争取独立开展新的斗争。1943年5月，一批热血青年在摩加迪沙建立了"索马里青年俱乐部"。该俱乐部以学习"奥斯曼尼亚文"为掩护，积极宣传争取民族独立的主张。到1946年，俱乐部成员已增至2.5万多人，参加的人中有商人、手工业者、工人和知识分子等。除了在意属索马里各地建立组织机构之外，还在欧加登、英属索马里和法属索马里等设有支部。1947年4月，该俱乐部改名为"索马里青年联盟"。其纲领是：建立民主共和国，实行社会改革和消灭部落氏族制度。提出的口号是：反对帝国主义，反对殖民主义；团结所有索马里人，建立一个统一的国家。在大战后期和战后初期成立的民族主义组织还有贝纳迪尔青年联盟、独立宪政党等。但在这些民族主义组织中，最有影响力的是索马里青年联盟，它在索马里争取独立的斗争中起着十分重要的作用。

1948年初，当得知意大利将以"托管"的名义对原意属索马里进行统治的消息时,索马里青年联盟立即组织群众于1月11日在摩加迪沙举行示威游行,向前来"调查民意"的联合国调查团表明"要求独立,反对意大利托管"的严正立场。示威群众与意大利殖民者发生冲突,双方各有伤亡。杰那勒和马尔卡等地群众还袭击了意大利殖民者的种植园。1949年10月,第四届联合国大会开始讨论意大利托管索马里问题。10月5日,摩加迪沙、巴拉德等地群众在索马里青年联盟组织下举行反对意大利托管的示威游行,遭英国军队镇压。1950年4月,意大利根据联合国决议,对原意属索马里实行托管后,立即对索马里一切爱国活动严加镇压,大肆搜捕索马里爱国者。在"托管"的最初47天中,就有300多名索马里青年联盟成员被投入监狱。到1950年6月,仅摩加迪沙被监禁的就达3000人。意大利的这种"托管",引起了索马里人民的激烈反抗。索马里青年联盟不断散发传单,揭露意大利殖民者的暴行,号召人民为争取独立继续进行各种反抗斗争。

索马里青年联盟等民族主义组织在国内领导人民群众开展各种反抗斗争,并一再向联合国托管理事会提出独立要求,加上西方列强在意大利托管索马里问题上出现了矛盾,迫使意大利当局同意在1956年成立立法议会。在1956年2月举行的立法议会选举中,索马里青年联盟在分配给索马里人的60个议席(另有10个议席分配给在索马里取得永久居留权的外国人)中获得43席,占绝大多数。4月,立法议会正式成立,索马里青年联盟的领袖欧斯曼任第一届立法议会议长。5月,由意大利行政长官委任的索马里自治政府成立。自治政府总理由索马里青年联盟总书记伊萨担任,但实际权力仍操纵在意大利行政长官的手里。不过,到托管的最后几年,意大利行政长官的职权已逐渐被限制在外交和国防方面。1959年12月5日,第十四届联合国大会通过一项决议,确定由意大利托管的索马里将于1960年7月1日独立。

三 索马里共和国的成立

1960年4月中旬,以总理埃加勒为首的英属索马里代表团与以议长欧斯曼为首的意托管地索马里代表团,就两地区统一问题举行联席会议,并于4月23日发表联合公报。确定两地区在1960年7月1日实现统一,两地区立法议会在同一天合并,组成国民议会,由国民议会选举总统,政府由两地区的执政党共同组成,首都设在摩加迪沙。

1960年6月26日和7月1日,英属索马里和意托管地索马里先后宣布独立。就在7月1日这一天,这两个获得独立的地区宣布合并,成立索马里共和国。两个地区的立法机构在摩加迪沙举行联席会议,正式合并,组成共和国临时国民议会,选举索马里青年联盟领导成员欧斯曼为共和国临时总统,宣布共和国的宪法将在一年之后由全国公民投票批准。前英属索马里改称北区,前意属索马里改称南区。7月7日,国民议会选举索马里民族联盟领导成员加里布为议长。7月22日,组成了以索马里青年联盟创始人之一舍马克为总理的政府。在包括一名副总理在内的14名政府成员中,有4个分配给北区的索马里民族联盟和索马里统一党,唯一的副总理由统一党领导成员哈桑·包尼担任,基本上平衡了北区和南区的利益。

在欢庆索马里独立和共和国成立的日子里,人们无不载歌载舞,欢呼雀跃。

第五节 独立后的索马里

一 共和国时期

索马里共和国在1960年7月1日成立后,即着手共和国宪法的制定。1961年6月20日,就宪法草案举行公民投票并获得通过。根据宪法,国民议会行使一切立法权。议员除了少数当然议员之外,均由选民以无记名投票方式选举产生。政府行使行政权,其成员由总统任命。7月6日,国民议会选举欧斯曼为共和国总统。三个星期以后,再次被任命为总理的舍马克宣布新政府由索马里青年联盟、索马里民族联盟和索马里统一党联合组成。新政府的对内政策是建设和统一,对外政策是不结盟,主张加强同非洲和伊斯兰国家的关系,支持整个非洲的独立和解放。由于共和国是由原英国的殖民地和意大利的殖民地合并而成,共和国政府面临这两个国家殖民统治差别造成的一系列复杂问题,诸如不同的行政、法律和教育体系,不同的财政、税收和贸易制度,两种语言处理公务的程序等。只有这些问题得到解决,共和国才能有效地进行活动。为了解决这些问题,舍马克领导的政府采取了一些统一两个地区的措施,如在全国采用单一的税率和关税制度,设立索马里语言委员会负责研究和制定索马里语的最佳书写方案等。

为了消除殖民统治在经济方面遗留下来的恶果,政府拟订了1963~1967年的经济发展五年计划,主要内容是建立国有经济和民族工业经济。在农业方面,政府积极鼓励粮食、棉花及其他作物的生产,尤其鼓励主要出口作物香蕉的生产。独立前,意大利资本长期垄断了香蕉生产,绝大多数香蕉园为意大利种植园主所有,属于索马里人所有的香蕉园只有12个。独立后,投入香蕉生产的索马里资本不断增加;到1962年,由索马里人自己经营的香蕉园已增到196个。再就甘蔗生产来看,独立前,甘蔗生产基本上都为意大利的"意索农业公司"所控制。1962年12月,政府收购了这个公司的半数股票,并把这家公司交给新成立的"国民工农业公司"经营,公司的股票由索马里政府和意大利人各占一半。还建立了种植粮食、棉花和油料作物的国有农场。

在工业方面,已拟订了建设纺织厂、肉品加工厂、乳品厂、制糖厂和化工厂的计划,有的地区开始进行地质勘探,改建基斯马尤港、柏培拉港及其他港口的工程已开始,发电厂已开始筹建。主要困难是资金匮乏,政府财政预算长期出现赤字。

为了控制对外贸易,1962年成立了国家对外贸易公司。通过这个公司,政府在一定程度上控制对外贸易。烟草制品和火柴的进口,则由国家垄断。

在对外关系方面,共和国面临的一个重要问题就是如何解决与邻国边界领土问题。这个问题是西方列强瓜分索马里时不合理的边界划分造成的。共和国政府认为,索马里与邻国的边界应该重新划分,应把原来划给埃塞俄比亚和肯尼亚版图的索马里人居住地区划归索马里共和国,而埃塞俄比亚和肯尼亚则主张维持现状,相互间因此发生龃龉。

第二章 历 史

共和国成立后，又出现了一些新的党派团体，如索马里民主联盟、索马里国民大会党、索马里工人革命社会主义党等。这些组织基本上都是地区性的，代表某一个或数个部落。这些组织往往以部落主义为指导思想，只强调本地区和本部落的眼前利益，看不到国家和民族的长远利益。部落主义的存在是对共和国稳定和统一的一种威胁。

1964年3月30日，索马里举行独立后的第一次议会选举，有21个党的973名候选人参加竞选。选举结果是青年联盟获得56%的选票，在总数123个议席中得到69席。其他得票较多的党派是：国民大会党，得21%选票；民主联盟，得12%选票；独立宪政党，得7%选票。其余选票为一些更小的党派团体所得。新政府继续由索马里青年联盟组织。但欧斯曼总统并未提名得到青年联盟普遍支持的舍马克继续担任总理，而是提名青年联盟另一领导成员侯赛因担任总理，结果导致青年联盟内部的分裂。不久，以埃加勒为首的国民大会党的北区成员加入青年联盟。

1967年6月10日，索马里举行总统选举。索马里青年联盟中一派支持欧斯曼参加竞选，另一派则支持舍马克参加角逐。结果，舍马克获胜。7月，舍马克提名支持自己当选的埃加勒为总理。埃加勒将部长的位置由13个增加到15个，使每个大的部落在中央政府部门有自己的代表，为议会顺利通过。

舍马克任总统期间，努力将国家的力量用于发展经济，积极用和平协商办法解决与邻国的边界领土争端。索马里同埃塞俄比亚和肯尼亚的关系得到改善。索马里与埃塞俄比亚在1967年经历一场冲突后达成了停火协议，1968年9月开始建立商业航空和电信联系。索马里与肯尼亚于1967年9月14日签署了一项议定书，双方表示互相尊重对方主权和领土完整，保证在边界两侧维持和平与安全，停止一切敌对宣传等。

然而，在同邻国关系改善的情况下，索马里国内部落矛盾却尖锐起来。这在1969年3月举行的市政与议会选举中得到了体现。参加这次选举的党派团体共64个，其中只有索马里青年联盟在全国各个选区都推荐有候选人。由于多数党派团体以部落为背景，选举中贿赂违规现象十分严重，123名前议员中有77名落选。未能当选的候选人及其支持者指责政府在大选中有欺诈行为，总统和总理都感到难辞其咎。通过这次选举，青年联盟在议会中仍获多数，继续执政，但选举中的腐败现象引起了社会各界尤其军队的严重不满。

1969年10月15日，舍马克总统在视察北方时遭刺杀身亡。当时在他国访问的埃加勒总理匆忙回国，提出应挑选一位像舍马克一样来自达鲁德部落的领导人出任总统。但一些军官认为这无助于改善国家目前存在的问题。10月21日，这些军官在警察的支持下发动政变，推翻埃加勒政府，成立全国最高革命委员会（Supreme Revolutionary Council），推举舍马克派的国民军司令西亚德·巴雷为最高革命委员会主席，同时将国名改为索马里民主共和国。从此，索马里进入了民主共和国时期。

二 民主共和国时期

1969年10月21日，最高革命委员会在宣布将国名改为索马里民主共和国的同时，颁布了《第一革命宪章》和《第一号法令》，将原来由总统、议会、部长委员会所拥有的权力及法院所承担的许多职责，都授予最高革命委员会。最高革命委员会的纲领是：对内消灭一切贪污腐败、无政府主义、部落主义和其他坏习惯现象，创立一个"建立在权力基础上的，以社会主义为原则的，照顾索马里人环境和社会习惯的社会；对外继续遵守现有条约义务，支持民族解放运动和索马里统一"。还宣布废除前政府通过的宪法，禁止一切政党活动，所有社会团体和职业协会均由最高革命委员会统辖等。

索马里民主共和国在其初期是依照苏联国家政权的模式打造自己，最高革命委员会被认为是索马里国家的领导力量。它的决策机构是执行委员会，由25名军人组成，负责制定方针政策。政府日常工作由国家书记委员会负责，该委员会由14人组成，以文职人员为主。但是政府几个重要部门长期由军人担任部长。西亚德·巴雷本人既是最高革命委员会主席，又是国家书记委员会主席和国家武装力量总司令。1970年10月，最高革命委员会提出要在索马里实行"科学社会主义"。1971年11月，西亚德·巴雷访问苏联回国不久，最高革命委员会宣布要把索马里建成一党制的国家。1976年7月1日索马里革命社会主义党成立后,最高革命委员会宣布解散,并将其权力移交给革命社会主义党。国家书记委员会改名为部长委员会。西亚德·巴雷是党的总书记和部长委员会主席,同时仍是国家武装力量总司令。

在内政方面,西亚德·巴雷和他所领导的政府的基本目标是消除派别斗争和促进经济发展。因此,西亚德·巴雷政府采取了多项措施,如降低政府雇员的薪金,用任人唯贤取代任人唯亲,用纪律代替无政府状态,开展反对部落主义和宗派主义的斗争等。在巴雷执政时期所取得的成就中,最值得一提的是他在1972年10月21日做出的一项决定:将拉丁文字母拼写的索马里文作为国家的官方文字。这就结束了索马里人只有语言而无文字的历史。在这之前,索马里人不得不借用别的国家的语言文字,如阿拉伯文、英文和意大利文等进行书写。同时,政府还要求文职人员和军人3个月(后延长为6个月)内学会使用索马里文字。各城市都办起了索马里文学习班。

在经济建设方面,民主共和国初期主要是依照苏联模式实行计划经济,推行国有化和集体化。为了防止外国资本家的破坏,1970年,政府先后宣布将外国资本家经营的摩加迪沙电力公司、乔哈尔糖厂、石油公司和外国银行等都收归国有。不过,巴雷指出:"如果私人企业和外国投资有助于我国的发展计划并符合我们的民族利益,那么它们永远都是受欢迎的。"从1971年起,索马里开始实行"三年发展计划",重点发展农业、畜牧业和交通运输业,投资总额近1.5亿美元。但由于土地国有化和农牧业合作化过于激进,挫伤了小农和牧民的生产积极性,农业产量下降,牲畜数量减少,粮食自给问题没有解决。

从1969年最高革命委员会掌握索马里国家政权到1976年革命社会主义党成立前后,索马里与苏联关系密切,苏联向索马里提供了多方面援助,不少苏联专家被派到索马里工作。援助项目除了军事项目之外,主要有修建柏培拉港、兴建基斯马尤肉类加工厂和拉斯戈赖鱼类加工厂。1971年11月西亚德·巴雷访苏后,苏联答应协助索马里开垦朱巴河下游地区,建造水坝、灌溉渠和水力发电站,改进无线电广播等。然而从1977年起,

索马里

索马里同苏联主要因在欧加登问题上立场迥异，关系急剧恶化。苏联不仅停止对索马里的援助，而且转而援助埃塞俄比亚，使索马里在1977~1978年欧加登战争中大败。索马里与苏联的关系降到了最低点。

索马里在欧加登战争中失败后，欧加登地区的索马里人害怕埃塞俄比亚人报复，大量涌入索马里，这就使本来不景气的索马里经济更是雪上加霜。国内反对派乘机发难，对政府进行诸多指责。为了摆脱困境，西亚德·巴雷政府一方面对反对派实施镇压，另一方面积极与西方国家改善关系，要求西方国家援助索马里。以美国为首的西方国家虽然表示愿意援助索马里，但是提出了很多条件，主要有：索马里必须进行政治和经济改革，使索马里的政治生活和经济制度民主化；放弃对埃塞俄比亚和肯尼亚境内索马里人居住区的领土要求；西方国家有使用柏培拉地区海、空军事基地的权利。在百般无奈的情况下，西亚德·巴雷政府完全答应了西方国家的要求。

正是迫于西方的压力，1979年8月，索马里政府制定了新宪法。宪法规定，索马里是"工人阶级领导的社会主义国家"；实行总统制，总统是国家元首、部长委员会主席和军队首脑；实行多党制，允许多党存在和活动。立法机关为一院制的人民议会（People's Assembly）。同年12月，经过选举产生的人民议会正式组成。但由于各在野党刚成立不久，其影响很小，所以当选的议员都是革命社会主义党的党员。1980年1月，人民议会选举西亚德·巴雷为索马里民主共和国总统。

在经济方面，从80年代初开始由计划经济转向市场经济。政府开始调整经济政策，强调优先发展农业，逐步实现经济自由化，放宽贸易限制，鼓励国内外私人资本投资，紧缩财政开支等。经济开始回升，农业产量不断提高。1970年索马里国民总收入是1.8亿美元，1986年增加到5.4亿美元。1985年，粮食产量达65.3万吨，粮食基本上实现自给。

然而，经济情况的好转并没有缓和国内的矛盾。这是因为1978年索马里与埃塞俄比亚之间的战争结束后，随着索马里同邻国关系的改善，独立以来有所削弱的部落意识却滋长起来，一些以部落为根基的党派日趋活跃。现政府的反对派人士，大多是这类党派的首领。他们反对中央集权，

第二章 历 史

只想要中央政府照顾,却不愿为国家尽义务,甚至以分裂相要挟。在此情况下,西亚德·巴雷为了巩固中央政府的权力,不得不重用自己所属部落、氏族乃至家族的成员,让他们在政府的内政、国防、公安、财政和外交等重要部门任部长,在一些重要公司和企业担任经理或董事长。这些人在占据重要岗位后,不是忠于职责,而是横行无忌、为所欲为。这无疑为反对派提供了新的借口。1981年10月,以马蒂吉恩人为核心的"索马里救国阵线"就提出了推翻西亚德·巴雷政府的口号。同年,以伊萨克人为核心的"索马里民族运动"提出的主张是,使伊萨克人的居住区摆脱巴雷的统治,推翻巴雷政权,奉行中立的外交政策,建立保护人权和言论自由的民主代表制等。20世纪80年代初,有的反对派即以邻国为基地,开始进行反对巴雷政府的武装斗争。

面对反对派的崛起,西亚德·巴雷政府首先采取措施加强镇压。1982年7月,西亚德政府逮捕了17名著名政治活动家,对从邻国潜入的反对派武装进行清剿。与此同时,又试图通过修改宪法来扩大统治基础。1984年11月,人民议会通过宪法修正案,决定将人民议会选举总统改为公民直接选举总统,将总统的任期从6年改为7年。在1986年12月举行的总统选举中,巴雷作为唯一的候选人,在登记的490万名选民中获得99.93%的支持率,再次当选为总统。在对外关系上,除了要求美、意、英等西方国家增加对索马里的援助之外,还采取措施改善同邻国的关系,以摧毁反对派在邻国的基地。1984年12月,索马里与肯尼亚签订协议,承诺永远放弃对肯尼亚境内索马里人居住区领土的要求。1988年初,索马里与埃塞俄比亚签订协定,放弃对欧加登地区的领土要求。

然而,在西亚德·巴雷政府加强镇压的情况下,反对派的力量非但没有削弱,反而进一步壮大。有的原来支持巴雷政府的部落改变立场,成为政府的反对者。政府军中一些来自欧加登部落的军人成立反政府组织"索马里爱国运动"和"索马里民族军",与其他反对派联合。到1988年,各类反政府组织已有20多个。到1989年,反政府武装斗争已遍及索马里的四面八方。在西北部地区,主要有"索马里民族运动"领导的反政府武装,其还占领过哈尔格萨、布劳和柏培拉等城市;在东

索马里

北部地区，主要有"索马里救国阵线"领导的反政府武装；在中部地区，主要有"联合索马里大会"和"索马里民族军"领导的反政府武装；在南部地区，主要有"索马里爱国运动"领导的反政府武装；等等。1989年7月，为抗议政府逮捕参加"联合索马里大会""索马里全国联合阵线"等组织的宗教界人士，反对派在摩加迪沙发动群众，举行游行示威。政府动用军警镇压，造成400多人死亡、1000多人受伤。此事在国际社会引起众多非议。美国借此指责索马里政府违反人权，并中止对索马里的援助。

为避免国家分裂，索马里的一些无党派人士、商人、知识分子和宗教人士于1990年5月成立了"索马里和解与拯救委员会"。该委员会在批评西亚德·巴雷政府的镇压政策，要求西亚德·巴雷辞去总统职务的同时，提出应由反对派代表组成临时政府，制定并实行多党大选的时间表。西亚德·巴雷拒绝辞职，但又做出一些和解姿态。1990年7月，西亚德·巴雷政府宣布接受在索马里实行政党制度民主化的建议，允诺将于同年10月就新宪法举行公民投票，将于1991年2月举行多党立法和地方议会选举。1990年9月，西亚德·巴雷宣布解散政府，任命来自伊萨克部落的马达尔组成新政府，并释放政治犯，试图同反对派达成和解。10月中旬，西亚德·巴雷政府宣布新宪法和选举法生效。根据新宪法中"总统不得担任总统之外的职务"的规定，西亚德·巴雷辞去了索马里革命社会主义党总书记的职务。

在西亚德·巴雷拒绝辞去总统职务后，反对派认为政府方面做出的一些和解姿态不过是缓兵之计，于是加快了推翻西亚德·巴雷政府的步伐。1990年8月中旬，"联合索马里大会"、"索马里全国运动"和"索马里爱国运动"三大派宣布协调推翻西亚德·巴雷政府的军事行动。9月，三大派在埃塞俄比亚境内举行会议，签署建立军事联盟的协议。1991年1月，一支活跃在索马里中部并主要由哈维耶人组成的"联合索马里大会"武装部队，在未同其他派别军队协调的情况下，径直攻入摩加迪沙。1月27日，西亚德·巴雷率领一部分忠于他的军队逃出摩加迪沙。至此，由西亚德·巴雷领导的民主共和国政府为反对派武力所推翻。

三 内战和地方割据时期

索马里各政治反对派基于部落、氏族利益,在反对西亚德·巴雷领导的民主共和国政府的斗争中联合起来。然而,当1991年1月民主共和国政府被推翻后,它们就割据一方,彼此争斗,互不相让,使国家长期处于内战和分裂状态。

1. 索马里的空前浩劫

众所周知,在反对西亚德·巴雷领导的民主共和国政府的斗争中,索马里各主要政治反对派曾于1990年10月达成协议,承诺在推翻现政府后分享权力,组织联合政府。但以哈维耶人为背景的"索马里联合大会"自恃武装力量强大,在1991年1月攻入首都摩加迪沙,推翻民主共和国政府后,于1月28日单方面宣布成立临时政府,并任命"联合大会"领导人之一阿里·迈赫迪为临时总统,任命"联合大会"主席法赫德·艾迪德为议长兼军队参谋长。其他各派对"联合大会"的食言均表示不满,拒绝承认临时政府,并纷纷发难,兵戎相见。同年6月和7月,在吉布提共和国总统古莱德的斡旋下,各派在吉布提先后举行两次和解会议,达成包括立即停火、恢复国家和平与统一等多项协议,并正式任命迈赫迪为临时政府总统,政局一度较为稳定。但不久,"联合大会"内部因权力之争矛盾激化,并分裂成两个对立的派别:一派以临时总统迈赫迪为首,另一派以"联合大会"主席艾迪德为首。迈赫迪与艾迪德二人虽同属哈维耶部落,但来自长期有隙的两个不同氏族。作为"联合大会"派军事领导人的艾迪德在推翻西亚德政府的行动中功绩显著,但在临时政府成立时,因遭迈赫迪排挤而未能入阁。艾迪德对此甚为不满,决定与迈赫迪分道扬镳,另立山头,组建"民族联盟"。1991年9月,两派在摩加迪沙火并,造成千余人伤亡。11月,两派再次发生大规模武装冲突,随后分占首都南北,不时展开对首都控制权的争夺战,使首都基础设施遭到严重破坏。连续几个月的战火造成6000多人丧生、2万多人受伤,更多的人离开摩加迪沙,远走他乡。昔日被誉为"印度洋上的白色明珠"的摩加迪沙几乎成为一片废墟。窥一斑而见全豹,摩加迪沙地区派别的矛盾和冲突如此，其他地区的矛盾和冲突可想而知。

索马里全国各地派别互斗，军阀割据，经济萧条，35万人死于战火和饥荒，450万人在忍饥挨饿，100多万人逃往邻国和其他国家，其中有的还冒险渡过亚丁湾进入也门、沙特阿拉伯等，不少人未到达目的地即饿死或病死。另据国际红十字会统计，1900~1992年，索马里至少有25%的5岁以下儿童死于饥饿和疾病，其余的儿童大部分也因长期营养不良而虚弱。联合国儿童基金会认为，在战乱中有幸生存下来的儿童，很多也将成为发育不良、心理上受到严重创伤或扭曲的一代。可以说，战乱正在毁掉索马里独立以来取得的成果，正在毁掉索马里整整一代人。这是当今世界最严重的人类悲剧之一。

2. 国际社会大救助

索马里内战爆发后，战争的持续和难民的增多，越来越引起国际社会的关注。为了制止索马里战乱，拯救因战乱而遭受苦难的索马里人民，1992年1月23日，联合国安理会通过了第733号决议，宣布对索马里实行全面武器禁运。联合国安理会为了协调对索马里问题的政策，专门设立了索马里问题协调员，并在联合国总部纽约和肯尼亚首都内罗毕设立了联合国索马里政治办公室（UN Political Office for Somalia）。联合国还经常派遣安理会成员国的代表赴索马里及其邻国了解情况，检查对索马里武器禁运的情况，敦促有关国家严格遵守联合国的有关决议，为推动索马里的和平进程创造有利条件。联合国还积极参加和支持非洲统一组织、伊加特和索马里的邻国为调解索马里问题所做的努力。联合国秘书长还任命了索马里问题特使。

1992年2月上旬，联合国、非洲统一组织、阿拉伯国家联盟（League of Arab States）、伊斯兰会议组织（Organization of Islamic Conference，OIC）在联合国纽约总部召开会议，联合呼吁索马里冲突各派实现停火，以便为进行人道主义援助创造必要的条件。3月3日，索马里南部两个主要派别——艾迪德派和迈赫迪派在纽约签署了停火协议。但仅过了数天，双方又重开战火。4月末，联合国安理会通过第751号决议，决定建立"联合国索马里行动"（UNOSOM，简称"联索行动"），赴索马里监督停火，并

第二章 历　史

派出一支维和部队保护联合国观察员，保护转运外来人道主义援助货物的摩加迪沙港。5月10日，联合国又分别实施人道主义援助索马里90天计划和100天计划。7月，安理会责成秘书长加利组织向索马里空运食品的行动。10月和12月，联合国先后在日内瓦和亚的斯亚贝巴召开国际援助索马里协调会议，募集援助索马里资金及物资。1993年3月11~13日，联合国在亚的斯亚贝巴召开第二次国际援助索马里协调会议，通过了由联合国制订的《1993年3月至12月救助与复兴索马里计划》，并为该计划的实施募捐到1.42亿美元的费用。该计划除了救济之外，更着重于重建索马里，包括遣返难民，为他们提供住所、种子等，帮助索马里人民实现自救。

与联合国采取救助行动的同时，非洲统一组织、阿拉伯联盟、不结盟运动、欧共体、伊加特等组织也采取了积极行动。1992年9月，不结盟运动设立了特别委员会，负责收集和协调成员国对索马里的援助。美、英、法、德等西方发达国家向索马里提供了一定的援助，包括中国在内的一些发展中国家也向索马里提供了力所能及的人道主义救济和援助。

3. 联合国索马里行动

正当国际社会加紧对索马里进行救助的时候，索马里国内安全状况却继续恶化，使国际社会的救助行动一再受挫。由于索马里处于地方军阀割据状态，没有一个有效的政府行使国家权力，非法武装团伙活动异常猖獗，国际社会救济物资经常被抢劫，救助组织多次遭袭击，并有多名救助人员被害。这在首都摩加迪沙和南部基斯马尤尤为严重。非法武装团伙的袭扰迫使一些救助组织不得不撤离，救助工作几乎陷入停滞。在这种特殊情况下，为了保障人道主义救助工作顺利进行，使救济物资通过沿海港口运入内地，1992年4月联合国决定向索马里派遣武装人员，实施"联合国索马里行动"。

第一期联合国索马里行动（1992年4~11月）。根据联合国通过的有关文件，第一期联索行动的目的是监督索马里首都摩加迪沙的停火，在摩加迪沙的港口和机场为联合国人员、设备和用品提供保护，并从那里将人道主义用品护送到该市及其周围的分发中心。1992年8月，根据形势变化，第一期联索行动的任务范围扩大、人员增加，以保护索马里全国各地的人道主义车队和分发中心。1992年11月，在索马里局势进一步恶化以后，安全理事会授权会员国成立一支联合特遣部队（简称"特遣队"），为人道主义援助物资的运送营造安全环境，特遣队与第一期联索行动人员协作，确保主要居民点的安全，确保人道主义援助物资得到运送和分发。在摩加迪沙设立联索行动总部。联合国共派遣了500名军事观察员、3500名安全人员和719名后勤支助人员及大约200名国际文职工作人员，使用了42931700美元（净额）的经费。在第一期联索行动中，由于遭到索马里一些出尔反尔派别的阻挠，联合国有8名军事人员遇害身亡。

第二期联合国索马里行动（1992年12月~1995年3月）。在联合国特遣队的工作受到索马里军阀的阻碍，救济物资和运输车队遭到袭击、抢劫，大批饥民得不到救援的情况下，为了尽快在索马里境内建立安全系统，有效地向受难的索马里人民运送救济物资，防止难民状况进一步恶化，1992年12月3日，联合国安理会通过第794号决议，授权以美军为主体的特遣队采用一切必要手段为在索马里境内的人道主义救济行动营造安全的环境。该特遣队是以2.8万名美军为主，还有其他20多个国家参加的多国部队，共3.7万人。其任务主要是监督停火，防止暴乱，收缴非法武器，在港口、机场和交通路线确保运送人道主义援助物资的安全，继续扫雷，并协助遣返索马里境内的难民等。第二期联索行动还兼有协助索马里人民实现全国政治和解、重新创建民主政治体制、复兴索马里的经济和基础设施等任务。行动总部仍然设在摩加迪沙。为执行此次行动，联合国除了派遣3.7万名军事和警察人员之外，还派遣了约2800名国际和当地征聘的工作人员。整个行动共耗资1643485500美元。在第二期联索行动中共有147人丧生，其中包括143名军事人员、3名国际文职工作人员和1名当地工作人员。由于发生了多起对联合国士兵的暴力事件和攻击，安全理事会于1994年2月修订对第二期联索行动的授权，宣布此后不得使用胁迫性办法"维和"。

联合国特遣队的行动促成了许多和平协议的签署，其中包括停止暴力计划和1993年3月召开全国和解会议等，但联合国特遣队也遭到了索马里各派系的袭击，伤亡惨重，死亡者中包括44名美国军人。在此背景下，1994年3月克林顿总统宣布美军要全面撤军。联合国秘书长加利也发表声明，认为索马里危机的最终解决，需要依靠索马里人民，维和部队的任务是促进和平协商解决冲突，联合国在索马里的使命是维持和平，而不是给冲突地区强加和平。在此情况下，联合国军队于1995年3月全部撤出索马里。

整体看来，联索行动虽然以失败告终，但是对于因战乱造成社会全面瘫痪的索马里来说还是起到了解救的作用，并在一定程度上使索马里的内战有所降温。维和部队撤出后，虽然索马里内战各方仍不时爆发冲突，但是冲突的规模和范围比此前都有所缩小。一些地区的政治派别达成了停火协议，甚至组成了地方政府。在成立地方政府这件事上，索马里的部落和氏族长老起着积极作用，他们在恢复索马里部落和氏族间的社会基础秩序、恢复社会政治稳定以及公共行政机构职能方面发挥了不可替代的作用。更为重要的是，这一恢复稳定的进程使经济恢复成为可能。松散的部落间和地区间的合作，也为贸易和商业的恢复创造了条件。

4. 割据态势

联合国维和部队撤出后，索马里各派武装在摩加迪沙及其他地区的冲突并未完全停止，他们仍在为争夺地盘和扩大影响而经常爆发冲突。但随着时间的推移，各割据势力已开始出现相互牵制和力量大致相对平衡的格局。到21世纪初，索马里基本上形成了索马里兰共和国、邦特兰国、索马里西南国和以摩加迪沙为基地的地方政权四分天下的格局。

索马里兰共和国，其势力范围大体上是原英属索马里地区。1991年5月18日，伊萨克人政党"索马里民族解放运动"在布劳召开群众大会，宣布废除1960年同南部地区达成的"统一法案"，成立独立的"索马里兰共和国"。该地区宣布独立后，尽管又出现了新的党派"团结党"，1992年和1994~1996年先后两次发生内战，但当地政局基本上稳定，有比较健全的政府机构，有两院制议会（长老院和代表院）、司法体系、警察武装和地方行政部门等。社会经济有一定的发展，人民生活也比较安定。

邦特兰国，其势力范围为索马里东北部地区。1998年5~8月，该地

索马里

区所有政党和部落的代表在加罗韦召开立宪会议，经过一系列磋商，通过了建立新政府的临时宪章，宣布建立自治的"索马里邦特兰国"，但表示支持索马里的统一，并愿加入未来组建的索马里联邦制国家。

索马里西南国，其势力范围为索马里西南部地区。该地区自1991年西亚德·巴雷政府垮台后长期处于军阀混战状态。2002年3月31日，"拉汉文抵抗军"在成功控制了大多数地方后，决定成立"索马里西南国"。该政府成立后虽时有内讧，政局不稳，但不谋求独立，仍承认其是索马里的一部分。

摩加迪沙的地方政权。首都摩加迪沙是全国政治经济中心，自内战爆发以来一直是各派争夺最激烈的地方。它们争相建立以摩加迪沙为中心，包括索马里中部和南部地区在内的地方政权，然后向其他地区扩展。在这一地区先后建立政权的主要派别有迈赫迪派、艾迪德派和苏迪派等。

索马里的持续战乱和长期分裂引起了国际社会的广泛关注。为了调解索马里各派的冲突，联合国、非洲联盟、欧洲联盟、阿拉伯联盟、伊斯兰会议组织及索马里的邻国都做了多方的努力。有关索马里冲突各派的"和解会"先后举行过10多次，其中富有成果的主要有2000年的"阿尔塔和会"和2002年的"埃尔多雷特和会"。

5. 阿尔塔和会与埃尔多雷特和会

"阿尔塔和会"是因索马里全国和会在吉布提城市阿尔塔召开而得名。1999年9月，吉布提、埃塞俄比亚等国提出了举行新一轮（第13轮）索马里和解会议的倡议。在吉布提政府的努力下，新一轮的索马里和解会议于2000年5月在阿尔塔市召开。经过与会各方的努力，7月16日，和会通过了"过渡全国宪章"。根据宪章，索马里实行联邦体制政府和一院制议会，过渡期内实行地方自治。8月，和会选举产生了由245名议员组成的过渡议会。8月26日，议会选举前政府副总理阿布迪卡西姆为过渡政府总统。10月，过渡政府在摩加迪沙正式成立。

过渡政府成立后，先后提出了恢复首都秩序、解除民兵武装、部落之间对话与和解等一系列整肃国家的措施。与此同时，积极出席包括联合国千年首脑会议在内的各种国际会议，访问周边及阿拉伯国家，寻求承认与

第二章 历 史

援助。联合国、非洲联盟等国际社会对索马里和平的积极进展表示欢迎,并对过渡政府予以承认。但过渡政府在国内不为各主要武装派别所承队,其实际活动范围仅限于摩加迪沙一隅,还不时受到摩加迪沙武装派别的挤压,无法有效施政,更无力控制全国。索马里仍处于地方武装割据状态。

2001年"9·11"事件后,国际社会更加关注索马里和平进程。为防止国际恐怖主义分子利用索马里的分裂割据和混乱状态,国际社会积极支持索马里的邻国和有关地区组织对索马里各派施加影响,通过"和谈"的途径结束持续10多年的分裂割据和混乱状态。2002年1月,东非国家政府间发展组织第9届首脑会议授权肯尼亚、埃塞俄比亚和吉布提三国共同组成专门委员会,负责调解索马里冲突,并筹备召开新一轮索马里全国和会。在三国专门委员会的大力促进下,2002年7月15日,索马里新一轮即第14轮索马里全国和解会议在肯尼亚的埃尔多雷特召开。索马里各个派别和民间团体除了索马里兰之外,均派代表与会。2000年8月产生的过渡政府也以一个派别的身份出席此次会议。2002年10月27日,与会的各派领导人签署了《关于停止敌对行动和实现索马里全国和解的原则宣言》。宣言规定,立即在索马里实现全面停火,制定新的联邦共和国宪章,成立包容各派的联邦中央政府等。拟议中的过渡联邦宪章将承认现有各地自治政府,过渡联邦政府有责任帮助地方自治政府发展,将包括索马里兰在内的州和地方自治政府纳入联邦框架。2003年9月15日,和解会议通过《索马里过渡联邦共和国宪章》。2004年2月,和解会议通过过渡宪章修正案,确定过渡联邦议会由275人组成,议员必须经传统长老认可,任期为5年。

根据过渡宪章,2004年8月29日,新推选出的议员在联合国驻内罗毕办事处会议厅宣誓就职,索马里过渡联邦议会正式成立。9月,过渡联邦议会召开首次会议,选举谢里夫·阿登为议长。10月10日举行过渡联邦政府总统选举,有26人参加竞选。投票前,26名候选人签署共同宣言,表明愿接受选举结果。经过与会的270名议员三轮投票,索马里救国民主阵线主席阿卜杜拉希·优素福以绝对多数票当选为过渡联邦政府总统。10月14日,优素福宣誓就职。他表示将竭尽全力在索马里实现民族和解、恢复和平,并呼吁国际社会为索马里的重建提供帮助。2005年1月,以无党派人士阿里·格迪为总理的内阁正式组成。

四 联邦共和国的成立

过渡联邦政府成立后,即着手为迁回索马里国内展开工作。然而,过渡联邦政府的迁回并不顺利,阻力首先来自伊斯兰法院联盟。伊斯兰法院联盟是宗教极端主义者利用索马里长期分裂和割据状态于2004年成立的组织。它以宗教旗帜将不同部落和氏族的成员吸纳进来,所到之处实行严格的伊斯兰法,使其控制地区的社会治安状况迅速好转,因此得到广大渴望和平与稳定的索马里民众的欢迎和支持。面对伊斯兰法院联盟的崛起,一些以摩加迪沙地区为基地的政治派别于2006年2月组成了"恢复和平与反恐联盟",在摩加迪沙同伊斯兰法院联盟展开争夺战。到2006年6月,伊斯兰法院联盟将"派别联盟"赶出摩加迪沙,掌控了包括摩加迪沙在内的索马里南部和中部地区。所以,当2005年6月过渡联邦政府迁回索马里时,只能在距摩加迪沙240千米的城镇拜多阿办公。2006年12月,伊斯兰法院联盟从摩加迪沙出兵包围了拜多阿。在此情况下,埃塞俄比亚在美国支持下迅速出兵,击溃伊斯兰法院联盟的武装力量。2007年1月,该联盟几乎丧失了全部的控制地区。同年3月,过渡联邦政府进入摩加迪沙开展工作。

然而,就在教派武装被赶出摩加迪沙,过渡联邦政府迁入摩加迪沙办公的时候,当年被教派武装重创后逃离摩加迪沙的"派别联盟"又卷土重来,给羽翼未丰的过渡联邦政府带来新威胁,摩加迪沙地区的暴力事件日益升级。在这种情况下,经联合国安理会授权,非盟决定向索马里派出维和部队,协助过渡联邦政府抵御不同的反政府武装在其首都的挑衅和进攻。2008年12月,被认为是"和平进程障碍"的过渡联邦政府首任总统阿卜杜拉希·优素福在国内外压力下被迫辞职。2009年1月,过渡联邦议会会议在吉布提首都吉布提市举行,一个名叫"索马里重新解放联盟"组织的领导人谢赫·谢里夫·艾哈迈德当选总统。"索马里重新解放联盟"是"伊斯兰法院联盟"被击溃后分离出来的派别组织,其首领是温

第二章 历 史

和派人物艾哈迈德,他主张与过渡联邦政府合作。2008 年 8 月,"重新解放索马里联盟"同过渡联邦政府签署了合作协议。但以"伊斯兰法院联盟"主席谢赫·哈桑·阿维斯为首的强硬派和原该联盟下属的青年"圣战"组织"青年党",拒绝与过渡联邦政府和谈,并继续与之对抗。艾哈迈德当选新的过渡联邦政府总统后,积极寻求同各派谈判,谋求同宗教极端组织和解,得到国内外舆论的普遍支持。但是"青年党"和"伊斯兰团结党"拒绝对话,并联合向过渡联邦政府发起武装进攻,这两个极端组织在继续控制索马里中部和南部的大部分地区的同时,还占领摩加迪沙大部分街区,暗杀多名政府官员,造成大量人员伤亡。过渡联邦政府在非盟维和部队帮助下守住了摩加迪沙部分街区和索马里中部地区,双方形成僵持状态。2010 年 3 月 15 日,过渡联邦政府与索马里重要武装派别"逊尼派联盟"达成协议,后者答应与政府合作,加入政府组织。5 月 16 日,过渡联邦议会会议首次在摩加迪沙召开。由于议员之间矛盾难以调和,议长马多贝于 17 日宣布辞职,并说明多数议员对现政府投了不信任票。28 日,过渡联邦议会选举亚丁为新议长。10 月 14 日,艾哈迈德总统任命了新的总理。11 月 27 日,新内阁经议会批准成立。2011 年 6 月,参加过渡联邦政府的各派组织在乌干达的斡旋下,达成了《坎帕拉协议》,一致同意将过渡期延长到 2012 年 8 月。2011 年 9 月、12 月和 2012 年 2 月,"结束索马里过渡期协商会议"和第一次、第二次"全国制宪协商会议"先后在摩加迪沙举行,通过了《结束过渡期路线图》,并就制宪时间表、议会改革方案和完成制宪进程具体方案达成一致。2012 年 5 月,索马里各有关方在埃塞俄比亚举行会议,就结束过渡期之前最后阶段各项任务制定时间表。同年 8 月 1 日,索马里全国制宪会议通过《索马里联邦共和国临时宪法》。8 月 20 日,索马里联邦议会在摩加迪沙正式召开会议,选举产生议长和副议长。随后,宣布终结过渡期,并将选举联邦共和国总统,成立新的政府。9 月 10 日,经过三轮投票,哈桑·谢赫·马哈茂德在总统选举投票中获胜,成为自 1991 年中央集权政府垮台以来首位拥有完整权力的新一任总统。马哈茂德曾是大学教授,先后在联合国教科文组织、联合国开发计划署等国际组织工作过,被认为是得到索马里各派别和各部落

69

人民支持的代表。10月6日,马哈茂德提名阿卜迪·法拉赫·希尔敦为联邦共和国政府总理。11月13日,希尔敦提名的内阁部长名单获议会批准;15日,新政府阁员宣誓就职。索马里正式结束长达8年的政治过渡期,成立内战爆发二十多年来首个正式政府。2013年12月2日,为解决总统与总理在内阁成员任命方面存在的矛盾,索马里联邦议会通过了对希尔敦总理的不信任案。12月12日,马哈茂德总统任命阿卜迪韦利·谢赫·艾哈迈德为联邦共和国政府总理。2014年1月21日,谢赫·艾哈迈德提名的新内阁成员名单获联邦议会批准。1月23日,新政府内阁成员宣誓就职。联邦共和国政府虽然成立,并行使国家职能,但是历时二十多年的索马里内战仍难见尽头。新政府仍面临极端组织"青年党"的威胁,面临地区割据势力的挑战。索马里结束内战尚待时日。

五 索马里重新统一前景

索马里内战已进行二十多年。经过二十多年的派别混战和割据,索马里实际分裂成三个不同部分。西北部地区,由自称独立的索马里兰管辖,局面较稳定。东北部地区,由没有宣布独立却拥有民选政府和独立军队的邦特兰管辖,局面也较稳定,但近十年来该地区是索马里海盗出没的重要基地之一。中部和南部地区,是索马里战乱的重灾区。2005年索马里过渡联邦政府成立后,该地区是过渡联邦政府与"伊斯兰法院联盟"及地方割据势力争夺的主要场所。2012年11月联邦政府正式成立以来,该地区则成为联邦政府与"青年党"等反政府武装组织争夺的主要场所。二十多年的内战表明,索马里要结束内战、恢复和平,建立统一的国家,取决于能否正确解决三大问题,即民族内部矛盾问题、国家政权体制问题和联邦政府自立自强问题。

由于社会、历史和生计等原因,索马里独立后仍是一个部落制残余十分严重的国家,部落和氏族观念仍深深扎根在人们的思想意识之中。通常情况下,特别是在没有外来威胁的时候,人们对部落、氏族的忠诚度往往超过对民族和国家的忠诚。部落与部落、氏族与氏族之间的积怨很难消除。二十多年的内战表明,在索马里这样的国家,要解决部落与部落、氏

第二章 历　史

族与氏族之间的矛盾和冲突，不能单靠武力，而要有正确的政策，让人们相信各部落、氏族只有和睦相处、平等相待和互助合作，索马里民族才能发展，索马里国家才能富强。

索马里是以伊斯兰教为国教的国家，穆斯林占全国人口的99%，分别属于逊尼派的卡迪里教团、阿赫默蒂亚教团、沙兹里教团和里法伊教团。其中以卡迪里教团的信徒最多，在国家生活的各个领域占有较重要的地位。阿赫默蒂亚教团传入索马里的时间比卡迪里教团晚一些，其信徒主要在南部地区，富有战斗性，并有反帝反殖的光荣传统。索马里独立后在国家政权体制问题上一直存在矛盾：是世俗化体制还是政教合一体制。这一矛盾由于宗教极端势力在久拖难止的内战期间兴起而更加尖锐。得到国际社会承认的2005年成立的过渡联邦政府和2012年成立的联邦政府都认为，在索马里结束战乱，恢复和平后，应建立一个统一的世俗化的国家政权；而以"伊斯兰法院联盟"、"伊斯兰党"和"青年党"为代表的教派集团则认为，索马里应成为一个由强硬宗教领袖掌权的政教合一的国家。为了达到目的，这些教派集团不仅割据地盘，而且对过渡联邦政府和正式的联邦政府进行多次袭击和破坏。2014年2月21日，"青年党"在袭击联邦政府总统府后，其发言人在声明中说，"按照我们的计划，机场、所谓的总统府和索马里任何地方都会遭到袭击"，要以此让"这个变节政府得不到安宁"。可见，国家政权体制问题已成为索马里内战能否结束的又一重大问题。而要正确解决这一问题，同样不能光靠武力，而要靠正确的政策。

众所周知，在当代世界，一个国家政府的成功，既要有国内民众的支持，也要有国际社会的支持。索马里2005年成立的过渡联邦政府和2012年成立的联邦政府，都是在国际社会支持下建立并得到国际社会广泛承认的政府。这是有利的方面。但另一方面，这两个政府成立后都存在对国际社会过于依赖的情况，致使自身在索马里国内缺乏民意支持，甚至被一些人视为外国的"傀儡"。对一些经国际社会同意前来干预索马里事务的外国军队，索马里人一般不怀好感，有人还把外国军队对索马里事务的干预看作"侵略"。所以，不论是以往的过渡联邦政府还是今天的联邦政府，

索马里

对国际社会过度依赖的结果是一方面助长了宗教极端组织在索马里的影响力，另一方面则削弱了自身在本国的群众基础。可见，在已得到国际社会支持的情况下，如何赢得国内民众的支持，这是联邦政府亟待解决的问题，其关键是自立自强。这主要包括联邦政府根据索马里国情和民情提出正确解决索马里内战的方针政策，建立强有力的国家机器，尤其要拥有一支忠于职守、富有战斗力的国家军队等。

第三章

政治和军事

第一节 部落观念对索马里政治的影响

在第一章中已提到，在非洲，索马里是民族成分比较单一的国家，主体民族索马里人在全国总人口中约占97%。然而，由于历史和社会的原因，索马里人在进入民族发展阶段并建立国家组织后，仍保留着一些部落制残余。这种部落制残余主要表现在：部落制时代人们共同体的名称和实体仍得到保留，作为一种思想意识的部落观念仍继续存在，并对社会政治产生重要影响。

与人们通常说的一般民族不同，索马里这个民族至今仍保持着按父系追溯血统的习俗，每一部分索马里人都有自己的始祖，并从这个始祖那里传下姓氏，人们相互间无不沾亲带故。按父系血统追溯，索马里人可分为达鲁德、哈维耶、伊萨克、迪尔、迪基尔和拉汉文等部落。每一个部落，按血缘远近，又可分若干支系——氏族，每一个氏族又分若干家族。促使索马里人结合在一起的，正是这种有约束力的父系血统关系。索马里人在政治上同谁联合或同谁分裂，是以父系血统、家族血缘为根据的。在索马里各部落中，达鲁德人主要分布在索马里的东北部、中部和南部，是索马里分布范围最广的一个部落；哈维耶人主要分布在索马里的中部和东南沿海地区；伊萨克人主要分布在以哈尔格萨为中心的西北部地区；迪尔人主要分布在西北部的泽拉、锡利勒等地方；迪基尔人主要分布在谢贝利河和朱巴河下游地带；拉汉文人主要分布在索马里西南部，即两河中游地带。

索马里

索马里人部落组织的这种"血缘性"和"地区性"使其具有明显的排他性，把本部落甚至本部落中的某一氏族或家族的利益看得高于一切，排斥和无视其他部落或氏族、家族的利益。我们说索马里人仍保留部落观念或部落主义，就思想意识而言，指的主要就是部落制的这种排他性。部落观念是索马里社会的一种重要意识形态，在索马里现代社会政治生活中起着重要的作用。

在索马里独立前，英、意殖民者为了推行分而治之的政策，往往利用和保护索马里人部落时代的这种排他性，致使这种排他性的存在十分普遍。在第二次世界大战结束后，殖民者为了延长自己在索马里的统治时间，一度利用这种排他性，允许各部落甚至一些大的氏族建立政党，有的还利用部落的名称命名政党，如伊萨克部落协会、迪基尔党和哈维耶青年联盟等。针对这一情况，索马里民族主义者为了争取反殖民斗争的胜利，建立了跨部落的全国性政党，如索马里青年联盟、独立宪政党等。1960年索马里独立和共和国的成立，从一定意义上说是索马里民族主义对部落主义的胜利。

索马里独立后，为了削弱人们的部落观念和部落势力，临时国民议会通过了一项法案，规定不许用部落名称命名政党。政府还设立了一个专门机构，负责调查和研究如何使传统的部落关系适应现代国家的政治需要。1970年11月，政府颁布法令，取消所有部落首领的头衔和特权（包括分配土地的特权），废除部落拥有土地、牧场和水源的专权，禁止宣传部落主义，加强民族团结教育。1971年4月，全国开展了为期一个月的反对和批判部落主义的运动，强调加强民族团结，反对国家分裂。同时，从独立初期到70年代末期，索马里与邻国之间存在边界争端，存在原来被西方列强分割的索马里人居住区实现统一的问题。掌权的索马里民族主义者注意团结不同部落的代表人物，政策得当，对出现的部落分离倾向也能恰当处理，社会经济有所发展，人民生活有所改善，部落观念有所削弱。各部落之间友好相处，是历史上的最佳时期。

然而，部落观念或部落主义作为一种思想意识，对人们的影响并不是短时间所能解决的。到70年代末80年代初，随着索马里与邻国边界问题

第三章　政治和军事

的解决和相互关系的缓和，人们头脑中已削弱的部落观念又逐渐滋长，一些以部落为基础的党派组织重新出现。尤其到 80 年代后半期，为了对付日益强大的以部落为基础的反对派势力，曾极力主张"将不惜一切代价反对部落主义"的西亚德·巴雷总统也开始大量任用本部落、本氏族甚至家族的人担任政府部门要职。部落主义在索马里再度泛滥，一些以部落为基础的武装力量相继出现。1989 年，内战全面爆发。1991 年 1 月，西亚德·巴雷政府被推翻。

西亚德·巴雷政府被推翻后，索马里并没有因此出现安定局面。部落的排他主义使昔日的朋友成为不共戴天的敌人。原来一些因反对西亚德·巴雷政府而结成联盟的党派，都以各自的部落或氏族为后盾，为争夺国家权力而"大显身手"，致使索马里长期陷入"一国多主"的"战国时代"。

第二节　独立以来索马里政治体制的演变

一　共和国时期的政治体制

1960 年，在索马里获得独立、宣布成立共和国时，掌握国家政权的是索马里青年联盟。青年联盟是索马里多个政治派别为争取民族独立而建立的一个全国性政党，具有广泛的代表性。但该党在组阁时，也吸收其他党派加入。不过，由于在国内政策上的分歧，到 1964 年，青年联盟的领导成员明显分成两大派。一派代表部落上层和亲原宗主国的资本家的利益，代表人物是欧斯曼和侯赛因；另一派代表民族资产阶级的利益，代表人物是舍马克。这不能不使该党的力量被削弱。

根据 1964 年通过的宪法，索马里共和国是一个民主和实行代议制的统一国家，遵循行政、立法、司法三权分立的原则。宪法规定，尊重联合国人权宣言，法律面前人人平等，人民享有政治结社、言论、居住的自由，有参加工会和罢工的权利。宪法宣布所有土地归国家所有，对已开发的土地在收归国有时给予适当补偿。

索马里

根据宪法，国家最高立法机构是国民议会。议会由民选议员和当然议员组成。民选议员由选民按不记名投票方式选举产生。总统为当然的终身议员。年满25岁的公民享有选举权。索马里妇女原来没有选举权，1963年5月国民议会通过了给予妇女选举权的法案。

总统是国家元首，由国民议会通过秘密投票选举产生，任期5年。总统有权任命与罢免总理和部长，并有权解散国民议会。行政权属于政府。政府由总理和部长组成。总理由总统提名，部长由总理提名，但均应是现任国民议会议员，并须由国民议会多数通过。

地方行政部门在很大程度上仍依靠部落、氏族首领来进行治理。部落和氏族的首领，一般由所属的部落会议、氏族会议选举产生。一些世袭的首领在继承时，必须经所属的部落或氏族会议同意。部落、氏族首领在部落、氏族内享有很大的权力，有权处理本部落、本氏族内部事务及相互之间的关系，有权分配土地。部落、氏族首领一般是牧业主或地主，有的还兼任宗教或政党首领。他们都是一些有权有势的人物，在政府各部门有很大影响。

二　民主共和国时期的政治体制

1969年10月，以西亚德·巴雷为首的军人发动政变掌握国家政权后，立即宣布成立全国最高革命委员会，宣布终止1961年宪法，并颁布《第一革命宪章》和《第一号法令》（Decree No.1），授予全国最高革命委员会以行政、立法的全部权力以及司法的许多职责，终止一切政党活动，但同时宣布仍遵循法律面前人人平等的原则，妇女享有选举权和财产继承权等。最高革命委员会由25名军人组成，南北方军人在人数比例上保持了平衡。这是一个决策机构。政府日常工作由国家书记委员会负责。西亚德·巴雷既是最高革命委员会主席，又是国家书记委员会主席和国家武装力量总司令。民主共和国政府被认为是军人专制政体。

1976年7月1日，索马里革命社会主义党成立后，最高革命委员会宣布解散，并将权力转交给革命社会主义党。索马里成了一个由革命社会主义党领导的党政合一的国家。

20世纪70年代末,索马里与苏联关系恶化。在美国的压力下,1979年索马里开始实行政治改革,制定了新宪法,实行议会制,允许多党存在和活动。同年12月,经过选举产生的人民议会正式组成。1980年1月,人民议会选举西亚德·巴雷为民主共和国总统。西亚德·巴雷还身兼革命社会主义党总书记、政府部长委员会主席和军队总司令,集党、政、军大权于一身。索马里仍是一个高度中央集权的国家,军人在政府中仍占主导地位。

为了削弱部落、氏族首领的势力,民主共和国政府对地方行政部门进行了一定的改革。首先,为了打破原有部落、氏族的地域界限,政府将原有的大州划分为较小的州。其次,为削弱部落、氏族首领的权力,政府在州、区和村设立了由内政部统一管理的军事行政人员。再次,政府于1970年11月颁布法令,取消部落、氏族首领的头衔和特权。部落、氏族首领不再是政府利益的代表,而是"和平使者",可从政府领到一定的津贴。1971年4月,全国开展了为期一个月的"反对部落主义运动"。西亚德·巴雷在谈到这一问题时说:"部落主义是前进道路上主要的巨大障碍","是殖民主义对非洲实行分而治之的手段",政府"将不惜一切代价反对部落主义"。全国每一个区都建立起"新生活中心",作为地方政治和社会活动的场所,规定所有婚礼都应在"新生活中心"举行。西亚德·巴雷本人还亲自主持过这类婚礼。所有这些都损害了部落、氏族首领的利益,引起了他们的不满和反抗。这是西亚德·巴雷执政后期国内出现动乱,并爆发内战的重要原因之一。

三 内战与地方割据时期的政治体制

1991年1月,随着索马里民主共和国政府的垮台,索马里迅速由一个高度中央集权的国家走向地方割据的"战国时代"。

在民主共和国政府垮台后,各主要反政府派别都进行了建立中央政府的尝试,但都因未能得到多数派别的支持而作罢。于是,这些派别就以部落甚至氏族为后盾,开始建立不同层次的政府机构。一些主要反对派还在自己的控制区内成立议会,选举"国家总统"或"主席",如"索马里民族运动"领导的"索马里兰共和国","索马里救国民主阵线"领导的"索马里邦特兰国"等。在建立起政府机构的地方，行使管理和统治权的基本上是部落和氏族的首领、长老、宗教领袖、商界人士、民兵领导人和政界人物等组成的政治联合体。大多数地方政权具有部落、氏族的色彩。地方政权的部落化和氏族化，进一步加强了部落、氏族在索马里政治生活中的作用，但同时加剧了部落甚至氏族内部的矛盾和斗争。如果说从1991年1月西亚德·巴雷政府垮台到1994年，内战主要是在部落与部落之间进行，那么从1995年起则主要是在部落甚至氏族内部进行。

十多年的内战和地方割据不仅对索马里社会经济造成严重的破坏，而且使人民吃尽了苦头。从近几年，尤其是从2004年10月索马里过渡联邦议会和政府成立后的政治变化情况来看，索马里国内要求国家重新统一、结束分裂的呼声越来越高，割据一方的各派别政府将逐步走向联合，走向建立一个联邦式的中央政府，以取代原来集权式的中央政府。

四 联邦共和国确立的政治体制

根据2012年8月1日全国制宪会议通过的《索马里联邦共和国临时宪法》，索马里实行联邦制。伊斯兰教为索马里国教。联邦议会由众议院（议会下院）和议会上院组成，任期4年。总统为国家元首和军队总司令，掌握实权，由联邦会议选举产生，任期4年。总统可以连任，但无明确连任期限。总理由总统任命，为联邦政府首脑，负责任命副总理、各部部长和副部长，非议员也可担任部长级官员。《索马里联邦共和国临时宪法》还规定，现有各联邦州可继续根据各自宪法行使权力，直至所有联邦州均正式成立政府，并通过与联邦宪法相适应的州宪法之时终止。

第三节 立法与司法

一 索马里的传统法制

在索马里，习惯法和伊斯兰教教法自古以来一直规定着人们相互间的关系，规定着家族、氏族、部落相互间的权利和义务。无论是古代还是西方殖民时期，无论是独立后历届中央政府时期还是动乱时期的地方割据政府，在法制方面有一个共同点，就是其统治者都承认习惯法和伊斯兰教教法在社会中的应用。

习惯法是一种基于世代口头相传的先例而形成的处理人们相互之间各种关系的习惯和程式。按照是否用文字记载，习惯法分为成文习惯法和不成文习惯法。索马里人由于独立前没有自己的文字，相传的习惯法基本上是不成文习惯法。它一般由长老委员会提出，长老会议通过，明确人们相互之间的权利和义务，以作为解决家庭事务，解决家族、氏族、部落纠纷的依据，作为处理财产、自然资源分配和管理等的依据。习惯法内容广泛，几乎涉及社会、生活的各个方面，如对偷窃、抢劫、强奸和复仇等案件的处理，对长者、母系亲属和妻系亲属的尊敬和保护，对婚姻和家庭问题的调解，对贫、病、残弱者的资助，对公共财产和自然资源的管理与使用，对战争中来自敌方俘虏和调解人的优待，等等。自然，习惯法在长期实行过程中一定程度上会受到伊斯兰教教法的影响，到近代还受到英、意殖民当局引进的西方世俗法制的影响。

伊斯兰教教法从公元 8 世纪起就在改信伊斯兰教的索马里人中得到实施，后来随着伊斯兰教在索马里的广泛传播而推广。在英、意殖民统治期间，殖民当局将伊斯兰教教法的相关内容整合进现行的法律体系，用于处理家庭事务。独立后，1961 年通过的索马里共和国宪法规定，伊斯兰教为国家宗教，是国家法律的主要来源。

二 殖民时期的法制

英、意殖民者占领索马里后，给索马里带来了本国的成文法典和司法制度。在英属索马里，实行的是英国的公共法典（Common Code）、成文法（Statute Law）和印度刑法典（Indian Penal Code）。在意属索马里，则实行意大利殖民法（Italian Colonial）。不过，在两个殖民地，索马里的习惯法和伊斯兰教教法仍被用来处理家庭、氏族和部落的内部事务。在意属索马里，习惯法有时也被用来处理涉及穆斯林的刑事案件。

索马里

三 共和国时期的立法与司法

索马里独立后，1962年国民议会通过了《司法组织法》（Law on the Organisation of the Judiciary）。这部法律既吸收了索马里的习惯法和伊斯兰教教法，也吸收了英、意殖民统治时期相关的法律条文。尽管颁布了全国通行的法律，但是在相当长时间内南区与北区民事诉讼的整合仍未得到全面解决。在南区，由于大多数法官是精通意大利民法和商业法的意大利人，所以法庭审理案件仍用意大利语。而在北区，法庭多用英语审理案件，因为在北区工作的外国法官主要是精通英国公共法典的苏丹人。另外，索马里高等学校里的法律专业用意大利语讲授，使北区的人有受歧视之感。而在处理家庭纠纷、婚姻和遗产继承等事务时，伊斯兰教教法仍经常发挥作用。习惯法则被用于解决部落、氏族内部因土地、水源及牧场的所有权和使用权等问题引起的纠纷。实际上，在一些国家法律难以触及的农村和牧区，起主要作用的仍是习惯法和伊斯兰教教法。

共和国时期的法院系统从上到下为宪法法院、最高法院、上诉法院、区法院和下级法院。高等司法委员会（Higher Judicial Council）负责司法成员的挑选、晋升和监督。该委员会由最高法院院长、总检察长、法官和3名议员组成，委员会主席是最高法院院长。

四 民主共和国时期的立法与司法

1969年，以西亚德·巴雷为首的军人发动政变，成立最高革命委员会，将索马里共和国改为民主共和国，根据1969年10月21日颁布的《第一号法令》最高革命委员会被授予行政、立法和司法大权，有效地将专制统治法制化。10月25日颁布的《第十二号法令》（Decree No. 12），则宣布取消宪法法院和最高法院，限制上诉法院和区法院的权力。此后不久，尽管最高法院得到了恢复，但是1970年9月设立的国家安全法院（National Security Court）在法律体系中是一种超越司法的力量。

国家安全法院是根据1970年9月通过的《国家安全法》，作为最高革命委员会的司法机构而设立的。它在首都摩加迪沙和各州的首府都设有分院，由一位高级军官担任院长，作为其助手的两名法官也是军人。公诉人往往也由军事检察官担任。安全法院有权审判被政府当局认为威胁国家安全的所有案件，而包括最高法院在内的各级法院无权复审。对于国家安全法院的上诉案件，只有总统才有权过问。国家安全法院的独断专横不断引起公愤，1990年10月，西亚德·巴雷总统不得不宣布予以撤销。

民主共和国时期的法院系统从上到下为最高法院、上诉法院、州法院和区法院。最高法院由法院院长（首席法官）、一名副院长、九名法官和两名助手组成。最高法院拥有对法律的最终解释权，负责审理下级法院的上诉案件和检察官提出的诉讼。上诉法院由两个法院组成，即设在摩加迪沙的南部地区上诉法院和设在哈尔格萨的北部地区上诉法院。两个法院均设有两个法庭：普通法庭和巡回法庭。普通法庭负责审理区和州普通法庭已审理案件的上诉，巡回法庭只负责审理州巡回法庭已审理案件的上诉；普通法庭由一名法官和两名助手组成，巡回法庭则由一名法官和四名助手组成。州法院设有三个法庭，即普通法庭、巡回法庭和第三法庭。其中，普通法庭负责处理下级法院管辖以外的严重的刑事案件和民事案件，巡回法庭仅负责审理判处十年以上监禁的重大刑事案件，第三法庭负责审理劳动立法的案件。区法院设有两个法庭：民事法庭和刑事法庭。区民事法庭仅审理涉及习惯法和伊斯兰教教法处理的民事案件，以及赔偿金额3000索马里先令以下的案件。州和区两级法院的法庭均由一名法官和两名助手组成。

负责对法律和刑事案件贯彻执行情况实行监督和检查的是检察总长（the Attorney General）。检察总长在首都和各州任命副手，代其行使职权。这些副手在其所管辖地区设立检察官办公室。

民主共和国时期重要的法律还包括1973年颁布的《民事法》、1975年颁布的《第67号法令》和《家庭法》。《民事法》的主要目的是对伊斯兰教教法和酋长的习惯法权力进行限制，以使民法现代化。法律条款主要涉及继承、契约合同、水源和牧场等方面的问题，以监禁和徒刑取代传统的以罚代惩制度。《第67号法令》取消了社区对土地和水源的公共权利，而将其收归国有。该法还改变了习惯法中有关杀人要由整个部落集体负责支付和接受赔偿的"血债补偿"原则，明确规定杀人者要被判处死刑，

索马里

补偿只给直系亲属。《家庭法》涉及伊斯兰教教法中有关妇女地位的问题，明确规定女子享有同等继承权。

到20世纪80年代，为了对付日渐抬头的分裂势力和反政府力量，政府于1982年建立了机动军事法院（Mobile Military Court），法官全部由军人组成。该法院总部设在分裂势力严重的北部地区重要城市哈尔格萨。该法院曾突击审判许多分裂主义者和反政府人物，并将其中一些人判处死刑。此外，政府还组建了地方安全委员会、军事警察局和胜利先锋队等机构，同样享有审判和执法的双重功能。

五　内战与地方割据时期的立法与司法

随着1991年1月民主共和国政府的垮台，索马里陷入内战与地方割据时期，国家原有的法律和司法系统均遭严重破坏，社会行为准则遭到践踏。至今，全国尚无统一的宪法和法律来规范人们的社会行为。

目前，在索马里的大多数地区，习惯法、伊斯兰教教法、共和国时期的大多数法律和民主共和国时期的某些法律被混合运用。但总的来说，习惯法和伊斯兰教教法更普遍为人们所接受，被大多数人看成用来维护公共秩序的"法律基础"。其中如长老调解制度、对弱势群体保护制度等，都有助于团结群体、维护社会公共秩序和个人安全。当然，在不同地区，成文法与不成文法实施的情况是有区别的。

索马里兰和邦特兰在建立地方政权过程中都确认习惯法和伊斯兰教教法的作用和地位。1993年索马里兰长老会议通过的宪章，其法律基础就是伊斯兰教教法。宪章赋予世系长老在索马里兰实施"行为规范"的重大责任。邦特兰1998年通过的宪章，同样是以伊斯兰教教法为基础，并认为习惯法和伊斯兰教教法在处理人们关系和建立社会公正上有重大作用。

在派别斗争激烈频繁的中部和南部地区，建立沙里亚①法院已成为恢复地方秩序普遍采用的方法，是地方派别势力司法制度的重要组成部分，

---

① "沙里亚"，阿拉伯文"Shari'a"的音译，意译是伊斯兰教教法，是有关穆斯林宗教、政治、社会、家庭和个人生活法规的总称。

对社会政治、经济和公共安全都产生了重要影响。

1994 年在摩加迪沙北部地区出现了第一个沙里亚法院。它是当地社会长老、宗教上层、商人和政界一些人士为维护公众安全而提议建立的。随后，在摩加迪沙南部地区，在希兰、盖多、中谢贝利和下谢贝利等州也相继建立了沙里亚法院。沙里亚法院的职能包括对不法之徒的审判、派遣警察或民兵保护有关社区的安全、维护正常的商业活动等，已从传统的处理家庭事务扩大到处理公众安全、税收和土地等社会事务。沙里亚法院作用加大，其政治和经济权力的提升不仅影响到习惯法的实施，而且使人们对其作用产生分歧。政治家们认为沙里亚法院只能是一种控制犯罪的临时机制，商人们认为它在保护商业环境安全方面起了积极作用，而一些宗教首领则认为它是走向建立非世俗化国家的第一步。意见分歧与矛盾的加剧导致了一些地方沙里亚法院的垮台。为了加强自身的影响，沙里亚法院着手支持教育、向穷人提供医疗服务等，以促进伊斯兰教教法的普及。有的沙里亚法院及其民兵组织已成为地方政府机构的一部分，从而卷入了政治斗争。

六　联邦共和国时期的立法与司法

根据 2012 年 8 月 1 日索马里全国制宪会议通过的《索马里联邦共和国临时宪法》，索马里尊重人权和法治，立法、司法和行政相对独立。联邦议会行使联邦立法权，实行两院制，分别为人民院（House of the People）和上院（Upper House），两院互不隶属。联邦议会议员任期 4 年，可连选连任。人民院议员 275 名，上院人数不得超过 54 名。两院各设议长 1 名、副议长 2 名，由本院议员无记名投票产生，议长不得兼任政府和政党职务。在 2016 年联邦议会选举中，人民院 275 个席位采用"4.5 部族分权模式"，即议会席位由索马里四大部族和其他小部族按 1∶1∶1∶1∶0.5 的比例分配，由 135 名各族长老挑选 14025 名选举人作为各部族代表，然后每 51 名部族代表选举本部族 1 名议员。现任人民院议长为穆罕默德·穆萨勒·谢赫·阿卜迪拉赫曼（Mohamed Mursal Sheikh Abdirahman）。上院 54 个席位中的 48 个被平均分配给 6 个联邦成员州，其余 6 个席位由索马里兰和邦特兰平分。建立宪法法院、联邦法院和州法院三级体系。联邦法院大法官由总统任命。国家安全部门由军队、情报、警察和监狱部门组成。

七 监狱

1960年独立前，英、意殖民者在其所属的索马里殖民地都建了监狱，被监禁的大部分人是当地无辜百姓和反殖斗士。独立后，索马里共和国政府着手建立自己的监狱系统，强调监狱的再教育功能。为此，索马里于1962年颁发《索马里刑法典》。随后，对殖民时期的监狱进行整顿，释放无罪者。对犯罪分子，该法典明确规定在服刑期间必须从事劳动，并可得到一定的报酬。所得的劳动报酬，罪犯可以在监狱内花费，也可以积存到出狱后花费。根据该法典，少年犯不得与成年犯一起服刑。

经过整顿，到1969年，索马里共有49座监狱。20世纪70年代，在德意志民主共和国的帮助下，又建起了4座现代化监狱。到80年代，随着国内社会矛盾的加剧和政府反对派力量的增强，索马里现有监狱严重不足，有的学校和军警驻地的房舍也作为临时监狱。1991年西亚德·巴雷政府被推翻后，索马里的监狱设施遭到严重破坏。目前，一些地方割据政权已着手恢复一些原来遭破坏的监狱。

第四节 政党、团体

一 政党

索马里的政党是在反对西方列强殖民统治和争取民族独立的斗争中产生的。1960年索马里获得独立后，索马里的政党数量大增，到60年代后半期，全国有50多个政党。不过，多数政党是以部落甚至氏族集团为根基，不利于民族团结和国家政局稳定，所以1969年10月以西亚德·巴雷为首的军人夺得国家政权后，取消所有政党，实行"无党制"。70年代初，最高革命委员会提出要在索马里实行"科学社会主义"，决定仿照苏

第三章 政治和军事

联把索马里建成一党制的国家。1976年建立了索马里革命社会主义党，并确立该党在国家事务中的领导地位。到70年代末80年代初，主要由于外界的压力，索马里开始实行多党制。以部落、氏族为根基的政党相继建立。这些政党都以现政府的反对派自居，并在反对现政府的斗争中联合起来。但到1991年1月西亚德·巴雷领导的革命社会主义党政府垮台后，这些政党就割据一方，相互争斗。经过不断分化与组合，到21世纪初，索马里的主要党派有索马里民族运动、索马里救国民主阵线、拉汉文抵抗军、索马里民族联盟、索马里爱国运动、索马里救国联盟和伊斯兰团结党等。

1. 索马里民族运动

索马里民族运动（Somali National Movement, SNM），简称"民运"。1981年4月，由流亡在伦敦的伊萨克人建立。其宗旨是使伊萨克人居住区摆脱西亚德·巴雷政府的统治，建立保护人权和言论自由的民主代表制政府，实行混合经济，奉行中立的对外政策。选举长期流亡海外的政治家艾哈迈德·穆罕默德·古雷德（Ahmad Mahammad Gulaid）为主席，前索马里共和国政府的计划部长艾哈迈德·伊斯梅尔·阿布迪（Ahmad Ismaaiil Abdi）为总书记。设立由8人组成的执行委员会，负责政治和军事事宜。

1982年，民运在得到埃塞俄比亚的允许后，将其总部从伦敦迁至埃塞俄比亚境内的迪拉瓦达，并开始向索马里的图格迪尔等地发动游击战，影响不断扩大。1988年春，民运武装力量对索马里西北部的几个重镇展开进攻，5月占领哈尔格萨、布劳和柏培拉等城市。西亚德·巴雷政府除了动用大批军队进行围剿之外，还出动飞机对哈尔格萨等城市进行轰炸，致使30多万名难民流落埃塞俄比亚。政府军虽然夺回了哈尔格萨等城市，但是未能彻底击垮民运武装力量。在反政府武装斗争中，民运还注意与活跃在东北部地区的索马里救国民主阵线的武装力量配合作战。

1991年1月西亚德·巴雷政府倒台后，民运很快控制了索马里的西北部地区，并宣布成立"索马里兰共和国"。党的总书记阿布迪被推

索马里

为"临时总统"。临时政府建立沙里亚法院作为索马里兰共和国的主要法院，并承诺实行新闻、结社和出版自由，举行民主选举等。1993年5月举行"总统"选举，60年代曾任索马里共和国政府总理的埃加勒当选。1997年，埃加勒连任"总统"。2001年5月31日，索马里兰举行全民公决，通过了含有"独立"条款内容的"宪法"，取代了1993年制定的"宪章"。2002年4月，埃加勒病逝，"副总统"达希尔·卡辛继任"总统"。2003年4月举行新的"总统"选举，达希尔·卡辛当选。卡辛属于伊萨克部落的加达布里西氏族，在西亚德·巴雷执政时期任秘密警察多年。

2. 索马里救国民主阵线

索马里救国民主阵线（Somali Salvation Democratic Front，SSDF），简称"救阵"。其前身是1978年在南也门亚丁成立的"索马里救国阵线"。主要创始人是参加1978年4月9日未遂政变的中校军官阿卜杜拉希·优素福·艾哈迈德。优素福属于达鲁德部落的马吉蒂恩氏族。政变失败后，他逃脱西亚德·巴雷政府的追捕来到亚丁，继续从事反对西亚德·巴雷政府的活动。1981年10月，索马里救国阵线在同当时也以亚丁为基地的两个反政府组织——索马里工人党和索马里解放民主阵线合并后，改名为"索马里救国民主阵线"，优素福被推选为主席。随后，其在索马里东北部地带开展武装斗争，逐渐控制东北部和一部分中部地区。1991年1月，西亚德·巴雷政府垮台后，救阵逐渐分成两派，即穆萨派和优素福派。1998年7月，优素福联合东北部地区的"索马里民主联盟""索马里联合党"等，成立"邦特兰"自治政权。优素福任"总统"，联合党主席哈希任"副总统"。2002年8月，优素福连任"总统"。"邦特兰"从成立之日即表明它是一个地方自治政权，不谋求主权和独立，并将为索马里的和解与统一而努力。救阵成员主要来自达鲁德部落的马吉蒂恩、米朱提尼和杜尔巴亨特等氏族。

3. 索马里民族联盟

索马里民族联盟（Somali National Alliance，SNA），简称"民盟"。1992年8月，由"联合索马里大会"的艾迪德派、索马里爱国运动的杰

第三章 政治和军事

斯派、索马里民主运动和南方民族运动等派别联合组成。成员主要来自哈维耶部落，主席是穆罕默德·法拉赫·艾迪德。1995年6月，民盟分裂为两派，即艾迪德派和阿托派。1996年8月，穆罕默德·法拉赫·艾迪德病故，其子侯赛因·艾迪德继位。该联盟曾控制索马里中部和南部的大部分地区，是该地区实力最强的一个组织。但20世纪末和21世纪初该联盟在同埃塞俄比亚政府军、摩加迪沙地区其他武装派别的冲突中遭到重创，实力明显下降。其影响主要在中部和南部沿海地带。

4. 索马里救国联盟

索马里救国联盟（Somali Salvation Alliance，SSA），简称"救盟"。1993年11月，由"联合索马里大会"的迈赫迪派与12个反对艾迪德派的派别组成。联合索马里大会成立时内部就存在阿里·迈赫迪·穆罕默德领导的阿布加尔氏族派和穆罕默德·法拉赫·艾迪德领导的哈巴吉迪尔氏族派。在反对西亚德·巴雷政府的战争中，两派领导人尚能团结一致。但在推翻西亚德·巴雷政府后，为争权夺利，双方矛盾日趋明显。1991年8月18日迈赫迪宣誓就任"索马里共和国临时总统"后，艾迪德表面上表示支持，还签署了"合作协议"，暗地里则纵容其支持者在摩加迪沙等地不断挑起武装冲突。仅该年的9月，双方在武装冲突中死伤人数就达千余人。由长老委员会和中立派别组成的"和解委员会"试图调解双方冲突，但艾迪德拒绝参加迈赫迪领导的政府，并于10月17日向迈赫迪派发动全面进攻。在占领摩加迪沙的大部分地区后，艾迪德就宣布迈赫迪政权已被推翻，他将组织新的政府。此后为控制摩加迪沙，双方多次展开争夺战。几经较量，迈赫迪派主要控制摩加迪沙北半部及其附近地带，而艾迪德派则控制摩加迪沙南半部和索马里中部、南部的大部分地区。1992年1月，艾迪德宣布成立他领导的由21人组成的临时政府。8月，又宣布成立新的派别组织——索马里民族联盟。为了同艾迪德对抗，1993年11月，迈赫迪就与反对艾迪德的一些派别联合，共同组成索马里救国联盟，迈赫迪任主席。

救盟成立后，与艾迪德领导的民盟时斗时和。1998年3月，经过谈判，双方达成了共同组建管辖区内行政机构的协议。1999年8月，迈赫迪的助手穆萨·苏迪掌握救盟领导权后，迈赫迪侨居国外，救盟与民盟双方又趋对立。

5. 索马里爱国运动

索马里爱国运动（Somali Patriotic Movement，SPM），简称"爱运"，1989年3月成立。在西方大国的压力下，1988年西亚德·巴雷政府与埃塞俄比亚政府签订了边界协议，放弃了要埃塞俄比亚归还欧加登地区的要求。这引起了索马里国民军中一些属于欧加登部落的军官的极大不满。他们离开索马里国民军，在索马里南部成立索马里爱国运动。其成员大多属于欧加登部落，是推翻巴雷政府的一支重要力量。在巴雷政府倒台后，爱运控制了基斯马尤港及其附近地区。但不久，因内讧分成两派。一派以艾哈迈德·奥巴尔·杰斯为首，称杰斯派；另一派以阿登·阿卜杜拉希·努尔为首，称努尔派。杰斯派后来成为艾迪德民盟的组成部分，努尔派的领导权后来为西亚德·巴雷的女婿摩根（属欧加登部落）掌握。1999年3月，民盟从摩根手中夺取基斯马尤港，爱运力量虽遭重大打击，但在南部地区仍很有影响。

6. 拉汉文抵抗军

拉汉文抵抗军（Rahanweyn Resistance Army，RRA），1995年4月成立，主要成员来自拉汉文部落。索马里西南部是一个半农半牧地区，是拉汉文部落集中居住的地方。这里盛产高粱和玉米，素有"索马里面包篮"的美称。1991年1月巴雷政府被推翻后，该地区成为多个派别争夺的要地，屡遭劫掠。1995年4月，艾迪德派占领拉汉文部落要地拜多阿后，拉汉文人即自发成立抵抗军，对艾迪德派实施打击。抵抗军公推努尔·什尔古杜德为主席兼总司令。由于艾迪德派支持埃塞俄比亚国内的分裂势力，所以拉汉文抵抗军的"抗艾"斗争得到埃塞俄比亚的支持。正是由于得到埃塞俄比亚的支持，1999年4月拉汉文抵抗军在收复拜多阿的同时，还控制了希兰、巴科尔等地区，并建立起地方政权。2000年5月，拉汉文抵抗军派代表参加在吉布提召开的"阿尔塔和会"。2002年3月31日，拉汉文抵抗军宣布成立"索马里西南国"。努尔·什尔古杜德任主席，阿丹·马多布与伊卜拉辛·哈布萨德二人为副主席。"西南国"成立后，拉文汉抵抗军领导集团虽有内讧，但该组织一直控制着拜多阿、希兰和巴科尔等地区。2005年索马里过渡联邦政府成立后不久，"西南国"承认并加入过渡联邦政府。

7. 伊斯兰团结党

伊斯兰团结党（Al-Itihaad Al-Islamiya），简称"团结党"，1984年成立。其成员基本上是伊斯兰激进分子。团结党的前身是一些索马里伊斯兰激进分子于1967年在沙特阿拉伯成立的"伊斯兰国民党"。1991年1月西亚德·巴雷政府被推翻，索马里出现地方武装割据和混乱局面后，团结党趁机向索马里国内伸展势力，先后在北部、中部和南部建立据点。继之，又在北部的拉斯戈赖、南部的基扬博尼和西南部的洛克（接近埃塞俄比亚边境）等地建立训练营地。

伊斯兰团结党是一个激进的宗教政治组织。它提倡严格遵循伊斯兰原始教义、圣训和道德规范，主张将伊斯兰教教法作为国家宪法的基础和治国的依据，主张建立强大的纯伊斯兰国家，排斥基督教和其他宗教，反对西化，视美国为伊斯兰世界的头号敌人。团结党崇尚"大索马里思想"，谋求统一曾被西方殖民主义者分割的五部分索马里人的土地；还崇尚武力，认为为了达到目的就要实施暴力，甚至采取恐怖手段。20世纪90年代，该组织的主要负责人是摩加迪沙市沙里亚法院院长谢赫·阿里·克赫雷、法院民兵首领哈桑·达希尔·阿维斯。该组织在索马里银行、金融、电信和贸易等部门有一定的势力。

团结党除了在索马里境内进行活动之外，还不时越境进入埃塞俄比亚东部和肯尼亚东北部活动。团结党利用沙里亚法院积极参与地方政治，扩大自身影响。1993年联合国对索马里采取"恢复希望行动"期间，团结党参加了对美军的袭击。1995年该组织在同埃塞俄比亚的反政府组织"欧加登民族解放阵线"和"奥罗莫解放阵线"建立联系后，在埃塞俄比亚东部进行埋地雷、袭击政府机关和军队等破坏活动。1996年，该组织在亚的斯亚贝巴制造旅馆爆炸事件。1998年埃塞俄比亚与厄立特里亚爆发边界武装冲突后，该组织的反埃（塞）活动更加频繁。

索马里

2001年10月，美国对阿富汗"塔利班"政权实施军事打击后，团结党在索马里及肯尼亚北部设立募兵站，招募"圣战志愿者"，前往阿富汗参加对美作战。不久，美国联邦调查局将团结党列入恐怖组织名单，团结党在美国的资产被冻结。2004年6月3日，美国国务院根据本国政府"13224号行政命令"的授权，冻结了团结党领导人哈桑·赫尔西·阿尔-吐尔契在美国的资产。

索马里的邻国中，埃塞俄比亚尤其将团结党看作心腹大患。埃塞俄比亚除了对团结党的破坏活动进行有力打击之外，还于90年代中期多次派军队进入索马里追剿团结党武装分子，捣毁了团结党在埃塞俄比亚与索马里边境地区设立的多个据点。

索马里国内绝大多数派别视团结党为威胁，对团结党的势力实施多次打击。其中索马里救国民主阵线于1992年和1996年先后两次对团结党的武装力量进行大规模清剿，歼灭其主力。2001年"9·11"事件后，索马里各主要派别一致谴责团结党，并支持美国对它实施打击。团结党由于在索马里国内外都受到打击，影响已大为减弱，活动已由公开转为秘密。

8. 重新解放索马里联盟（ARS）

其前身是2004年成立的"伊斯兰法院联盟"（Islamic Counts Union），由摩加迪沙市辖区14个伊斯兰法院联合成立。谢赫·哈桑·达希尔·阿维斯（Sheikh Hassan Dahir Aweys）是该联盟主席，主张建立伊斯兰国家和政府，通过实施伊斯兰法来规范人们的日常生活、打击违法活动和审判罪犯等。对维护社会治安、恢复社会和法治起了一定的作用，曾是摩加迪沙地区事实上的司法机构，得到许多居民的支持。2006年6月，"伊斯兰法院联盟"武装在控制摩加迪沙后，加紧向其他地方扩张势力，并对过渡联邦政府所在地拜多阿形成包围之势。2006年12月，过渡联邦政府在埃塞俄比亚军队协助下击溃了"伊斯兰法院联盟"武装，"伊斯兰法院联盟"发生分裂。以谢赫·谢里夫·艾哈迈德（Sheikh Sharif Ahmed）为首的温和派组建"重新解放索马里联盟"，并开始与过渡政府谈判。2008年8月，双方签署了合作协议。但伊斯兰法院联盟内的强硬派及该联盟下属的青年"圣战"组织"沙巴布"则

第三章　政治和军事

拒绝同过渡政府谈判，还不时对过渡政府进行袭击。2009年1月，艾哈迈德当选索马里过渡联盟政府总统，直至2012年8月过渡期结束，索马里联邦共和国政府正式成立。

二　社会团体

索马里的社会团体也是在反对西方殖民统治斗争中产生的，如20世纪20年代成立的"索马里伊斯兰协会"，30年代成立的"索马里民族协会"和"索马里公务员联盟"等。1960年索马里独立后，先后成立了工会、妇女联合会和青年团等社会团体。1976年索马里革命社会主义党成立后，各社会团体均被纳入该党统一领导之下，成为该党的工具。1991年1月革命社会主义党领导的政府被推翻后，隶属于该党的各社会团体也随之解体。但是，一些出于特定利益和目的，尤其是为争取国际人道主义援助的非官方组织和社会团体应运而生。

索马里第一个非官方组织"难民救济局"是20世纪80年代初为应对欧加登大批难民的涌入而建立的，曾接受联合国、非洲统一组织等机构的援助。1991年索马里出现地方割据以来，为适应西方国家非官方组织对外援助的规则，在一些割据的地方也出现了相应的非官方组织。其中有些组织相互间还建立联系，分享信息，整合资源，以增强知识和技能，在促进地区发展和社会安定方面发挥了积极的作用。据媒体报道，仅摩加迪沙地区有关人权、和平与妇女事务的民间团体和组织就有15个，其中11个还组成了"和平与人权网"（Peace and Human Rights Network）。

索马里民间团体和组织的资金主要来自海外捐赠，其中包括移居国外的一些索马里人的捐赠，个别组织还能从地方政府得到一些资助。近年来，民间团体和组织除了在其所属行业范围发挥作用之外，在索马里政治事务中也发挥着积极的作用。2000年1月，"和平与人权网"在博萨索召开了除索马里兰之外的全国各地37个民间团体和组织的会议。这是自20世纪80年代末索马里内战爆发以来规模最大的跨部落会议，会议形成了参加当年5月"阿塔尔和会"的共同立场。

目前，索马里的民间团体主要有："索马里兰非政府组织共同体"

索马里

(The Consortium of Somaliland Non-Governmental Organisation)，1998年在哈尔格萨建立；"索马里非政府组织网"（The Network for Somali Non-Governmental Organisation），1999年在摩加迪沙建立；"塔拉瓦达格非政府组织网"（The Talawadag Network of Non-Governmental Organisation），2000年在加罗韦建立。

第五节 现政府组成情况

索马里联邦共和国首届政府是2012年11月组成的，总理是阿卜迪·法拉赫·希尔敦。2017年2月8日，索马里举行了联邦共和国第二届总统选举，上、下两院议员投票选举产生新一任总统，共有21名候选人角逐此次选举。在329名议员选票中，穆罕默德·阿卜杜拉希·穆罕默德（Mohamed Abdullahi Mohamed）获得了184票，击败了寻求连任的马哈茂德总统，当选索马里新总统。同月23日，穆罕默德·阿卜杜拉希·穆罕默德总统任命哈桑·阿里·海尔（Hassan Ali Khayre）为联邦政府总理。3月29日，联邦议会通过海尔总理关于新一届内阁人选的提名。

一 政府成员

现任政府内阁除总理哈桑·阿里·海尔外，还有68名内阁成员，主要有副总理迈赫迪·穆罕默德·古莱德（Mahdi Mohammed Gulaid），外交与国际合作部长艾哈迈德·伊塞·阿瓦德（Ahmed Isse Awad），内政、联邦事务与和解部长阿卜迪·穆罕默德·萨卜里耶（Abdi Mohamed Sabriye），财政部长阿卜迪拉赫曼·杜阿莱·贝莱（Abdirahman Duale Beyle），国防部长哈桑·阿里·穆罕默德（Hassan Ali Mohamed），教育与高等教育部长阿卜迪拉赫曼·达希尔·奥斯曼（Abdirahman Dahir Osman），宪法事务部长阿卜迪拉赫曼·胡什·贾布里勒（Abdirahman Hosh Jibril），计划、投资与经济发展部长贾迈勒·穆罕默德·哈桑（Gamal Mohamed Hassan），捐赠与宗教事务部长哈桑·穆阿利姆·侯赛因（Hassan Moallim Hussein），港口与海上运输部长玛丽安·阿韦斯·贾马

(Maryan Aweys Jama)，交通与民航部长穆罕默德·阿卜杜拉希·萨拉德（Mohamed Abdullahi Salad），邮政与通信部长阿卜迪·安舒尔·哈桑（Abdi Anshur Hassan），畜牧部长谢赫·努尔·穆罕默德·哈桑（Sheikh Nur Mohamed Hassan），商务与工业部长穆罕默德·阿卜迪·哈耶尔（Mohamed Abdi Hayer），公共工程与重建部长阿卜迪法塔赫·穆罕默德·易卜拉欣（Abdifatah Mohamed Ibrahim），妇女与人权部长德卡·亚辛·哈吉·优素福（Deqa Yasin Haji Yusuf），石油与矿产部长阿卜迪拉希德·穆罕默德·艾哈迈德（Abdirashid Mohamed Ahmed），内部安全部长穆罕默德·阿布卡尔·伊斯洛（Mohamed Abukar Islow），农业部长赛义德·侯赛因·伊德（Said Hussein Iid），卫生与社会保健部长福西亚·阿比卡尔·努尔（Fowsiya Abikar Nur），渔业与海洋资源部长阿卜迪拉赫曼·穆罕默德·阿卜迪·哈希（Abdirahman Mohamed Abdi Hashi），青年与体育部长哈迪贾·穆罕默德·迪里耶（Khadija Mohamed Diriye），新闻与国家导向部长达希尔·马哈茂德·盖莱（Dahir Mohamud Gelle），司法部长哈桑·侯赛因·哈吉（Hassan Hussein Haji），劳工部长萨拉赫·艾哈迈德·贾马（Salah Ahmed Jama），能源与水资源部长阿卜迪-阿齐兹·阿卜杜拉希·穆罕默德（Abdiasis Abdullahi Mohamed），人道主义事务与灾害管理部长哈姆扎·赛义德·哈姆扎（Hamza Said Hamza）等。

二 重要人物

1. 穆罕默德·阿卜杜拉希·穆罕默德

索马里总统。1962年生，达罗德族，拥有索马里和美国双重国籍。1993年和2009年分别在美国纽约州立大学和布法罗大学获学士和硕士学位；1985~1988年，担任索马里驻美国大使馆一等秘书；1991年1月，索马里西亚德政权被推翻后，他申请避难，移居布法罗；1994~1997年，他当选纽约州布法罗市房屋管理局的大处长，并担任财务主席；1995~1999年，他还担任布法罗市铅减排计划项目经理；2000~2002年，就任伊利县平等就业机会部门的少数族裔业务协调员；2002年至2010年底，在布法罗市担任纽约州运输部的平等就业专员；2010年被任命为索过渡

联邦政府总理；2011年辞职；在2012年总统选举中败选；2017年2月8日当选索马里总统。

2. 哈桑·阿里·海尔

索马里总理。1968年生，哈维耶族，拥有索马里和挪威双重国籍。1991年索马里内战爆发后以难民身份赴挪威。1998年毕业于挪威奥斯陆大学，获得政治学和社会学学士学位，2001年在英国赫瑞瓦特大学爱丁堡商学院获工商管理硕士学位。长期在挪威难民理事会工作。2013年同人合伙创建油气公司。2017年2月被任命为索马里总理。

第六节 军事

一 军队历程

索马里国民军建立于1960年4月，当时有陆军、空军约5000人，首任司令为达乌德·阿卜杜拉希·赫尔希。1965年赫希尔去世后，由西亚德·巴雷接任。

1969年，以西亚德·巴雷为首的军人夺取国家权力后，索马里开始接受苏联的军事援助，军队规模不断扩大。到1977年欧加登战争爆发时，军队已扩大到23000人，是当时东部非洲地区装备最好的部队之一。拥有250辆T-34、T-54和T-55坦克，300多辆装甲运兵车，52架战斗机。其中24架为苏联制造的超音速米格-21战斗机。

在1977~1978年的欧加登战争中，索马里军队遭受重创，到1978年3月9日西亚德·巴雷被迫宣布从欧加登撤军时，索马里已损失8000人的武装部队、3/4的战车和一半的空军力量。由于此时苏联不再支持索马里，在此情况下，索马里被迫转而接受以美国为首的西方国家的军事援助，并在以美国为首的西方国家及阿拉伯国家的帮助下开始重建军队。美国还帮助训练索马里的警察，索马里的警察学校则主要聘请美国人担任教官。1981年，索马里的军队人数增至50000人。由于面临兵员短缺的危机，索马里政府于1984年开始实行义务兵役制，要求所有18~40周岁的

第三章 政治和军事

健康男子服役两年。为了削弱部落对军队的影响，军队对来自不同部落的人采取了混合编制的办法。

到1991年1月西亚德·巴雷政府垮台前，索马里的总兵力约为64500人，其中陆军约60000人、空军约2500人、海军约2000人。陆军由12个师组成，其中包括4个坦克旅、45个机械化步兵旅、4个突击旅、1个地对空导弹旅、3个野战炮兵旅、30个野战营和1个防空营；空军主要部署在摩加迪沙和哈尔格萨附近的基地，由3个空对地中队、3个战斗机中队、3个防暴中队、1个运输中队和1个直升机中队组成；海军系苏联于1965年帮助组建，主要部署在柏培拉、摩加迪沙和基斯马尤港，仅有一些小型海岸巡逻舰艇、鱼雷艇、登陆艇等，主要负责缉私、海岸安全、保护港口和救援等任务。

索马里的军事装备1977年以前多为苏联提供，1977年后多由美国提供。武器装备在当时多已过时，且因资金不够而失修严重。1980～1990年，年均军费开支约4450万美元，军事采购主要由外国财政援助和军援支撑。

索马里的武装力量主要依靠外国训练。独立初期，许多高级军官原是在英国和意大利殖民军队中服役的军人，有些人还上过意大利的军事和警察院校。从20世纪60年代初到1977年，大约60%的现职军官到苏联接受训练，所以这时期索马里国民军实行的基本上是苏联军队的编制和战术。从80年代初起，索马里在摩加迪沙建立了西亚德·巴雷军事学院、艾哈迈德·古雷国防学院，在基斯马尤建立了达乌德军事学院，分别对军官进行不同的课程训练。索马里军队基本上是依照西方国家军队的编制和战术进行改造。

1991年西亚德政权被推翻后，索马里统一的国家军队不复存在，原国家军队的装备多数落入各派军阀、地方民兵甚至土匪手中。前政府军队的成员部分逃亡国外，部分成为平民，还有不少人成为各派军阀或民兵的成员，有的甚至沦为草寇。

内战期间，索马里各派别和部落均有自己的武装力量。据估计，2003～2004年，索马里兰的军队约1.3万人，邦特兰约3000人，拉汉文抵抗军2000余人，艾迪德派约1万人，迈赫迪-苏迪派1万多人，爱运2000余

索马里

人，等等。2012年索马里联邦共和国成立后，拟组建一支忠于联邦共和国的军队，其中包括陆军2.2万余人、海军约1000人、空军300多人。截至2016年11月，索马里武装力量总人数为19800人，其中索马里兰12500人、邦特兰3000人，另有沿海军队600人。2016年，索马里军事支出总额为7500万美元。①

二 准军事力量

除正规军外，索马里民主共和国时期还拥有人数不少的准军事力量。准军事力量主要由警察部队（Police Force）、民兵（People's Militia）、国家安全局（National Security Service）和其他情报部门人员组成，总人数3万~4万。其中，警察约1万人，民兵在1977年仅2500人，到1990年增至近2万人。这些准军事力量主要负责维护公共秩序、控制犯罪和保护政府机关安全等。

索马里警察部队起源于英国和意大利在索马里殖民时期建立的保安部队。1884年，英国在其管辖的索马里北部海岸建立了第一支武装保安部队以警卫北部海岸，1910年建立了索马里兰海岸警察部队，1912年建立了索马里兰骆驼保安部队以警卫内地，1926年建立了索马里兰警察部队。在警察部队里，高级警官均由英国人担任，索马里人只能充当一般警员和低级警官。在农村保安部队的支持下，警察负责将犯罪嫌疑人押送法院，负责警卫监狱、巡逻城镇、保护牧民等。

意大利最初依靠军队来维持意属索马里殖民地的公共秩序。1914年，意大利殖民当局开始建立海岸警察和农村保安部队以保护意大利裔居民。到1930年，这支部队大约有300人，后逐渐增加到800人，1935年在与埃塞俄比亚爆发战争时增加到6000人。1941年，英国在第二次世界大战中击败意大利并占领意属索马里后，解散了原意大利殖民警察部队，另建宪兵队。1943年，这支宪兵队的人数为3000人，由120名英国警官统领。1950年，意大利获得对原意属索马里的托管权后，又将这支宪兵队

---

① Iain Frame, *Africa South of the Sahara 2018*, Routledge, 2017, p.1100.

第三章　政治和军事

改编为索马里警察团。1958年，随着意属索马里独立日期的临近，这支部队被改编为完全由索马里人组成的索马里警察部队。1960年，英属索马里和意属索马里先后独立后，两个地区的警察武装联合组成了索马里新的警察力量，当时大约有3700人。此外，政府还组建了一支大约1000人的机动警察力量，用来协助维护部落之间的边界秩序。1976年以前，索马里的警察力量一直由内政部掌管，后来则由总统安全事务顾问掌管。

索马里的每个行政州都有一个警察司令官，每个区还设有一位负责维护法律和秩序的委任警察司令。1972年以后，摩加迪沙之外的警察武装被分为北区和南区两支，下辖州和区警察局、警察站和派出所。州长和区长负责领导州和区的警察力量。索马里警察被分为两部分，一部分负责巡逻、交通管理、犯罪调查、情报收集和防暴等；另一部分负责边界安全，被称为边防警察。

1961年，索马里警察武装建立了空中支队和女警支队。其中，空中支队负责向地面警察提供空中运输服务，女警支队则负责调查女犯、被遗弃的女孩、妓女和行乞儿童等。此外，索马里警察还设有附属支队、犯罪调查支队、交通支队、通信支队、训练支队、运输支队、卫生支队、监狱支队和火警支队等。从1970年起，警察主要招收身体健康的17~25岁的年轻人。这些年轻人要在摩加迪沙的警察学院进行半年的训练并考试合格后，方能在警察部队中服役两年。服役期满后，警察可要求续签合同继续服役。警官则需经过9个月的训练课程，边防警察还要参加6个月的技能训练。

1972年8月，索马里建立了被称为胜利先锋队（Victory Pioneer）的人民民兵，作为军队的一部分，并由总统领导下的政治局控制。1976年索马里革命社会主义党组成后，民兵成为党的机器。作为军队的后备力量，民兵成员从1977年的2500人增加到1979年的1万人乃至1990年的2万人。民兵被作为法律强制部队而部署在政府和党的所在地，拥有不经过警察而逮捕人的权力。在农村，民兵被用作保卫牧场和城镇，推行自助计划，并同懒惰、滥用公共财物及反动的思想和行为做斗争等。

在西亚德·巴雷政权上台后不久，索马里即在苏联国家安全委员会的帮助下建立了国家安全局（National Security Service）。这支运行于官僚机构之外的力量后来逐渐发展为内部监察机器，拥有逮捕和调查权。主要监控公务员和军人的公务及私人活动，在政府官员的晋升和降职方面发挥着重要作用。从80年代初开始，随着国内反政府派别势力日趋活跃，国家安全局工作重心逐渐转向持不同政见者和反叛力量同情者，对付各种反政府人士的活动。国家安全局的成员一直由军队和警察中忠于总统的精英分子组成。

进入21世纪以来，索马里开始重建新的警察力量，以提升执法能力，并寻求国际社会的支持。近年来，美国国务院国际反毒品和执法事务局、欧盟索马里军事训练团、联合国排雷行动处以及土耳其等通过培训警员等方式，帮助索马里加强警察队伍建设，全面提升警队执法能力。在多方共同努力之下，2005年12月20日，索马里在博萨索以南100千米的阿尔莫启用第一所警察培训机构——阿尔莫警察学校。[①] 2011年8月，索马里警方开始和武装部队密切合作共同执法，维护社会安全稳定。2012年联邦共和国政府成立后，拟组建一支万余人的警察部队。实际上，2016年，索马里沿海警察部队仅有1000人。[②]

索马里联邦警察部队总部位于摩加迪沙，下辖州、区警察局，在镇、村均设有派出所。警察队伍包括总部直属支队、犯罪调查局、交通警察、通信和训练部门。

三 主要反政府武装

索马里青年"圣战"组织索马里"青年党"（Al-Saabaab，"沙巴布"），原为索马里反政府武装"伊斯兰法院联盟"下属的青年武装组织，主要负责保卫该联盟领导人并实施针对外国人的暗杀行动。2006年12月，"伊斯兰法院联盟"被击溃后，"沙巴布"成为独立组织，并趁过渡联邦政府孱弱和埃塞俄比亚军队撤离索马里之际迅速扩充势力，成为索马

---

① 李钢:《索马里联邦警察》,《现代世界警察》2017年第2期,第58页。
② Iain Frame, *Africa South of the Sahara 2018*, Routledge, 2017, p.1100.

里实力最强大的反政府武装组织,并一度控制索马里中南部大部分地区及首都摩加迪沙部分地区。该组织的纲领是在索马里建立伊斯兰政权,实施严格的伊斯兰教教法,对异教徒和外国"侵略者"进行"圣战"。2008年,该组织被美国国务院认定为恐怖主义组织。2012年2月,该组织正式与"基地"组织合流,并宣誓效忠"基地"领导人扎瓦希里。2012年11月索马里联邦共和国政府成立后,该组织除继续与联邦政府和非盟驻索马里特派团武装对峙之外,还在索马里境内及肯尼亚、乌干达等国多次制造恐怖袭击。2012年秋季以来,该组织在索马里安全部队、非盟特派团武装以及肯尼亚、埃塞俄比亚军队的联合打击下遭到重创,活动范围大幅缩小。2014年10月5日,联军攻克"青年党"在索马里南部的最后一座重要堡垒马拉韦。这是一座位于摩加迪沙以南180千米的港口城市,多年来"青年党"一直通过这个港口走私木材,从中获取大量活动资金。2015年7月,"青年党"对摩加迪沙半岛皇宫酒店发动自杀式汽车炸弹袭击,造成15人死亡、40余人受伤。2017年10月,"青年党"在摩加迪沙闹市区一家酒店再次发动汽车炸弹袭击,造成570多人死伤。2019年8月14日,索马里南部一个政府军事基地遭到汽车炸弹袭击和枪击,与"基地"组织有联系的"青年党"表示负责。目前,各方对"青年党"的清剿行动仍在继续。

第四章

经　　济

第一节　经济发展概况

从历史上看，索马里的经济发展大致可划分为以下几个阶段：殖民统治以前阶段，即从古代到20世纪初；殖民统治阶段，从20世纪初被西方列强瓜分到1960年7月1日宣布独立；独立以后阶段，独立以后阶段又可分为索马里共和国时期、索马里民主共和国时期、内战动乱时期和联邦政府时期。

一　殖民统治以前的经济

自远古时期以来，索马里的大部分居民一直从事游牧业，饲养山羊、绵羊和骆驼，一些比较湿润地区的游牧民还饲养牛。耕作业主要集中在谢贝利河和朱巴河谷地一带，并与畜牧业并存。人们种植的作物有高粱、玉米、粟、甘蔗、棉花、香蕉和其他一些热带水果与蔬菜。沿海居民主要以捕鱼为生。在当时已成为商业和文化中心的沿海城市，手工业相当发达，尤以铁制兵器和编织品著称。

索马里的经济属自然经济，国内市场极不发达，游牧民主要靠出售他们饲养的牲畜和畜产品来换取生产资料和生活用品，有时还同农民进行物物交换。索马里社会还长期保存着氏族部落组织，它们是由父系血统组成的单个家庭和父系亲属的几个家庭的结合，部落首领由选举产生或世袭。全部土地、草场和水源属于公有。每个部落都有自己的领地，不得买卖和赠予、转让，也不许其他部落侵占。但是，部落住地的界线极不明确，这种状况成为不断发生土地争端、仇杀和部落战争的一个重要原因。在部落内部则由首领把土地分配给每个家庭。

在索马里国土的西南部定居的农民，部落、氏族的血缘关系已大为削弱。村社成员并不都是有血缘关系的某一氏族的人，而是往往来自不同的氏族，甚至不同的部落。

游牧民的牲畜属私有，有些富裕的索马里人拥有 100~1000 头或更多的骆驼。他们常借口扶贫济困，把骆驼交给穷困甚至根本没有骆驼的亲戚和朋友放养，自己过着不劳而获的生活。

在氏族分化出富裕或较富裕的家庭和产生私有制的过程中，有的地方出现了奴隶制剥削，有的地方出现了封建制剥削。部落中已分化出上层贵族，他们操纵大部分牲畜、牧场、水域和耕地。实际上，部落首领、族长及其家庭成员变成了封建主。同时，索马里人中还存在宗法家务奴隶。在这种制度下，奴隶被作为辅助劳动力使用，他们只分得少量土地。

到被殖民瓜分前夕，索马里已进入宗法封建制发展阶段，但仍保存宗法家务奴隶和氏族部落制残余。

二　殖民统治阶段的经济

西方殖民主义者在索马里建立殖民统治后，主要从三方面对索马里进行强占和掠夺。首先是强占战略要地，建立军事基地；其次是强占肥沃的土地，建立种植园；再次是寻找各种矿产资源，设立矿场。

在殖民统治初期，英、意殖民当局的注意力主要在巩固对所侵占地区的统治、镇压索马里人民的反抗和扩大对周边地区的侵略上，所以大部分经费用于扩充军队、修筑道路和修建有战略意义的设施。同时，也注意把索马里变为他们的原料和食品供应地，开始大规模地强占肥沃的土地，把一些可能有潜在矿产资源的地区划拨给外国垄断公司，任其进行勘探。

在英属索马里，外国（主要是英国）垄断公司大多通过租借的方法取得土地，以组织对矿产资源的勘探。英属索马里地区的可耕地极少，仅

第四章 经　济

占整个领土面积的0.4%，因此耕作业继续居于从属地位，居民与殖民前一样，主要从事饲养山羊、绵羊、骆驼和牛的劳动。主要出口货物除了家畜和野生动物的皮毛之外，还有香料和阿拉伯树胶；主要进口货物是织物和食品。进口货物主要来自英国的殖民地印度，其次是英国本土。它们占英属索马里进口总额的70%。

在意属索马里，殖民者和由他们组建的公司在意属殖民当局的支持下，强力把当地人从他们世世代代居住的土地上赶走，强占了朱巴河和谢贝利河河谷大片肥沃的土地，建立起商品率高的种植园。1911年，殖民当局颁布了第一个土地利用法令，规定外国租借土地的期限为99年。1929年3月又颁布了土地法，规定所有当地居民未占用的"空闲土地"都将交给承租土地的人，以发展集约农业。

通过强占的方式，意大利殖民者强行夺取了索马里大片土地。意大利在索马里最大的一家公司意索农业公司，是1920年成立的。该公司攫取土地达2.5万公顷，其中7000公顷系谢贝利河中游的灌溉地。在意属索马里殖民当局的支持下，该公司先后在朱巴河和谢贝利河流域开辟了一批又一批种植园，总面积达7.3万公顷。意大利殖民当局还给予种植园主多方面的财政和技术支持，向他们提供贷款和补助金，帮助修建公路和灌溉工程，建立研究地区农业发展可能性的试验站，帮助种植园主获得迫切需要的劳动力等。

依靠对当地居民实行强制劳动而支撑的朱巴河和谢贝利河谷地的大型种植园，是意属索马里经济的基础，是供出口需要的农作物的主要生产基地。其他地区的土地基本上没有被开垦，索马里人的经济依旧是自然经济。香蕉、棉花、牲畜和畜产品是主要的出口物资。

1941~1949年，意属索马里被英国占领。起初，英国人对意大利人建立的种植园进行了破坏，使香蕉和棉花的产量剧减。可是不久，英国占领当局为了保证自身所需食品和原料的供应，又着手恢复种植园生产。当地的种植园开始种植蔬菜和水果，以供给居住在摩加迪沙的欧洲人。在二战期间切断与意大利市场联系的情况下，索马里生产的棉花等原料一时找不到销路，所以英国占领当局发展了一些轻工业和食品加工业，比如小型的油坊、纺织厂、鞣革厂以及肉类罐头厂，从而引起索马

索马里

里社会经济的一些重大变化。在这个时期，索马里产生了民族资产阶级和少量产业工人。

1950年意属索马里被交还给意大利托管后，意大利托管当局重新恢复了过去的土地制度，并加大对种植园经济的投入，使香蕉和棉花在托管时期重新占据意属索马里出口商品作物的主导地位。香蕉生产的恢复和发展尤其迅速。1946年香蕉种植面积为2500公顷；1959年香蕉种植面积发展到9000公顷，产量8.5万吨，出口58750吨。[①] 1957年种植园出口值占意属索马里出口总值的59%。同年，香蕉出口值为640万美元，棉花出口值为20万美元。

在意大利托管的末期，美国资本开始进入索马里。根据与意大利达成的协议，美国于1954年建立了"索马里发展基金"。最初资金约200万美元，作为支持1954~1960年索马里发展计划的经费开支。1960年，美、索签订了技术援助和财政合作协定。次年，美国政府向索马里提供贷款180万美元，作为纺织、捕鱼、鞣革、肉类罐头加工等企业的用款。美国资本还进入索马里的石油勘探领域。

到20世纪50年代末，索马里的经济状况与西方殖民统治初期无多大差别。大多数居民仍从事畜牧业，大部分土地用作牧场。北区游牧民约占总人口的90%。在南区，1953年也有42%的人口将游牧业作为唯一的职业，另有28%的人口从事畜牧业兼营耕作业。专门从事耕作业的人口在北区约占8%，南区约占27%。供出口的农产品和畜产品，全被意大利和英国的机构所垄断，由这些机构通过商业经纪人向当地农牧民收购。

总之，到西方殖民统治末期，索马里的经济仍十分落后，人民生活水平低下。根据世界银行统计数据库的有关资料，索马里1960年的国内生产总值为18414万美元，年人均国内生产总值仅为66.9美元，[②] 是世界上收入水平最低的国家之一。

---

① 《联合国粮农组织年鉴》，罗马，1961，第47页。
② 世界银行统计数据库，https://data.worldbank.org/country/somalia?view=chart，最后访问日期：2018年12月23日。

三 独立以来的经济

1. 索马里共和国时期的经济

1960年索马里获得独立后,像许多刚摆脱殖民统治的国家一样,在经济上面临的重要问题就是如何发展民族经济、提高生产,以便"使收支的增长保持平衡,提高最穷苦阶层人民的生活水平,保障每个公民有与自由人相称的工作、住宅、生活资料"。① 农业是索马里共和国的经济基础,90%的人口从事畜牧业和耕作业。畜牧业和耕作业的共同特点是劳动生产率低,具有自然或半自然经济的性质,但在商品产值和出口方面占绝大部分,例如,香蕉仍是索马里独立初期最大的出口商品,约占出口总值的43%。工业极其落后。除了手工业之外,只有几处外国人(主要是意大利人)经营的农产品加工企业。这些企业主要分布在港口城市和种植园附近,其中最大的企业是一家糖厂。该厂拥有1500个工人,年产糖1.2万吨。此外,还有一些由外国投资或援建的鱼类罐头厂、肉类加工厂、通心粉厂、水果罐头厂、榨油厂、饮料厂、制鞋厂、纺织厂等。手工业主要分布在东南部的滨海城市,出产"贝纳迪尔富塔花布"、木雕和家用器具(如陶器灯具、盘子、动物小塑像等)。

这一时期,为摆脱对外国的依赖,实现经济独立,索马里政府采取多种措施发展民族经济,如1961年颁布保证外国投资者特惠权的法令,吸引外资,弥补国内经济发展资金缺口;1963年公布第一个五年(1963~1967)经济建设计划,其重点是发展基础设施和农业,在拜多阿、拜伊、摩加迪沙附近的阿弗古伊(Afgooye)、哈尔格萨西部的多格瓦加勒(Tog Wajaale)建立国有农场等。通过第一个五年计划的实施,索马里共和国时期的经济得到一定发展,食糖自给有余,香蕉和畜产品出口增加,对道路和灌溉设施的投资取得了明显效果。1969年,索马里国内收入为27200万先令,外汇储备为9097万先令。进出口总额从1961年的41823万先令

---

① 索马里国家银行:《财政年度(1960年7月1日至1962年12月1日)报告与平稳表》,摩加迪沙,1962,第23页。

上升到1969年的60170万先令，其中进口总额从1961年的23028万先令上升到1969年的36980万先令，出口总额从1961年的18795万先令上升到1969年的23190万先令，外贸逆差也从1961年的4233万先令上升为1969年的13790万先令。但由于面临生产技术水平低下、资本供应不足、外国资本在经济领域的操纵持续存在等问题，这一时期经济增长波动很大，人民生活仍处于较低水平（见图4-1）。

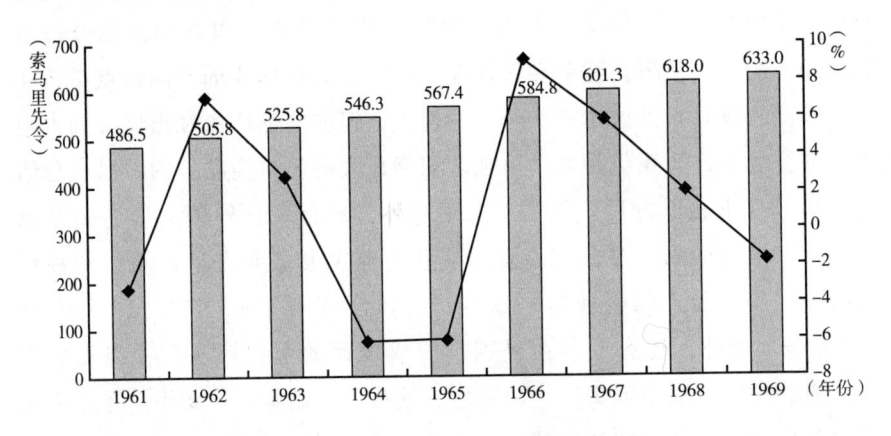

图4-1 1961~1969年索马里人均国内生产总值

资料来源：世界银行统计数据库，https://data.worldbank.org/country/somalia?view=chart，最后访问日期：2018年12月23日。

2. 索马里民主共和国时期的经济

针对独立后存在的主要问题，20世纪七八十年代，索马里政府先后实行了两个时段的国民经济发展计划和经济结构调整计划。

1971年，索马里民主共和国政府制定了1971~1973年国民经济发展的三年计划，其目标是发展国有经济，提高劳动生产率，为所有索马里人提供工作机会，提高人民生活水平。为此，政府实行了粮食统购统销政策，将银行、保险公司、石油产品分销公司、制糖厂等收归国有，对畜产品、香蕉、药品、建筑材料、石油及生活日用品的进出口实行国家垄断，但政府并未将传统的牧业国有化，而是向牧民说明其他行业的国有化不会影响他们饲养的牲畜。由于索马里的现代经济规模极小，政府的国有化政策影响有限，所以对传统经济影响不大。与此同时，政府更加重视发展投资少、收效快、能利用本国资源的中小型工业，并鼓励本国私人投资和外国公司对本国经济领域进行投资。三年计划的实施打击了殖民主义的经济势力及不法商人的投机倒把活动，有利于政府控制国家的经济命脉，在一定程度上起到了改善财政收支状况的作用，促进了民族经济的发展和国家政权的巩固。国内生产总值由1970年的22.6亿先令（约合3.2亿美元）增加到1973年的31.8亿先令（约合4.5亿美元）；同时，年人均国内生产总值分别为93.7美元和129.8美元。①

在三年计划的基础上，索马里政府又于1974年3月宣布实行五年（1974~1978年）发展计划，在城市发展轻工业，在农业、牧业和渔业领域继续发展合作社。该计划得到世界银行、粮农组织、欧共体、经济合作与发展组织、石油输出国组织、苏联、美国、中国、澳大利亚、意大利和阿拉伯国家等国际社会的援助。由此，索马里的轻工业发展计划取得了明显效果，索马里重组并增强了唯一的奶制品加工厂的生产能力，建立了西红柿罐头厂、面粉厂、意大利面条厂、香烟厂和火柴厂，建起了生产纸盒和塑料袋的工厂，还新建立了几家粮食加工厂和一家石油冶炼厂，新建起了家畜肉类和鱼类加工厂，提高了原有糖厂的产量并新建了一座糖厂。但由于1974~1975年遭受严重旱灾，1977~1978年又与埃塞俄比亚进行国家间战争，加之财政赤字等多重因素影响，索马里经济发展面临严重的困难。

这一时期，索马里与苏联的关系恶化。为摆脱经济困境，索马里政府被迫向以美国为首的西方寻求经济援助，对原有的经济结构进行调整与改革。1980年2月，索马里政府与世界银行和国际货币基金组织签订协议，实行新自由主义经济政策，内容包括强调优先发展农业，逐步实行经济自由化，放宽对贸易的限制，鼓励外资和私人投资，取消农产品价格控制，实行先令贬值、美元拍卖、紧缩财政开支等。此后，双方又通过多次有针对性的协议，推进金融领域的私有化，如外汇自由化、允许开办私人银行

---

① 世界银行统计数据库，https://data.worldbank.org/country/somalia? view = chart，最后访问日期：2018年12月23日。

等。上述政策对控制通货膨胀一度产生了作用，使索马里的通货膨胀率从1980年的100.9%下降到1987年的32.7%，但在1989年又上升至97.4%。国内经济情况未得到显著改善，生产发展停滞，1980~1989年国内生产总值年均增长率为1.7%。①

3. 内战时期的索马里经济

从1991年开始，由于连年内战，索马里的工农业生产和基础设施遭到严重破坏，经济全面崩溃，人民生活和生态环境遭受空前的灾难。大部分商品，包括粮食、燃料、药品等严重匮乏，索马里人陷入缺少最基本的生活用品和安全保障的境地，许多人沦为难民，流离失所。据保守估计，到1992年，内战已夺去20万名索马里人的生命，还有许多人在战乱中落下终身残疾，不少妇女遭到强奸，儿童沦为孤儿。一些战前原本相对发达的城市如哈尔格萨、摩加迪沙等的市政设施惨遭破坏，政府机构和不少家庭遭到抢劫，甚至连埋在地下的电缆也被挖出来卖到国外。原本基础薄弱的教育和卫生服务几乎不复存在。

进入20世纪90年代中期，随着一些地区内战的规模缩小和频率下降，索马里以私人经济为主的国民经济开始恢复和发展。可以说，内战对索马里经济影响的最大结果是：西亚德政府时期已经开始的国家计划经济向自由市场经济的过渡以剧变的形式完成了。许多过去由政府提供的服务，比如教育、卫生、电信和金融服务现在部分或全部由私人行业控制。侨汇金融公司和电信公司的覆盖面与服务范围都有所扩大，私人教育和卫生事业也有所发展，运输部门继续为许多人提供就业机会，建筑工业也在一些城市开始恢复。除索马里兰外，其他许多地区的机场、港口、供水等过去由政府控制的公共服务设施现在也由私人掌握。由于没有统一的中央政府、中央银行和海关系统，再加上诸多地方政府割据一方、各自为政，难以得到系统性的经济数据。整体看来，索马里的经济发展停滞不前，大量资本、劳动力仍处于闲置状态。

---

① 世界银行统计数据库，https://data.worldbank.org/country/somalia?view=chart，最后访问日期：2018年12月23日。

4. 索马里联邦共和国时期的经济

自 2005 年 1 月索马里过渡联邦政府成立以来，随着各政治派别逐渐走向和解，内战逐渐降温，经济有所发展，国内生产总值得到提高。2012 年，索马里联邦共和国正式成立后，内战进一步降温。哈桑·谢赫·马哈茂德政府将基础设施、公共服务、制造业、房地产和建材等作为经济发展的重点。2017 年，穆罕默德·阿卜杜拉希·穆罕默德当选总统后，制定了 2017~2019 年三年国家发展计划，推进农业、渔业、畜牧业的发展，并建立健全了金融、税收和审计体系，鼓励国内外资本流向百废待兴的经济部门，国家经济步入复苏的轨道。从图 4-2 可以看出，2012~2017 年，索马里国民经济缓慢复苏，国内生产总值呈现逐年上升的势头，其中 2017 年国内生产总值为 70.52 亿美元。其经济增速的驱动力主要源于政府消费，2015 年政府消费就占国内生产总值的 72.5%，而私人消费和固定资产投资分别仅占 8.7% 和 18.7%。从国内产业结构看，2014 年，农业、工业和服务业在国内生产总值的占比分别为 60.2%、7.4% 和 32.2%，产业结构呈现低度化特点。①

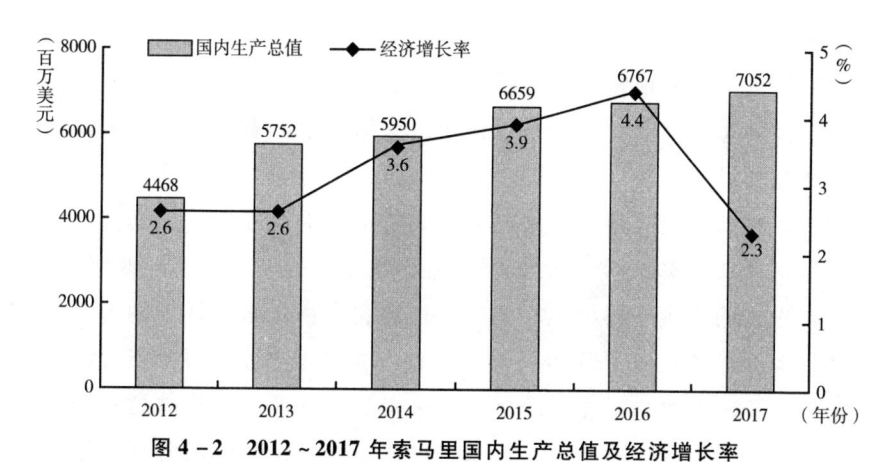

图 4-2　2012~2017 年索马里国内生产总值及经济增长率

资料来源：EIU, *Country Report: Somali*, December 25, 2018, p.6。

---

① EIU, *Country Report: Somali*, December 25, 2018, p.6.

索马里

第二节 农业

农业是索马里经济的主导部门，农业产值占国内生产总值的60%以上。2016年，索马里务农人口占从事经济活动人口的86.2%。①

一 种植业

根据联合国粮食及农业组织公布的资料，截至2015年底，索马里农业用地占全部土地面积的70.3%，其中可耕地面积110万公顷。索马里的耕地主要集中在朱巴河和谢贝利河谷地以及西北部哈尔格萨、布劳等地区，其中只有很小一部分为可浇地，其余都为只能在雨季耕种的旱地，基本上处于靠天吃饭的状态。南部地区的谢贝利河和朱巴河流域土壤肥沃，是最富饶的农耕区，有灌溉能力的土地也主要集中在这里。靠天降雨的非灌溉农业区主要分布在朱巴河和谢贝利河之间和朱巴河右岸的南部。西北部地区的可耕地绝大部分分布在雨量较多、土质较好的高原地区。

索马里生产的粮食作物主要有高粱、玉米、小麦、稻谷、木薯、甘薯等。高粱是索马里的主要粮食作物，全国各地都有种植，但主要种植区是西北部以博腊马、格比勒、哈尔格萨、布劳和奥德韦纳为中心的高原地区，南部的谢贝利河和朱巴河河间地带及沿海地区。高粱按气候周期每年可种植两季，第一季为3～6月，第二季为9～12月。高粱耐旱，可在较干旱的土壤中种植。在地广人稀和农业耕作水平低下的地区一般只种一季，通常在4月播种，8月收获。主要品种为白高粱和红高粱，其中白高粱味道可口，更有价值。玉米多为本国品种，植株矮小，籽粒呈红、白和黄色等。主要种植区是朱巴河下游、谢贝利河谷地和沿海湿润的地区。为改良品种，索马里曾从南非、肯尼亚、巴西、印度和乌干

---

① 参见联合国粮食及农业组织网站，http://faostat.fao.org/static/syb/syb_201.pdf，最后访问日期：2018年12月23日。

达等引进了一些品种。玉米虽有两个生长季节，但由于缺少灌溉，实际上仅播种一季，且大多为手工播种，多采取雨季撒播或点播。在低洼和可灌溉的地区种植玉米，其产量比干旱土地的产量高50%左右。各种豆类也是索马里人的重要食品。豆类作物通常与高粱、蔬菜种在一起，以便改善土壤结构和增加氮素。

2012年索马里联邦政府执政以来，基于和平红利及政府推出鼓励种植业发展的政策，近年主要粮食作物种植面积均有小幅上升。至2017年，高粱、玉米、小麦、稻谷、木薯、甘薯收获面积分别为239883公顷、100000公顷、2587公顷、1191公顷、9715公顷和902公顷。① 上述粮食作物总产量受到天气等自然条件的制约，不同年份总产量有所不同（见表4-1）。总体来看，索马里粮食作物生产机械化程度低，每年需大量进口粮食，以解决国内需求不足的问题。

表4-1　2012~2017年索马里主要粮食作物总产量

单位：吨

	2012年	2013年	2014年	2015年	2016年	2017年
高粱	23386	230776	132189	130423	76711	119725
玉米	145128	149497	110556	106636	63251	65000
小麦	1000	1000	1025	1030	1026	1030
稻谷	5356	1970	600	2450	1375	2222
木薯	90000	90000	91142	92669	92606	93081
甘薯	8000	8000	8451	8798	8779	8930

资料来源：联合国粮食及农业组织统计数据库，http://www.fao.org/faostat/en/#data/QC，最后访问日期：2018年12月23日。

索马里种植的传统经济作物主要有香蕉、甘蔗、芝麻、花生、棉花等。其中，香蕉是索马里最主要的经济作物及重要的出口创汇农产品，主要出产于朱巴河和谢贝利河沿岸，2017年种植面积为1287公顷。甘蔗在

---

① 联合国粮食及农业组织统计数据库，http://www.fao.org/faostat/en/#data/QC，最后访问日期：2018年12月23日。

索马里

索马里的农产品中也占有重要位置，主产区主要分布在谢贝利河和朱巴河沿岸，多为种植园种植，当地农民仅有零星种植，所生产的糖几乎全部销往国内。芝麻系索马里的主要油料作物，主要种植在朱巴河和谢贝利河上游河谷潮湿和土地肥沃的地区，2017年种植面积为45409公顷，品种有白色、黄色和黑色三种，产品主要供国内需要。花生是20世纪20年代意大利殖民者从意大利引进的。种植的品种除了意大利品种之外，还有西班牙品种，主要由个体农民种植，2017年种植面积为8462公顷。索马里农民很早就在沿海丘陵地带种植棉花，并与高粱、豆类种植在一起。所种的品种是当地的短纤维棉花，棉花被当地手工艺人用来制作土布，棉籽一般用于榨油。从表4-2可以看出，近年索马里经济作物产量基本保持稳定。

表4-2　2012~2017年索马里主要经济作物产量

单位：吨

	2012年	2013年	2014年	2015年	2016年	2017年
香蕉	25724	24542	23470	22977	22483	21990
甘蔗	220000	220000	210397	208594	209403	209189
花生（带壳）	7576	7846	8115	8385	8654	8924
芝麻（籽）	26341	26314	26288	26262	25236	26210
棉花（皮棉）	4480	4480	—	—	—	—

资料来源：联合国粮食及农业组织统计数据库，http：//www.fao.org/faostat/en/#data/QC，最后访问日期：2018年12月23日。

除上述作物外，索马里还出产柑橘、柠檬、柚子、西瓜、椰枣等瓜果，2017年产量依次为10546吨、8285吨、5698吨、6655吨、13583吨。[①] 索马里出产的经济作物主要用于出口。

---

① 联合国粮食及农业组织统计数据库，http：//www.fao.org/faostat/en/#data/QC，最后访问日期：2018年12月23日。

二 畜牧业

索马里的畜牧业是国家经济的支柱，其产值约占国内生产总值的40%。① 牲畜肉类和奶是国内广大居民的主要食品。此外，畜牧业还为轻工业提供大量原料。索马里全国适宜放牧的牧场面积约3000万公顷，其中南部地区2000多万公顷，北部地区800多万公顷。由于各地自然条件各有特点，畜牧业的发展也有所不同。北区和南区的北端基本上是山地，加上气候干旱，适宜饲养骆驼、山羊和马。南区的中南部地区地势平缓，气候湿润，人口密度较大，因而全国大部分的牛、驴、骡、绵羊和家禽主要集中在此。索马里的牛主要包括博兰（Boran）牛、吉杜（Jiddu）牛、加萨拉（Gasara）牛和加里（Jarre）牛等品种。索马里绵羊的品种以索马里羊和阿拉伯羊为主；索马里山羊的体形较小，毛为白色，耳小而直立，故称短耳山羊。骆驼在索马里人的社会和经济生活中起着重要的作用，是索马里人财富的象征，是游牧民生活的依靠，还被广泛地用于交通运输、聘礼和偿债。索马里是世界上饲养骆驼最多的国家，主要有北索马里骆驼、穆杜格骆驼、贝纳迪尔骆驼、赫尔骆驼、赛弗达尔骆驼和埃迪姆骆驼6个品种，主要分布在中谢贝利州、巴科尔州、朱巴河下游和希兰州等地区，平均体高103厘米，善于在丘陵地带行走。索马里的牲畜多为索马里当地品种，索马里缺少改良育种工作，多数牲畜繁殖率不高，品种退化，肉、奶产量不高。

索马里是世界上人均拥有牲畜头数最多的国家之一。不过，由于索马里自1991年以来长期处于地方割据状态，牧场无法管理，过度放牧现象十分严重。过度放牧引起的牧场植被退化和荒漠化，已成为索马里畜牧业进一步发展的严重障碍。经历了20年的内战，索马里政府努力恢复牲畜业的发展潜力。2017年，索马里全国牲畜存栏量为：牛480万头，骆驼722万头，山羊1153万头，绵羊1100万头，驴2.3万头。此外，索马里人还饲养鸡、猪等家禽和家畜，2017年鸡、猪的存栏量分别为356.9万

---

① Iain Frame, *Africa South of the Sahara 2018*, Routledge, 2017, p.1091.

索马里

只和3800头。[1]

索马里畜产品的产量自2012年起有小幅增长，但受2015年旱情影响，2016年和2017年畜产品产量有所下滑（见表4-3）。

表4-3 2012~2017年索马里畜产品等的产量

单位：吨

产品	2012年	2013年	2014年	2015年	2016年	2017年
牛奶	480000	482000	490000	462650	450000	430000
山羊奶	410000	400000	404604	376530	374116	373828
绵羊奶	505000	505000	409882	410211	400000	380000
牛肉	59840	60500	59578	59396	45594	38781
山羊肉	39650	39650	38896	39078	38656	38840
绵羊肉	45500	45500	46371	47462	40838	37496
鸡蛋	2400	2400	2586	2613	2621	2640

资料来源：联合国粮食及农业组织统计数据库，http://www.fao.org/faostat/en/#data/QL，最后访问日期：2018年12月23日。

三 渔业

索马里是非洲大陆海岸线最长的国家。三面临海的自然条件使索马里的渔业资源非常丰富。近海鱼类主要有金枪鱼、沙丁鱼、马鲛鱼、鲨鱼、鲭鱼、鲣鱼、鲔鱼、明虾、蟹、海龟及鲷科鱼类等，其中以金枪鱼、沙丁鱼和鲨鱼较为珍贵。在亚丁湾的珍珠蚌的贝壳中，可采摘珍珠和珠母。此外，谢贝利河和朱巴河也有不少淡水鱼。

独立后，索马里政府开始重视渔业的发展，特别是1974年发生严重的旱灾后，政府将1.5万名游牧民迁至沿海地区重新安置，教他们从事渔

---

[1] 联合国粮食及农业组织统计数据库，http://www.fao.org/faostat/en/#data/QL，最后访问日期：2018年12月23日。

业生产，使索马里的渔业得到进一步发展。到 20 世纪 80 年代，索马里除了 3 万余个个体渔民之外，还有一个年捕捞能力为 9000 吨的渔船队，另建有鱼类加工厂。渔业年产值约占国民生产总值的 2%。据联合国粮食及农业组织估计，索马里的渔业捕捞和加工量从 1986 年的 1.69 万吨上升到 1988 年的 1.82 万吨。

内战对索马里的渔业生产造成严重破坏。由于索马里目前没有强有力的中央政府，一些外国渔业公司的渔船经常在索马里领海偷捕，或向一些地方割据军阀缴纳保护费，以免地方武装力量和海盗骚扰。但仍不时有一些外国渔业捕捞船遭到地方武装或海盗的攻击，导致船只被扣和人员伤亡等。索马里从事渔业生产的多为当地的个体渔民，他们绝大多数用小渔船从事浅海捕捞，捕捞方式十分落后。除小部分机动船和帆船作业的渔场离岸有 10 千米左右外，其余多数渔民小船都在距海岸 1～2 千米的沿岸作业。捕鱼方式主要是手钓、标枪扎、围网和拉网等。一般当天早晨出海，傍晚收船，产品在就近的市场出售，主要供当地人消费。

2005 年，随着索马里政治发展进入联邦政府过渡时期，国内渔业生产能力有所提升，2006 年捕获量为 3 万吨，其中沿海鱼产品捕捞量为 2.87 万吨。①但受落后的捕捞方式和市场销量不大等因素的限制，每年实际捕获量远未达到其每年预期 18 万吨的鱼捕捞量产能。因此，从总体来看，索马里的渔业资源开发潜力巨大。

四 林业

索马里的林地面积约占国土面积的 10%。林业开采除了用于建造房屋、木船和制作装香蕉的木箱之外，还用来制作木柴和木炭。从表 4-4 可以看出，索马里木材加工率很低，木柴和木炭大多作为城市居民的燃料，少量用作出口。

---

① Iain Frame, *Africa South of the Sahara 2018*, Routledge, 2017, p.1094.

索马里

表4-4 2012~2014年索马里木材生产量

单位:千立方米

	2012年	2013年	2014年
锯木、薄木、枕木等	28	28	28
其他工业木材	82	82	82
薪材	13957	13957	14038
总量	14067	14067	14148

资料来源：Iain Frame, *Africa South of the Sahara 2018*, Routledge, 2017, p.1094。

在索马里林业中，所谓的芳香林有着特殊的经济价值。芳香林主要分布在北部山地。芳香林除了乳香树和没药树之外，还有阿拉伯胶树。独立后，乳香年产量600吨左右，没药年产量2000吨左右，约占世界年总产量的50%。乳香树分梅迪（Maid）树和贝约（Beyo）树两种，集中分布在沿亚丁湾的哈里森的群山中，以埃里加沃为中心，西至柏培拉，东至瓜达富伊角，长约600千米、宽50~150千米的高山中均有分布。一棵成树每年约可产6千克的乳香，其成分主要为树脂60%~70%、树胶27%~35%、挥发油3%~8%。乳香在公元前2800年就作为一种香料用于寺庙、婚丧礼仪等场合。西欧和阿拉伯国家多用乳香制香精、香粉、糖果、油漆、医药产品和消毒剂。在中药里，乳香则具有调气活血、舒筋止痛、消痈疽、败疮毒和生肌收口的功用，并可主治筋胳痉挛、跌打损伤、痈疽疮毒等。

没药也分为两种，一种为天然没药，当地人称为玛尔玛尔（Malmal），并把天然没药树叫作迪丁（Didin）树；另一种为胶质没药，当地人称为哈巴格哈迪（Habag Hadi），并把胶质没药树叫作哈迪（Hadi）树。迪丁树和哈迪树主要生长在埃里加沃的埃勒夫温地区和上朱巴地区，其他地区分布较少。这两种树是完全不同的树种，所产的树脂也截然不同。它们也和乳香树一样，大多在石缝中生芽，在岩石上生长。上朱巴地区的迪丁树无须人工割口，树脂自然渗出，易于采收，成本较低。北部的迪丁树，因枝干有尖棘，不易采收，产量不高。

这两种植物生长缓慢，成材一般需要4~5年，且生命力极强，大多在石缝中生长。这两种树还可人工培植，办法是将其枝条埋于土中或砂石缝中 9~12 厘米，只要有足够的水分就能生长。种子也可培育，但需 4~5 年才能成树。

第三节 工业

一 制造业

索马里的制造业起步较晚，且主要是一些轻工业。在意大利和英国殖民统治时期，索马里根本没有本民族的工业，仅有一些小型的制糖厂、发电厂、鱼肉罐头厂和机械修配厂，均由意大利和英国殖民者投资经营。

独立以后，为了发展民族工业，索马里政府采取了一系列措施，如兴办国有企业、鼓励私人投资、吸引外国资本、接受外援办企业等。到 1971 年，全国已有工厂 195 家，工业产值已占国内生产总值的 10% 以上，主要有制革、制糖、畜类和鱼类罐头、面粉加工、纺织、制鞋、肥皂、印刷、建筑材料、电力等工业企业。到 20 世纪 90 年代初内战全面爆发前，索马里全国有 200 多家工厂，其中有 40 多家较大的国有企业。除了此前已有的工业部门之外，还增加了炼油、制药和烟草等工业部门。工业企业主要集中在首都摩加迪沙及周围的中小城市，其余则分布在少数的州府和港口。尽管其中许多由外资和外援兴建的企业具备了一定的生产规模，但从 80 年代中期开始，由于政局动荡、设备陈旧和开工不足等因素，生产一直没有达到预期。据粮农组织统计和联合国《工业统计年鉴》(*Industrial Statistic Yearbook*)，1988 年索马里的部分工业产量为：糖 3 万吨，肉罐头 1000 吨，鱼罐头 100 吨，意大利面条与面粉 1.56 万吨，纺织品 55 万码，编织袋 1.5 万吨，香烟与火柴 300 吨，石油产品 12.8 万吨，电力 2.57 亿千瓦时。1990 年工业产值占国内生产总值的 8.7%。1991 年民主共和国政府被推翻时，索马里的工业几乎全被摧毁，工业生产基本停滞。

索马里

近年，随着国内安全形势好转，居民基本必需品和建筑材料等的生产在一些地区得到恢复。一些城市，如博罗马、哈尔格萨、博萨索、加罗威、加尔凯约、摩加迪沙和拜多阿等的重建也已开始，制造业产值变化不大（见图4-3）。2015年制造业产值占国内生产总值的比重为2.5%。索马里主要制造业部门有纺织、皮革、制糖、制药、烟草、食品加工、炼油和建材工业等，以中小型企业为主。2014年，索马里原糖产量为2.3万吨。①

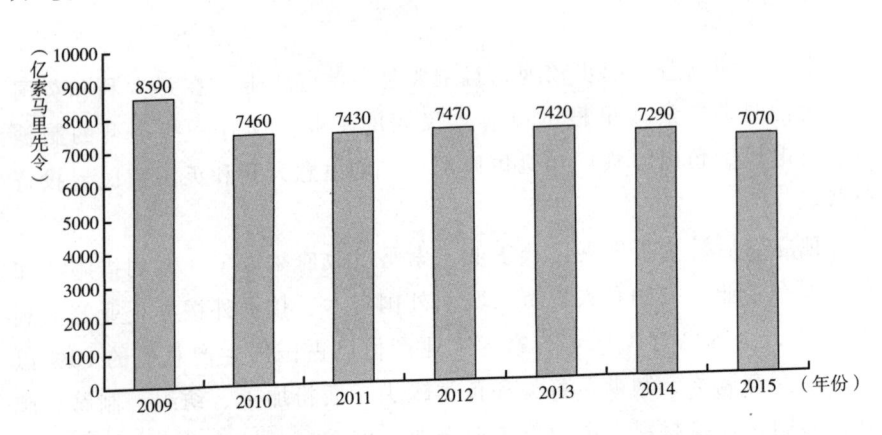

图 4-3　2009~2015 年索马里制造业产值

资料来源：AfDB，*African Statistical Yearbook 2018*，2018，p. 326。

二　采矿业

索马里虽然蕴藏着一些矿产资源，但由于尚未进行充分的地质勘探，以及安全问题，矿业开发和产能未能得到释放。采矿业在国内生产总值中占比微小，2015年仅为0.6%。②

1. 石油和天然气领域

独立初期，索马里需要的石油主要来自苏联。索马里与苏联的关系恶

---

① Iain Frame，*Africa South of the Sahara 2018*，Routledge，2017，p. 1094.
② Iain Frame，*Africa South of the Sahara 2018*，Routledge，2017，p. 1094.

化后，所需石油主要来自沙特阿拉伯。20世纪70年代后期，在伊拉克的帮助下，索马里在布拉瓦东北的贾希拉（Jasiira）建立了一座每天能炼油1万桶的炼油厂。1980年两伊战争爆发后，伊拉克停止对索马里的石油供应，索马里被迫再次进口石油产品。

从20世纪60年代开始，尤其是80年代，不少国际石油公司在索马里进行石油和天然气勘探。1991年10月，世界银行和联合国开发计划署宣布了对红海和亚丁湾碳氢化合物的勘探结果，表明索马里北部有很好的潜在油气储藏。但由于内战绵延、政局动荡，一些外国石油公司不得不中断它们的勘探开发计划。

索马里政局逐渐稳定后，一些跨国公司重返索马里，进行油气勘探与开发。例如，2012年8月，英国的矿业公司（Vallares Plc）与土耳其的通用能源公司（Genel Energy Int. of Turkey）取得了在索马里兰的5个石油勘探区块（SL-6，SL-7，SL-10A，SL-10B，SL-13），占地面积40300平方千米，各自持有50%的股份。2014年，加拿大的霍恩石油公司（Horn Petroleum Corp.）、澳大利亚的兰奇资源有限公司（Range Resources Ltd.）和澳大利亚的红帝资源公司（Red Emperor Resources NL）签订了三方投资协议，出资比例分别为60%、20%和20%，三方合作在索马里北部的邦特兰地区勘探石油。① 此外，来自英国、阿联酋等国的公司也参与到对索马里的油气勘采。

2. 其他固体矿产

索马里固体矿藏资源丰富，但开采极少。1988年采矿业产值仅占国内生产总值的3%。主要产品为海盐，加勒古杜德州的海泡石，柏培拉等地区的石灰石、石膏、石英和压电石英等。柏培拉地区的石膏储藏量约3000万吨，是世界上最大的石膏矿之一。索马里的萨纳格州和巴里州储藏有大量的铀矿，1984年索马里曾着手对其进行开采，但因政局不稳而停止。

---

① USGS, "The Mineral Industry of Somalia," https://minerals.usgs.gov/minerals/pubs/country/2014/myb3-2014-so.pdf, December 24, 2018.

索马里

索马里还进行少量的手工固体矿产开采，包括铌、钽等金属矿产，以及宝石、花岗岩、石膏、高岭土、岩盐和海盐、海泡石等非金属矿产。据美国地质调查局估计，2004 年索马里盐和高岭土产量分别为 1000 吨和 2000 吨。[①]

三 水电工业

索马里主要依赖木材、木炭和进口石油满足其能源需求。独立前，索马里的电力工业非常薄弱，除摩加迪沙有一座发电厂外，其他城市仅有一些小型发电设备。摩加迪沙发电厂位于摩加迪沙市内，建于 1923 年，原为意大利私人经营，1970 年 5 月被收归国有。当时的发电能力每天为 6260 千瓦时。发电机主要以柴油和汽油为燃料，发电成本较高。索马里的城市间没有统一的电力网，农村几乎没有发电设备。

独立后，索马里的电力工业有所发展，全国 80 个燃油发电机主要依赖进口石油发电。20 世纪 80 年代在芬兰的援助下，基斯马尤和拜多阿建起了新发电厂。据联合国《工业统计年鉴》统计，索马里的发电量 1986 年为 2.53 亿千瓦时，1988 年为 2.57 亿千瓦时，1991 年为 2.10 亿千瓦时。索马里由于地处热带并受信风影响，风力资源丰富，80 年代在摩加迪沙还进行过风力发电试验，有过小型风力发电站。

1991 年民主共和国政府被推翻后，除了哈尔格萨和博萨索之外，几乎所有由政府控制的向主要城市供电的柴油发电厂都被摧毁，一些私人拥有的发电机每天向一些城市用户、清真寺、地方政府机关、旅馆、电话局等提供几个小时的电力服务，个别地方则能一天 24 小时供电。电价由发电机拥有者与用户协商。

在战后经济重建阶段，索马里电力供应仍以燃油发电为主，装机容量近年逐年增加，从 2012 年的 3.31 亿千瓦时增至 2016 年的 3.94 亿千瓦时（见表 4-5）。索马里还有少量水力发电，但尚无太阳能、风能、潮汐能等新能源发电。

---

① Iain Frame, *Africa South of the Sahara 2018*, Routledge, 2017, p.1094.

表4-5　2008~2016年索马里电力供应结构及发电量

单位：百万千瓦时

	2008年	2009年	2010年	2011年	2012年	2013年	2014年	2015年	2016年
燃油发电量	—	—	—	312	331	351	372	383	394
水力发电量	—	—	—	11	11	11	11	11	12
总发电量	301	305	310	323	342	362	383	394	406

资料来源：AfDB, African Statistical Yearbook 2018, 2018, p. 327。

第四节　商业、服务业

与其他行业一样，索马里的商业和服务业也处于相当落后的状态。历史上，索马里的商业主要由私人经营。西亚德执政时期，曾将大的商业企业收归国有，但传统的自由市场仍得以保留。西亚德政府垮台后，索马里的商业和服务业重新回到私有化。目前，各种商业活动和服务业均为私人经营。

索马里的国内贸易和跨地区贸易的商品基本上是农牧民生产的多余产品，如牲畜、奶、粮食、水果、蔬菜和手工制品等。从事国内贸易的多为小商小贩，而小商小贩多数是妇女。这一行业也是对索马里一些家庭收入的重要补充。在农村地区，游牧民与农民之间的物物交换仍在流行。在没有供水系统或供水系统被严重破坏的城镇，人们又恢复了传统的向市民供水的方式，即用驴车挨家挨户送水。

1991年西亚德政府垮台后，全国陷入派别混战状态，大中型商店和菜市场几乎全被摧毁或遭到抢劫。近些年，随着战乱程度减轻，自由市场逐渐得到恢复，并日趋活跃，为市民们提供了最基本的生活消费品，也为一些人在动荡不定的社会环境中生存提供了就业机会。索马里的商人大体可分为以下三类：一是多年经营小本生意的小商小贩和手工艺人，其中多数是妇女；二是在西亚德政府时期遭到打击逃到邻国的商人，他们在西亚德政府倒台后又返回国内；三是回国投资的侨商。

索马里

为了商业的安全，多数富裕的商人不同程度地依靠自己所属的部落或氏族的保护。这些商人一般都先在本氏族和部落中发展客户，并积极参与当地的政治和宗教活动，支持本氏族和部落的民兵领袖，或者雇用本氏族或部落的民兵保护自己的生意。近些年索马里流行着这样的谚语："如果亲戚一无所有，拥有一百只山羊的人也是穷人"，"在财富与亲戚关系之间，我选择后者"。目前，商人对索马里政治的影响越来越大。

西亚德政府垮台后，全国处于无政府状态，私人企业纷纷涉足过去由政府控制的公共服务部门和设施。设在拜多阿的"穆敏全球服务和贸易机构"（Mumin Global Service and Trading Agency）就是其中的一个典型例子。该机构是20世纪90年代初由拜多阿移居迪拜的商人建立的一家贸易公司。1999年拉汉文抵抗军控制拜多阿后，该公司在拜多阿设立了办事处，并开始在拜多阿经营几项典型的商业和公共服务活动，包括经营建筑材料、零配件、粮食电力和电话业务，举办计算机和语文培训班，还进行人道主义救助，向50名前民兵组织的少年成员提供免费教育等。在动乱的90年代初期，国际机构曾帮助修复拜多阿的一些社会服务设施，但在1995年拜多阿被外来的民兵组织占领后又遭到破坏。2001年，拜多阿的长老和地方当局授权穆敏公司重建该市的供水系统。该公司在接收当地原水利规划局的业务后，雇用了该局50个原来的工作人员，向200多个家庭供应自来水，并计划修复地下水管系统，进一步扩大供水规模。资金主要来自海外索马里人的捐款和投资，还来自公司自有资金和提供服务收取的费用。

近些年，随着地区安全形势的好转，全国几大商业中心也开始重新活跃，具有历史传统的摩加迪沙巴卡拉市场（Bakara market），仍作为索马里全国最大的商业中心正在恢复生机，哈尔格萨、博萨索和柏培拉等市商业活动也日益兴旺。

目前，在索马里的各大自由市场上，可见到来往的客商摩肩接踵，吆喝声此起彼伏；售货摊鳞次栉比，水果、食品、百货、服装、燃料、工艺品琳琅满目。货摊上还有许多中国生产的生产工具、收音机、服装、电池和拖鞋等。索马里气候炎热，大多数人上街喜欢穿着拖鞋。在

第四章 经 济

巴卡拉市场，各种商品琳琅满目，大街上还有兑换世界各种货币的兑换所。目前索马里货币的主要币种是 1000 先令纸币，原来 50 先令、100 先令、200 先令和 500 先令的货币内战后均退出了流通。有时候，一些军阀从海外运进大量黑市印刷的纸币，造成币值迅速贬值。人们对货币的真假难以分辨。

在各派冲突不断、社会动荡不安的情况下，索马里商人的商品首先是自产商品，其中主要是农牧业产品及部分手工业产品。这主要是由于索马里的经济仍基本处于自然经济状态，它可以不依赖于城市和工业而独立存在。内战主要发生在城市和交通要道，没有对农牧业和手工业造成太多的破坏。索马里人经营的手工业，主要有皮革、金属用具、木器等。索马里的手工艺品有雕刻、刀剑、刺绣等，其中木雕人像比较精致，象牙雕刻、刺绣和石刻等比较粗糙简单，但都具有古朴、粗犷之美。其次是外来救济物资，国际社会每年都向索马里提供数十万吨的食品、药品及其他救济物资，市场上的食糖、饼干、药品、绷带等货物都印着红十字国际委员会、联合国儿童基金会等机构的标志。最后是国际走私物品，其中多数是通过海路或陆路从吉布提、肯尼亚、埃塞俄比亚、也门和其他阿拉伯国家偷运进来的各种物品。

自由市场的交易仍以索马里先令为流通货币，对外服务业和国际走私贸易则以美元等硬通货结算。虽然内战爆发后索马里整个国家的金融系统被彻底破坏，但社会需求继续存在，不少地方的商人已组织起小规模的金融服务系统，一些地方军阀也参与印制索马里先令的活动，以牟取暴利，致使索马里先令兑美元的比值在 2012 年联邦政府成立之前每年都大幅下降。

在安全环境相对稳定的地区，索马里的餐饮业和旅馆业也得到恢复和发展。饭馆和旅馆既是一个赚钱的行业，也成为索马里都市的成年男子分享信息、建立联系和产生合作关系的聚会场所。

除传统的商业服务外，内战引起的安全问题也使索马里的安全服务业日渐兴盛。商人、富裕家庭、海港、市场、贸易商队和援助机构均提出了对武装保安的需求，这就为一些派别组织的民兵成员提供了新的就业机

会。出于维护共同安全和良好的经商环境的需要，一些地方商人也开始联合起来支持地方政府的恢复和重建工作。这对索马里各派的联合起到了促进作用。

表4-6 2008~2015年索马里批发、零售、餐馆、旅店等商业服务业产值与年度变化率

单位：百万先令，%

	2008年	2009年	2010年	2011年	2012年	2013年	2014年	2015年
产值	3495	3671	3190	3177	3193	3172	3117	3021
增长率	19.9	2.5	2.6	2.6	—	2.6	4.6	2.1

资料来源：AfDB, *African Statistical Yearbook 2018*, 2018, p.326。

目前，索马里的主要商业组织有三个。一是在索马里兰和邦特兰建立的商会。会员主要由城市的商人组成，这些商人与索马里兰和邦特兰政府有着千丝万缕的联系。有的商人还充当议员或行政部门的官员，因而，这也是造成当地的一些交易不那么透明的原因。二是由60名商人于2000年5月在迪拜建立的索马里商业委员会（Somali Business Council）。该委员会赞成索马里统一，积极支持索马里的和平进程，与2005年成立的索马里过渡联邦政府和2012年成立的索马里联邦共和国政府都有密切的联系。三是设在迪拜的索马里电信协会（Somali Telecommunications Association）。该协会得到国际电信联盟（ITU）的承认。协会在哈尔格萨和摩加迪沙设立了分支机构。此外还有索马里职业兽医协会（Somali Professional Veterinary）和香蕉协会等。

在服务业方面，特别值得一提的是达哈布希尔集团（Dahab Shiil Group）公司。该公司拥有1000多名雇员。2001年"9·11"事件后，索马里各货币转移公司受到国际社会的监控，其中最大的公司巴拉卡特（Barakat）在美国指责其与恐怖主义组织有联系后被关闭。达哈布希尔集团公司抓住这一有利时机，获得较快发展。该公司在全球34个国家拥有400个代理和分支机构，在所有有索马里人聚居的地方都设有代办处，人们可以通过这些分支机构和代办处向索马里和非洲之角的任何地方汇款。90%的汇款来自欧洲和北美，但基本上是个人小额汇款，每笔汇款额一般

在 200 美元以下。这些汇款主要是汇给索马里需要帮助的亲属和朋友，积聚起来每年也有数百万美元。此外还有与在非洲之角投资、商务和社会发展项目有关的资金转移。达哈布希尔集团公司是索马里商业界通向世界的主要桥梁。

达哈布希尔集团公司作为一个金融机构，服务范围很广，还可向个人、企业、国际组织提供小额贷款，具有国际支付、吸收存款、充当投资基金的作用。该公司还同在该地区的联合国机构和其他国际机构合作，支持他们的发展和人道主义项目。在索马里南部，该公司还充当银行。该公司的目标是建成索马里第一家商业银行。

第五节 交通与通信

独立时，索马里继承了一个很不发达的交通和运输系统。全国仅在人口稠密的南部、西北部和东北部地区建有几条公路。交通运输业和通信业极为落后，境内没有铁路。交通运输主要是驮载运输和汽车运输。

独立后，历届政府都重视公路建设，在大量外援帮助下，索马里的交通运输和通信事业得到了很大改善。到 1990 年，全天候的公路连接了几乎所有重要城镇和全国南部与北部的大部分地区；几个主要港口的设施也得到极大改善；8 个机场有柏油铺成的跑道，国内主要城市间拥有定期航班。

内战期间，索马里的公路、机场和港口遭到极大破坏，索马里的交通与通信事业急剧衰落。但从 90 年代末开始，随着安全形势的好转，交通和通信事业开始恢复。其中北部地区安全形势远好于南部，其基础设施在国际社会的援助下也得到较快的恢复和发展，一些港口的吞吐量已恢复到 1990 年之前的水平。

近年来，随着商业的恢复和发展，交通和通信已成为索马里越来越重要的生产部门。交通和通信事业的发展不仅为成千上万的索马里人提供了就业机会，而且促进了其他行业，如餐饮、维修等的发展。此外，交通运输和通信业的发展也为一些地方政府，甚至地方军阀提供了重要的税收来源。

索马里

一 公路运输

索马里交通运输业落后。到2010年,索马里全国主要公路全长22100千米,其中柏油路占公路总长的11.8%,为2607.8千米。[①]公路网的中心是首都摩加迪沙,全国有五条主要公路交汇于此。第一条是从摩加迪沙经阿夫戈伊、马尔卡到基斯马尤,全长475千米。这条公路可以说是国民经济的一条动脉,它将全国主要的经济区——谢贝利和朱巴河流域的农业区与南部地区的主要港口马尔卡、布腊瓦、基斯马尤连在了一起;第二条是由摩加迪沙经巴拉德、乔哈尔、布洛布尔提、巴累特温、希兰到费尔费尔的公路,把索马里的首都与埃塞俄比亚连接起来;第三条是从摩加迪沙经阿夫戈伊、拜多阿直到埃塞俄比亚和肯尼亚的交界处多伊的公路;第四条从费尔费尔经加勒卡约、加罗韦、加尔多到博萨索,这条公路由中部通往东北部,将摩加迪沙经费尔费尔与亚丁湾沿海连接起来;第五条是由中国援建的从巴累特温经加勒卡约到布劳,全长1045千米的公路,是全国南北交通的大动脉。

索马里的公路除了小部分柏油路之外,大部分是碎石路或经过整修的土路。从20世纪80年代起,因政府投资减少,大部分公路处于失修状态。内战开始后,尤其南部地区,公路破坏情况非常严重。有些公路在雨季到来后,往往几个月不能通行。近些年,西北部和东北部地区安全形势较好,公路维修较好,商业运输有安全保证。

内陆交通运输主要靠汽车和骆驼。全国汽车数量不多。1961年全国计有汽车7700辆,1989年增至10000辆。内战爆发后,各种车辆遭到很大破坏,其中小轿车从1989年的2000辆下降为1991年的1000辆,同时期商用汽车从8000辆下降为1000辆。

20世纪90年代末以来,随着内战程度减轻和商业运输增加,卡车、公共汽车的进口量也开始恢复,在索马里兰和邦特兰甚至出现了新的出租汽车业务。不过,南部地区由于道路失修和抢劫不时发生,购买新车的投

---

① Iain Frame, *Africa South of the Sahara 2018*, Routledge, 2017, p.1099.

资往往难以收回，各种汽车数量仍无增加趋势。同时，由于对传统驮载运输方式的需求增加，南部地区骆驼和驴子的价格大幅上升。2012年联邦共和国政府成立后，随着时局渐趋稳定，南部地区公路交通运输开始逐渐恢复，汽车数量不断增加。

二 海上运输与港口

索马里是非洲大陆海岸线最长的国家，有发展海运的优越条件。作为地处欧、亚、非三大洲的海上交通枢纽，索马里的海上运输在国民经济中占有重要地位。但由于长期的殖民统治，海运业一直比较落后。独立后，索马里历届政府均重视海运业的发展，利用外援修建港口和码头，并于1968年建立了国家航运公司。1972年9月10日，索马里最高革命委员会宣布索马里领海为200海里。经历内战的洗礼以及战后国内基础设施的恢复与发展，至2016年底，全国共有14艘悬挂索马里国旗的商用船，装载总吨位为9059吨。

表4-7 2014~2016年索马里水运船只保有情况

单位：艘，千吨

	2014年	2015年	2016年
总数	12	14	14
总排水量	7.3	9.1	9.1

资料来源：Iain Frame, *Africa South of the Sahara 2018*, Routledge, p. 1095。

全国共有大小港口17个，其中柏培拉、摩加迪沙、基斯马尤、马尔卡和博萨索是索马里主要的对外贸易港口。前三个为深水港，后两个为浅水港，进出口货轮需停在港外，然后由驳船装卸货物。内战爆发后，索马里的多数港口处于年久失修或遭受战争破坏的状态。20世纪90年代末以来，西北部和东北部地区的安全形势较好，那里的柏培拉港和博萨索港分别承担着索马里的主要海运任务。1997年，欧盟出资对柏培拉和博萨索港进行了一定程度的现代化改造。1999年5月，欧盟再次出资150万美

元用于柏培拉港的改造。

摩加迪沙港系索马里最大的港口,历史悠久,早在公元14世纪就已成为与中国、印度和阿拉伯国家进行贸易的重要港口。近代以来,常有欧洲、亚洲及非洲国家的货船在此出入。意大利、荷兰等国的轮船公司的定期航班船只也在此通过。旧港有一条长约1千米的钢筋混凝土防波堤屏障着港池和5道突堤码头,但由于港池水浅,只能供小吨位海轮停靠,大吨位海轮要在距码头1千米以外的海面上停泊,货物需用驳船倒运。独立后,索马里政府利用欧洲共同体和世界银行的贷款,在旧港的南面修建摩加迪沙新港。新港水深为8~12米,共建有4个码头,其中2个为可停泊万吨级轮船的码头,另外2个分别为可停靠8000吨和5000吨级轮船的码头。此外,还建有3座大型仓库、港务机关及其他配套设施。年吞吐能力已由1961年的12万吨增加到1981年的70万吨。内战爆发后,各派军阀多次发生争夺摩加迪沙港的战斗,致使该港遭到严重破坏。自1995年联合国维和部队撤走后,该港基本上处于关闭状态。2006年,摩加迪沙港口重新为商用船提供服务。摩加迪沙港由土耳其公司运营,2016年大宗货物吞吐量近72万吨,到港集装箱船舶128艘,处理94400标箱。

柏培拉港位于亚丁湾畔,红海口附近,处于印度洋通往地中海的交通要道上,隔海与也门的亚丁市相望,被称作"红海的门户"。该港是索马里最大的深水港口之一,也是索马里北部唯一能停靠万吨轮船的港口。柏培拉建港历史悠久,早在公元15世纪,该港即已与阿拉伯国家有许多贸易往来,成为武器、奴隶、皮张、口胶、酥油、鸵鸟羽毛、象牙的输出入港口。到20世纪初,柏培拉成为索马里北部地区向英国占领的亚丁出口牛羊的主要港口之一,每年通过该港输往亚丁的牛达1000头,绵羊和山羊达8万只。柏培拉港原有码头港水较浅,仅能停靠千吨级轮船。索马里独立后在苏联的帮助下,在港口的西侧修建了新码头,长为320米,宽为120米,退潮时水深为9.8米,涨潮时水深为10多米,共有4个大型泊位,其中2个可停靠万吨级轮船。每月可进出30多艘货轮,年吞吐能力为20万吨。80年代初,美国又提供3750万美元进行改造和扩建。工程于 1985 年完工，使港口的吞吐能力扩大一倍。1997 年和 1999 年，欧盟两次出资（共计 150 万美元）对柏培拉港和博萨索港进行升级改造。西北地区的索马里兰政府还有将柏培拉港划为自由贸易区的打算。2016 年，阿联酋开始对柏培拉港进行扩建。

基斯马尤港是索马里最大的深水港之一。但由于暗礁，该港在索马里独立前一直没有建成相应的码头。独立后，由美国承建的码头工程和有关设施于 1968 年完成。该港是一个有防波堤屏障的"L"形港池，内有两条各长 200 米的突堤码头，退潮时水深 8.5 米，涨潮时水深 10 多米。共有 4 个泊位，其中 2 个为万吨级轮船泊位。港口有面积达 2310 平方米的一座大型仓库和较大的露天货场。20 世纪 80 年代后半期，美国曾提供 4200 万美元对该港进行改造和扩建。基斯马尤既是索马里重要的商港，又是著名的渔港。这里盛产多种鱼类，并建有鱼类加工厂。该港在内战期间遭到一定的破坏，但仍在使用。目前，该港主要用于出口木炭。

马尔卡港位于摩加迪沙以南 60 千米处，曾是索马里香蕉的主要出口港之一。此港口无港湾，但有一条 200 米长的突堤码头。码头上设有 840 平方米的大型香蕉棚和 800 平方米的货栈，曾平均每月出口 4500 吨货物，其中香蕉占 90% 以上。内战爆发以来，随着香蕉产量的大幅下降，由这里出口的香蕉也大量减少。目前，该港口主要担负着向摩加迪沙地区提供进出口货物的责任。

博萨索港位于索马里东北部，濒临亚丁湾，是东北部地区主要贸易港口。90 年代以来，该港对外贸易有较大发展。为扩大贸易量，1997 年欧盟出资对该港进行了一定的改造，港口吞吐量有所扩大。

三 空运

索马里航空公司建于 1964 年，主要经营国内航线和短途的国际航线，曾拥有民用客机和小型运输机十几架。该公司还先后经营过通往东非、北非、海湾和西欧的国际航线。意大利国家航空公司曾拥有索马里航空公司的部分股权。索马里航空公司曾拥有 5 架波音 707 飞机。1989

索马里

年，这5架波音707飞机被一架空客310飞机取代，该航空公司成为仅拥有一架飞机的航空公司。1991年民主共和国政府被推翻后，空运全部瘫痪。近几年，随着安全形势的好转，一些私人航空公司开始在索马里建立并开展业务。目前，已有6家索马里航空公司的航线在索马里和邻近国家间运营。2001年，索马里过渡政府重建了"国家"航空公司——索马里航空公司。2005年1月过渡联邦政府成立后，接管了该航空公司。索马里局势趋稳后，国内航空业务量逐渐增加。据世界银行统计，索马里全国机场客运量由2012年的17.8万人次增至2014年的25.2万人次。①

截至2014年，全国共有大小机场61个，主要集中在摩加迪沙、拜多阿、巴尔德拉、博萨索、加尔卡约（Galkaiyo）、哈尔格萨、奥比亚和柏培拉等。但机场绝大部分设备简陋，跑道年久失修，现仅有7个机场拥有铺设路面的跑道。

摩加迪沙是索马里最大的航空港，不仅同国内一些重要城市之间有定期航班，而且有的国际航线也通过此地。这里的国际机场是全国最大的机场，原有跑道长约2500米。20世纪80年代，在美国援助下，将跑道延长至4500米，是当时非洲国家跑道最长的机场之一，可停降较大型客机。1989年，意大利又提供资金进行扩建。摩加迪沙国际机场拥有7条国际航线，可飞往伦敦、罗马、吉达、亚丁、开罗、喀土穆、内罗毕和蒙巴萨等国外城市。内战爆发后，该机场关闭。摩加迪沙机场现由土耳其公司运营，国际航班可直达内罗毕、吉布提、伊斯坦布尔和迪拜。此外，还有一些私人航空公司利用该机场开辟了飞往肯尼亚等邻国的包机业务。

索马里另一个较大航空港是哈尔格萨机场。该机场始建于1973年，内战中关闭，1997年重新开放。机场有一条长2250米、宽45米的混凝土跑道，可停降大型客机。有两条国际航线和若干条国内航线。索马里兰地方政府组成后，对机场进行了修复。目前，该机场为其他国家和国际组

---

① Iain Frame, *Africa South of the Sahara 2018*, Routledge, 2017, p.1095.

织提供人道主义援助,对该地区的经济和社会发展及商业来往都起到积极作用。2001年4月以来,埃塞俄比亚航空公司开通了从亚的斯亚贝巴飞往哈尔格萨的航班,每两周一班。来自肯尼亚的地区航空公司(Regional Air)也开通了飞往哈尔格萨的定期航班。此外,一些贸易商人和联合国驻索机构的飞机经常通过哈尔格萨的机场运送援助物资和贸易货物等。据联合国统计,每月飞往哈尔格萨的飞机已从1996年的50个班次增加到400多个班次。1999~2000年,飞机乘客的人数上升了14%。据索马里兰航空部估计,1999年共有97760人次国内和国际乘客乘坐飞机进出哈尔格萨,空运货物也超过6000吨。每月有4000名来自埃塞、吉布提、肯尼亚和中东的客商使用此机场。索马里兰首府哈尔格萨有直飞亚的斯亚贝巴、吉布提和迪拜的国际航班。

不过,哈尔格萨机场也存在年久失修的问题。2003年9月下旬,国际救援机构和国际民用航空组织应索马里兰的要求,提供15万美元用来修复哈尔格萨机场的跑道,使其能继续运营,避免因起降安全的问题而关闭。

目前,为私人航空公司开辟使用的机场,尚有博萨索机场和加尔卡约机场等。

四　电信业

索马里的传统通信事业极为落后。摩加迪沙市内电话局是1963年由意大利承建的,总容量仅2000门。为了改善索马里与欧洲、波斯湾国家的电信联系,1988年,欧洲发展基金提供500万欧元建立了联系索马里与欧洲、波斯湾国家的电信系统。1988年,日本提供8300万美元建立电信项目,计划于1991年完工,但由于内战爆发而中断。到1990年,索马里的电话发展到1.7万门,其中1.4万门在首都摩加迪沙。独立以来,一直由国家垄断经营的索马里邮电通信设施在内战中受到严重破坏。

内战爆发后,在国家电信业瘫痪的情况下,一些私人公司开始提供电信服务。1991年,一家私人公司开办的卫星地面站通过与国际通信卫星组织在印度洋上空的卫星相连接,提供全球电视、电话和数据联系服务。

索马里

1994年以来，一些与外国有联系的索马里私人公司开始在一些重要城镇及其附近农村组建电信服务业。起初，索马里向美国和欧洲打电话一分钟需4美元，往世界其他地区打电话需7美元。但到2002年，向国外打电话每分钟已降至0.5美元，低于肯尼亚等许多非洲国家的价格。原因一是没有一个征税的中央政府，二是相互竞争，三是当地人的收入水平较低。目前，在索马里已有12家卫星电话公司提供国内和国际电话通信服务。

根据设在迪拜的索马里电信协会的统计，2000年，索马里共有5.8万条固定电话线路、68个电话交换机、1.1万名移动电话用户和4500名互联网用户。而随着索马里局势趋向稳定，大量索马里海外侨民返回祖国，带来对互联网和手机通信强烈的市场需要，并推动索马里互联网业务和手机服务的发展。2016年，索马里全国互联网人口覆盖率由2009年的1.2%上升至1.9%。互联网用户分布十分不平衡，首都等大城市用户相对集中。例如，在摩加迪沙，互联网覆盖率为40%。总体来看，索马里互联网网络设备落后，费用偏高，但未来发展空间较大。

值得注意的是，近年索马里移动电话业务发展迅猛。据非洲开发银行相关报告显示，2009年索马里手机用户占比仅为6.8%，而不到10年，索马里就有一半以上人口使用手机（见表4-8）。

表4-8 2009~2016年索马里电信业发展情况

单位：%

	2009年	2010年	2011年	2012年	2013年	2014年	2015年	2016年
电话主线占比	1.1	1.0	0.9	0.7	0.6	0.5	—	—
手机用户占比	6.8	6.7	18.2	22.6	49.4	50.9	52.5	58.1
互联网用户占比	1.2	—	1.3	1.4	1.5	1.6	1.8	1.9
固定宽带用户占比	—	—	—	—	0.6	0.6	0.7	0.8

资料来源：AfDB, *African Statistical Yearbook 2018*, 2018, p.326。

第四章 经　济

第六节　财政金融

一　货币与汇率

目前，索马里内战前使用的货币"索马里先令"仍在南部、邦特兰和索马里兰东部使用，但美元日益成为主要商业往来和储蓄的选择。在索马里兰西部，当地的索马里兰先令被广泛使用。包括埃塞俄比亚比尔、吉布提法郎、肯尼亚先令和沙特阿拉伯里亚尔等在内的一些货币，在索马里市场上也能公开兑换。

1992年以来，一些派别领导人和他们的财政支持者印制了大量索马里新先令向市场投放，被广泛用于购买武器，为该地区武装组织的战争提供资金，包括资助他们的民兵费用和行政开支，其结果是索马里先令连年持续大幅贬值。1995年，约4500先令兑换1美元，到1999年则需9500先令兑换1美元。2000年，过渡全国政府成立后，摩加迪沙商人出于支持该政府的需要向市场上投放价值几百万美元新印制的先令，结果导致索马里先令再次贬值。需22500先令兑换1美元，一年内贬值116%。这种对索马里货币市场的巨大冲击还影响到拥有独立货币的索马里兰，导致索马里兰先令兑换美元的比率下降。2000年是3000索马里兰先令兑换1美元，到2001年则需6000索马里兰先令兑换1美元，2002年是6800索马里兰先令兑换1美元。从全国来看，索马里先令的汇率仍然在很大程度上由摩加迪沙的巴卡拉市场控制。2012年11月索马里联邦共和国政府成立后，全国政局趋向稳定，索马里先令兑换美元的比率比较稳定，基本上是2万先令左右兑换1美元（见图4-4）。

二　侨汇

索马里历来有向海外，尤其是阿拉伯国家移民和输出劳务的传统。这些侨民把从海外赚的钱汇到索马里，成了索马里经济的重要组成部分。20世纪80年代，一位索马里经济学家估计索马里海外侨民为16.5

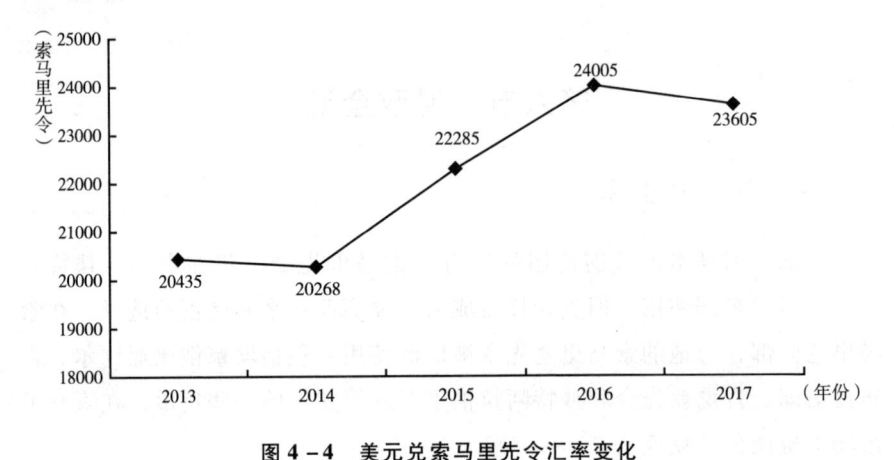

索马里

图 4-4 美元兑索马里先令汇率变化

资料来源：EIU，*Country Report*：*Somali*，December 2018，p.6。

万人，认为如果他们的平均工资按 6500 美元计算，其中的 1/3 汇回国内，那么每年汇至国内的外汇就有 3.3 亿美元。这一数字大致相当于当时索马里国内工资总和的 15 倍，或相当于索马里 GNP 的 40%。但政府通过银行统计的汇款数字只有 3000 万美元，其余部分都是通过私人渠道和货物的形式流入国内的，构成了索马里的非正式经济。在内战时期，这些侨汇有的甚至以武器的形式支持地方派别组织，成为推翻西亚德政权的物质力量。

内战爆发后，索马里人移居欧洲、美国、加拿大和澳大利亚的人数不断增加，来自国外的汇款也同步增长。但由于索马里没有海外侨民的准确数字，负责办理索马里侨汇的金融公司又不愿透露他们的商业秘密，再加上不少汇款是通过不同的渠道和不同的方式进行的，因而难以得到准确的侨汇统计。

不过，一些零星的数字可为研究索马里侨汇提供线索。比如，2000年，估计每月有约 200 万美元的汇款从美国的明尼苏达州汇往索马里。有一项研究认为，每年汇往索马里兰的侨汇是 5 亿美元，为正常年景经过索马里兰出口牲畜收入的 4 倍。另一研究表明，每年汇回索马里的侨汇约为 8 亿美元。对哈尔格萨、布劳和博萨索的研究显示，侨汇约占当地城市居民收入的 40%。联合国开发计划署的初步研究数据表明，侨汇约占索马里人均收入的 22%。这些侨汇中相当大一部分又以购买进口的食物或其他消费品的方式流出索马里。

随着索马里安全形势的改善，越来越多的侨汇被投资到索马里的商业和房地产等项目。① 据世界银行统计，当下索马里海外离散人口约有 200 万人。② 2014 年，索马里侨汇收入达 13 亿美元，相当于索马里当年收到发展援助额的 2 倍、人道主义援助款的 5 倍、国内生产总值的 24%。③ 由此，我们不难看出，侨汇在索马里人民的生活、经济发展和弥补出口逆差等方面发挥着重要作用。

三　政府财政

索马里的财政收入分为三部分：一是税收收入，包括直接税、间接税和关税 3 种，如石油、烟草等生产经营特权费，航空、电信、旅馆等经营税，公司收入税，房地产税，商品进出口贸易关税等；二是来自国际组织或一些国家的赠款；三是非税收收入。其中，前两部分约占政府财政收入的 88%。财政支出由两大项构成：一是经常项目支出，包括雇员薪金、行政开支、赠款、临时支出、偿还欠款和预付款等；二是资本项目支出，主要是用于社会经济发展计划的公共投资。

2012 年索马里联邦政府执政以来，面对长期内战造成的满目疮痍，国家百废待兴，经济建设项目、基础设施、教育等社会发展领域等均需要政府加大投资，但政府的能力有限，只能采取财政紧缩政策。从表 4 - 9 可以看出，索马里近年来财政收支保持紧张性平衡。但 2017 年受干旱和恐袭因素影响，索马里经济增速较上年有所降低，政府财政收入锐减，但支出规模未做调整，致使这一年财政赤字高达 1.35 亿美元。

---

① Somalia Human Development Report 2001, pp. 104 - 105.
② EIU, *Country Report*: *Somali*, December 2018, p. 18.
③ Iain Frame, *Africa South of the Sahara 2018*, Routledge, 2017, p. 1092.

索马里

表 4-9 2014~2017 年索马里政府财政收支状况

单位：百万美元

	2014 年	2015 年	2016 年	2017 年
总收入	145.3	199.0	246.4	267.6
其中：税收收入	73.8	85.7	107.8	132.9
非税收收入	10.5	28.1	31.5	31.8
赠款	61.0	85.2	107.1	102.9
总支出	151.1	199.0	246.2	267.6
其中：经常项目支出	150.9	184.5	223.1	255.9
雇员薪金	77.2	79.1	94.9	136.4
行政开支	57.6	75.8	77.7	87.6
赠款	10.1	15.2	16.1	20.6
临时支出	3.8	2.7	2.4	2.1
偿还欠款和预付款	2.2	11.7	32.0	9.2
资本项目支出	0.2	14.5	23.1	11.7
财政收支差额	-5.8	0	0.2	0

资料来源：Iain Frame, *Africa South of the Sahara 2018*, Routledge, 2017, p.1094。

但值得注意的是，索马里外债数额较大，给政府带来了较大的财政压力。据国际货币基金组织统计，2016 年索马里外债总额为 26.49 亿美元。[①] 其中，来自国际货币基金组织、世界银行、阿拉伯货币基金组织、阿拉伯经济和社会发展基金、非洲开发银行等多边机构的债务约占其外债总额的 1/3，美国、意大利、法国、科威特、日本、沙特阿拉伯和俄罗斯为索马里的主要双边债务债权方。

四　金融服务业

索马里最早的金融机构是成立于 1960 年的索马里中央银行，该银行总部设在摩加迪沙，并在国内设有 10 个分支机构，包括位于索马里兰哈尔格萨的中央银行。随着国内安全形势的好转，因战乱而遭破坏的金融系统开始恢复，

---

① EIU, *Country Report: Somali*, December 25, 2018, p.6.

并根据市场需要，索马里又新成立了一些金融机构。目前，除索马里中央银行以外，索马里还有 8 家商业银行，分别是阿马尔银行（Amal Bank）、索马里商业银行（Commercial Bank of Somalia）、达哈希尔国际银行（Dahabshiil Bank International）、索马里国际银行（International Bank of Somalia）、第一银行（Premier Bank）、萨拉姆索马里银行（Salaam Somali Bank）、非洲信托银行（Trust African Bank）和索马里综合银行（Universal Bank of Somalia）。另外，索马里还有索马里发展与重建银行（Somali Development and Reconstruction Bank）和第一伊斯兰保险和再保险公司（First Takaful and Re-Takaful Insurance Co.）。上述金融机构为索马里提供各类金融服务。

索马里经济发展虽然落后，但在"移动货币革命"即无现金使用移动支付方面走在世界前列。这与索马里长期动乱情势有密切关系。在索马里兰，自 1991 年国内战争爆发以来，索马里兰先令迅速大幅贬值，当地没有正规的银行系统和自动取款机，直到 2009 年，两家私人公司（Zaad 和 e-Dahab）建立了手机银行经济体系。人们通过这两家公司把钱存到手机上，用户在进行买卖交易时只需输入商家特有的代码和几个号码即可。这种支付方式不需要接入互联网，因此即便是最基本的功能型手机也可使用。用户可以以类似的方式拨打号码和代码，将钱从移动银行账户中转给他人。由于手机支付简单实用，移动支付迅速发展。2016 年开展的一项调查发现，在 16 岁以上的索马里人中，88% 的人拥有至少 1 张 SIM 卡。在索马里兰，81% 的城市居民和 62% 的农村居民是移动支付业务客户。[①]

第七节　对外经济关系

自古以来，索马里的经济就与外界存在联系。在古代，沿海城邦国家一直是索马里内地与外界贸易的中转站，与许多国家和地区有贸易来往。在沦为殖民地后，索马里的对外贸易主要为意大利和英国的商人所垄断，

---

① 参见中国产业经济信息网，http://www.cinic.org.cn/xw/hwcj/406964.html，最后访问日期：2018 年 12 月 26 日。

索马里

主要贸易伙伴国也是各自的宗主国及其殖民地。在获得独立后,索马里的对外贸易除了原宗主国之外,已逐渐扩大到世界五大洲近100个国家。

一 对外贸易

1. 对外贸易规模

索马里北临亚丁湾,东、南濒印度洋,其经济属贸易依赖型。独立后,索马里政府采取进出口多元化政策,对外贸易有所发展。内战爆发后,由于原有的国家经济体制遭到破坏,外贸在整个经济中的地位更加重要。毫不夸张地说,几乎每个索马里家庭的某种商业性活动,包括出售进口货物的小贩、出卖畜产品的牧民、从事手工艺品生产的业主、从事进出口贸易的富有商人,以及在进出口系统行业服务的运输、金融、电信、港口和安全等各类人员,最终无不与进出口商品贸易发生这样或那样的联系。与对外贸易有着密切联系的商业服务,目前已成为许多索马里青壮年就业的主要部门和获取收入的重要来源。2017年索马里对外贸易额占国内生产总值的46.2%,因此对外贸易成为经济发展的重要引擎。

从图4-5可以看出,索马里近年对外贸易不断发展,但连年逆差,且呈扩大之势。这主要是因为索马里在战后重建过程中,国内生产在缓慢恢复,主要出口产品产能在短期内难以大幅提升。在部分年份,因受到自然灾害影响,大宗出口商品如畜产品产出减少,出口额则会锐减,影响了出口收入。与此同时,国内消费需求则逐年稳步上升,商品进口额由2012年的14亿美元增至2017年的28亿美元,增幅为100%。因此,扩大商品的出口规模有助于改善索马里政府的财政收支状况。

2. 对外贸易结构

独立前,索马里的主要出口商品为香蕉、牲畜和皮张。这3项商品占索马里出口总值的80%,其中香蕉约占50%。香蕉是南部地区主要出口商品,占南部地区出口总值的60%以上。牲畜和皮张是北部地区主要出口商品,占北部地区出口额的98%。出口的牲畜以绵羊和山羊为主,其次是牛和骆驼,进口商品主要有粮食、食品、纺织品等。此外,还有机

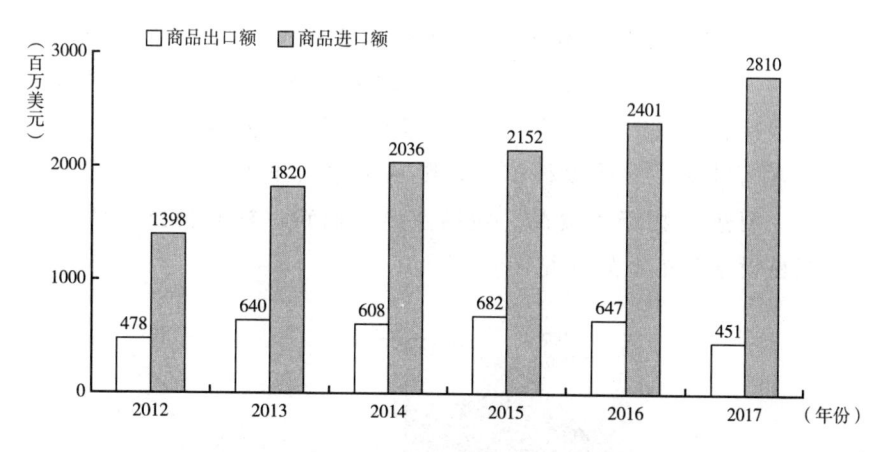

图 4-5 2012~2017 年索马里对外贸易情况

资料来源：EIU, *Country Report*: *Somali*, October 2017, p.6; EIU, *Country Report*: *Somali*, December 2018, p.6。

械、车辆等。

20世纪80年代，索马里的香蕉出口增长较快，一度曾占出口产品的第一位，其次为牲畜、皮张、鱼产品和没药等；进口商品主要是食品、纺织品、车辆、机械、石油、药品、建筑材料和钢铁等。内战爆发后，由于地方政权各自为政，对进出口贸易没有统一法规，进出口什么样的货物几乎无法控制，所以索马里在成为东非货物集散地的同时，也成了非法贸易的通道。小武器和走私货物等不仅大量流入索马里，而且通过索马里流入周边国家，有的甚至辗转至刚果（金）。这对索马里的稳定与安全，甚至周边国家的安全都是十分不利的。同时，不受限制的贸易导致木炭和鱼类产品出口急速增加，使索马里的生态环境和渔业资源遭到破坏。

当下，索马里的进出口商品结构未获改善。以2015年为例，活畜是索马里最大的出口商品，占当年商品出口总值的67.2%；其次是黄金等矿产品，占9.8%。另外，索马里的出口商品还有香蕉等经济作物以及木炭和木制品等（见图4-6）。其中，需要指出的是，索马里联邦政府成立后，大力恢复索马里重要出口商品香蕉产业的发展。

索马里

2013年位于阿夫戈耶（Afgoye）地区的种植户成立了香蕉产销水果公司，2014年该公司参加了在迪拜举办的果品展销会。2014年底，该公司向沙特和阿联酋出口了5个集装箱的香蕉。① 但索马里"青年党"控制了索马里主要的香蕉种植园，影响了索马里大规模的香蕉出口。索马里主要进口物资为食品，包括蔬菜、面粉、糖和糖蜜、活畜等，还有机械设备等工业品（见图4-7）。

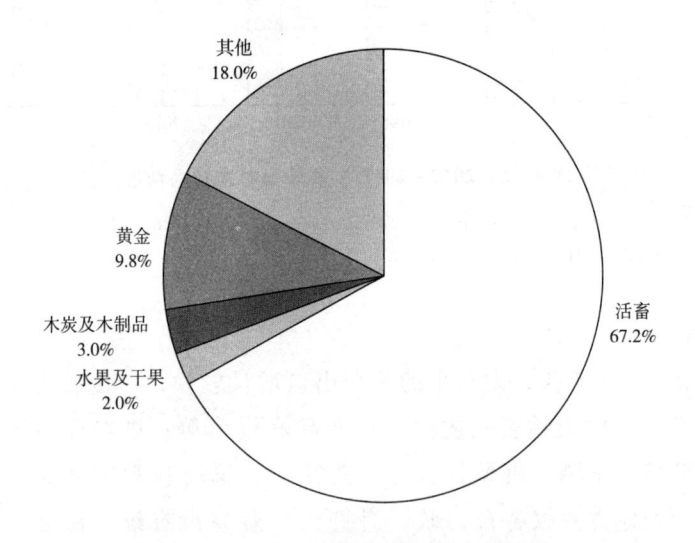

其他 18.0%
黄金 9.8%
木炭及木制品 3.0%
水果及干果 2.0%
活畜 67.2%

图4-6　2015年索马里出口商品结构

资料来源：Iain Frame, *Africa South of the Sahara 2018*, Routledge, 2017, p.1095。

3. 对外贸易方向

受到历史和地理因素的影响，索马里在独立初期贸易对象主要集中在意大利等欧洲国家及隔亚丁湾相望的海湾国家。在索马里对外贸易中，海湾国家特别是沙特阿拉伯，由于石油财富的增长，越来越成为索马里最重要的畜产品出口市场。20世纪70年代初，索马里向沙特阿拉伯出口的活畜曾占沙特活畜市场的2/3。但索马里畜产品向海湾国家的

---

① Iain Frame, *Africa South of the Sahara 2018*, Routledge, 2017, p.1091。

蔬菜
19%

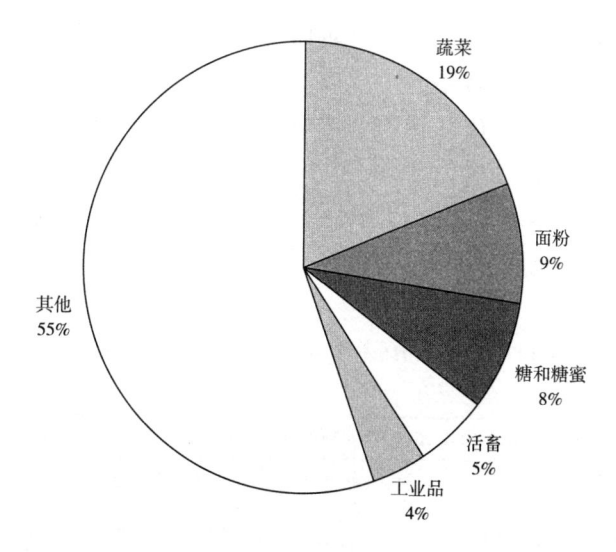

面粉
9%

其他
55%

糖和糖蜜
8%

活畜
5%

工业品
4%

图 4-7　2015 年索马里进口商品结构

资料来源：Iain Frame, *Africa South of the Sahara 2018*, Routledge, 2017, p. 1095。

出口经常受到卫生检疫标准的影响。例如，1997~1998 年，由于受"厄尔尼诺"的影响，非洲之角的动物爆发了裂谷热，沙特阿拉伯立即禁止从索马里进口活畜及其产品。2000 年 9 月，100 名沙特阿拉伯和也门人因感染裂谷热而死亡，海湾国家再次禁止索马里牲畜产品的进口。这对索马里的畜牧业造成了极大影响。90 年代前半期，索马里每年向海湾国家出口 300 万~350 万头活畜和大量冻肉。后来，海湾国家依据卫生检疫标准禁止从索马里进口活畜和畜产品，索马里每年损失约 1.2 亿美元。

为了减少索马里的损失，联合国国际发展署和粮农组织积极帮助索马里牧民展开防疫工作，并在进出口港进行检疫。在国际组织的帮助下，2001 年 5 月，阿拉伯联合酋长国恢复了对索马里畜产品的进口。随后，海湾其他国家也恢复进口索马里畜产品。2002 年，海湾国家在索马里出口贸易额中占 80% 以上。2005 年过渡联邦政府成立后，索马里与邻国吉布提、埃塞俄比亚、肯尼亚之间的贸易也进一步增长。近年来，索马里加

索马里

快进出口贸易市场多元化步伐，在巩固与海湾国家贸易关系的同时，也加大了同中国、印度等新兴国家以及周边邻国的贸易（见表4-10）。2017年，索马里主要出口伙伴国分别是阿联酋（占当年出口贸易总额的28.8%）、也门（26.6%）、阿曼（17.1%）、沙特阿拉伯（4.7%）；主要进口来源国分别是吉布提（17.9%）、中国（17.6%）、阿曼（11.4%）、肯尼亚（10.5%）。①

表4-10 2010~2016年索马里与主要贸易伙伴贸易情况

单位：百万美元

		2010年	2011年	2012年	2013年	2014年	2015年	2016年
出口对象国	印度	11	3	9	33	42	11	24
	阿曼	84	78	99	91	105	88	190
	沙特阿拉伯	155	231	250	238	229	201	—
	阿联酋	109	82	81	57	65	82	104
	也门	47	37	53	36	19	13	—
进口来源国	中国	44	67	52	54	93	117	173
	埃塞俄比亚	153	187	139	230	237	186	4
	印度	43	89	101	76	152	165	221
	阿曼	49	98	123	158	88	74	78
	阿联酋	207	363	545	487	379	318	346

资料来源：AfDB, *African Statistical Yearbook 2018*, 2018, p. 327。

二 外国援助

同大多数非洲国家一样，独立后索马里经济的发展在很大程度上也依赖外国援助。索马里共和国时期，由于欧斯曼和后来的舍马克政府主要执

---

① EIU, *Country Report: Somali*, December 25, 2018, p. 6.

行亲西方的对外政策，索马里的外援主要来自西方国家意大利、英国、美国和当时的联邦德国等。1969年以西亚德为首的军人夺取国家政权，宣布要在索马里实行社会主义制度，并采取亲东方的外交政策，来自苏联、东欧和中国的外援明显增加。1960~1973年，索马里接受的外来援助主要有：联合国12673万美元、美国6491万美元、意大利12209万美元、欧洲共同体5900万美元、苏联13000万美元、联邦德国4195万美元、中国7992万美元、英国1484万美元。

总的来看，从1960年独立到1990年的30年里，索马里是世界上人均接受外援最多的国家之一。众多的外援促进了索马里经济的发展，但也造成一些弊端。首先，大量军事援助使索马里成为非洲常备军最多的国家之一。其次，外援使索马里的经济发展严重依赖自己无法掌控的外部资金，索马里人因此对国家的发展计划缺乏主人翁意识。再次，外援还使索马里形成了一支靠自己的财力无法支持的公务员队伍和城市服务行业。一些行业的就业人数因外援的扩大而增加，但靠自身财力无法继续维持。据统计，20世纪80年代前期，几乎所有的索马里发展预算依赖外援，50%的经常性开支依赖国际贷款或赠款。所以，当80年代中期政府开始接受国际货币基金组织主导的经济结构调整和自由经济政策，外援急剧减少时，索马里政府机构的管理能力也随之下降，有的甚至停顿。1985~1990年，索马里共获得外援4.4亿美元，而同期的外债已达24亿美元。在索马里政局趋向稳定后，国际社会加大了对索马里的各类援助。1995~2002年，援助金额从4.47亿美元增长到6.24美元（见图4-8）。2010~2016年，索马里年均收到近10亿美元国际援助，较内战期间有显著增长。

近些年，随着索马里国内形势的变化，国际援助流入领域也发生了变化。以2016年为例，人道主义援助和社会基础设施是索马里接受国际援助最多的两个领域（见图4-9），这说明随着索马里部分地区形势的缓和，援助开始向恢复社会服务等领域倾斜。外援主要来自西方国家、国际金融组织以及土耳其，大约有150家机构向索马里提供人道主义援助。2005年索马里过渡联邦政府成立后，得到包括中国在内的一些国家援助。美国是索马里最大的援助国。

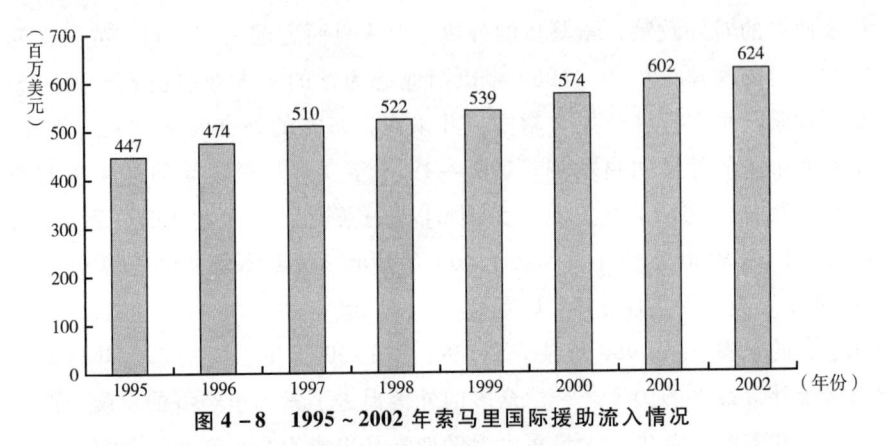

图4-8 1995~2002年索马里国际援助流入情况

数据（百万美元）：1995年447；1996年474；1997年510；1998年522；1999年539；2000年574；2001年602；2002年624。

资料来源：经合组织发展援助委员会网站，http://www.oecd.org/dac/financing-sustainable-development/development-finance-data/Africa-Development-Aid-at-a-Glance-2018.pdf，最后访问日期：2018年12月27日。

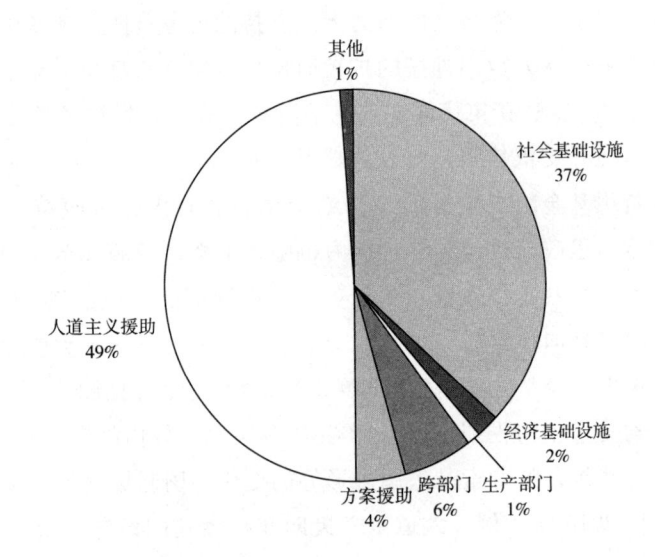

图4-9 索马里国际援助领域分布

- 人道主义援助 49%
- 社会基础设施 37%
- 跨部门 6%
- 方案援助 4%
- 经济基础设施 2%
- 生产部门 1%
- 其他 1%

资料来源：经合组织发展援助委员会网站，http://www.oecd.org/dac/financing-sustainable-development/development-finance-data/Africa-Development-Aid-at-a-Glance-2018.pdf，最后访问日期：2018年12月27日。

第八节　旅游业

　　索马里有着独特的地理位置和自然条件，有着不同于其他民族的历史文化，因而索马里不仅有优美的自然景观，而且有丰富的人文景观。索马里1960年获得独立后，为了发展旅游事业，在多处旅游景点建起别具一格的旅店，在赤道上建立赤道纪念碑，摩加迪沙和基斯马尤郊区还专门设立了国家公园。旅游业开始在索马里第三产业中占有一定地位，其收入在第三产业总收入中约占25%。然而，20世纪80年代末开始的战乱，使起步不久的旅游业遭到严重摧残。社会动荡，政局不稳，基础设施被严重破坏，人身安全没有保障，整个旅游业处于停滞状态。

　　2012年索马里联邦共和国成立后，随着政局渐趋稳定，停滞三十多年的旅游业也有所恢复。但旅游业要恢复到战前的水平并进一步发展，仍面临许多挑战，如社会治安治理、基础设施建设、交通运输工具配置、食物供应、服务人员培训等。

　　近年，索马里政府采取各种措施推介本国的旅游产品。索马里资讯文化及观光部长亚瑞索（Eng Yarisow）表示，索马里在内战前曾经是观光热点，希望有更多的游客到访索马里，了解到这里是可以游览的和平国家。

第五章
社　会

第一节　社会结构及其内在矛盾

一　索马里的社会结构

就社会结构而言，索马里是一个复合型社会，一方面仍保留着明显的原始社会后期的部落制残余，另一方面又有着一般阶级社会的阶级区分。所谓部落制残余，主要表现在部落时代人们共同体的名称和实体仍得到保留，作为一种意识形态的部落观念仍十分流行，是独立后索马里社会内在矛盾的主要思想根源。

在非洲，索马里是民族成分较单一的国家，主体民族索马里族约占全国总人口的97%。索马里族又分为萨马莱和萨布两大族系。而由于相同的社会和历史原因，这两大族系至今仍保持着部落时代按父系追溯血统的习俗，仍保留着部落时代的名称和实体。按父系血统追溯，据说，萨马莱人和萨布人的祖先是同一个人，二者是同宗兄弟关系。然后，萨马莱人按同宗兄弟关系派生为达鲁德、哈维耶、伊萨克和迪尔四大部落，萨布人派生为迪基尔和拉汉文两个部落。每个部落的人数不等，多的达数百万人，少的也有数十万人。每个部落都有自己的方言、标志和生活习惯。每个部落又有若干支系，即氏族。在每个氏族中，其男性成员同自己的妻子、儿女组成一个家庭，然后若干家庭组成一个家族村落，从事放牧和相关劳作。在农业区，情况稍有不同，由于人们同土地的关系密切，同一村落的成员来自不同的氏族，血缘关系有近的也有远的，但大多数属于同一部落。氏族是索马里最大的有效政治单位，每个氏族都由一个首领领导。首领通常是世袭，但其实权往往不如氏族长者。没有明显的等级制度和阶级分化，所以促使索马里的氏族群体结合在一起的不是对首领的依附关系，而是父系血统的亲属关系。索马里人在政治上的效忠取决于父系血统。不管这种效忠具有何种内容，索马里人在政治上同谁联合或分裂，都是以父系血统的家庭关系为根据。有时，同一部落的不同氏族，甚至同一氏族内部的不同家族都可能互相对立，但是当这个部落或氏族受到外来势力攻击和伤害时，它的各个氏族或家族又会联合起来保护其共同利益。依照各部落所属氏族的活动区域，在索马里六个部落中，达鲁德人主要分布在索马里的东北部、中部和南部，是索马里分布范围最广的一个部落；哈维耶人主要分布在中部和南部沿海地区；伊萨克人主要分布在以哈尔格萨为中心的西北部地区；迪尔人主要分布在西北部的泽拉、锡利勒等地方；迪基尔人主要分布在谢贝利河与朱巴河下游地带；拉汉文人主要分布在西南部，即谢贝利河和朱巴河中游地带。索马里人社会结构的这种"血缘性"和"地区性"使其具有明显的排他性。它主要表现为把本部落或本部落中的某一氏族，甚至某一村落家族的利益看得高于一切，排斥和无视其他部落或氏族、家族的利益。索马里人的这种部落观念或部落主义是索马里社会内部矛盾、索马里政局不稳和长期内战的主要思想根源。

索马里社会尽管存在严重的部落制残余，但是也有着一般阶级社会的阶级区分。依照人们在社会经济结构中所处的地位不同，索马里各部落、氏族的人们共同体可分为牧民、农民、手工业者、工人和一般职员，社会上层可分为牧业主、地主、资本家、酋长和政府高官。

牧民在全国人口中占绝大多数。牧民有两种类型，一类是自己拥有数量不多的牛、羊和骆驼，自己有支配权，属自主牧民；另一类是自己没有牲畜，受雇于牧业主，为牧业主放牧，属雇佣牧民。有的牧民受临近农民的影响，在不放弃牧业的同时，也从事一些农耕，生产的农产品除满足自家需要外，还用来购买牲畜和一些日常用品。牧民遭受牧业主和部落氏族酋长的双重剥削和压迫。

农民占全国总人口的比重仅次于牧民，主要分布在南部谢贝利河和朱巴河流域以及北部的哈尔格萨地区。与游牧社会相比，农业区的阶级分化比较明显。除自耕农之外，还有佃农、雇农。佃农租用地主的土地，每年定期向地主交租；雇农受雇于地主，是地主的长工或短工。

索马里工人阶级的人数不多。主要有两部分人，一部分是受雇于种植园的农业工人，另一部分是为数不多的小型工厂的工人。工人的工资很低，20世纪60年代，农业工人一天的工资是2~4先令；糖业工人的工资稍高些，每天工资是7~10先令。政府一般职员的工资也不高，每月收入仅200~300先令。政府一般公杂人员的月薪只有100先令左右。

索马里独立后，对牧业主和地主占有牲畜和土地的情况，官方没有做过调查和统计。较大的牧主一般有一两千头牲畜，雇有长工和短工为其放牧。在农业区，拥有较多土地的地主，有的将土地租给农户，有的雇长工或短工。部落、氏族首领在部落、氏族内部拥有很大的权力，他们一般是牧业主或地主，有的还是宗教头目。

索马里的民族资本薄弱，主要集中在种植园和商业方面。1953年，索马里人投资建立了第一家种植园。独立后，索马里人投资经营的种植园逐年增多，到20世纪70年代末已发展到70多个。有的种植园已发展成为拥有200多公顷土地、雇用数百名工人的香蕉种植园。

与政府一般职员收入低的情况相反，政府部门的高级官员薪俸优厚，收入很高。1960年索马里独立后，总统的年薪加上各种津贴，总计10万先令以上；议员的年薪是12000先令。此外，他们还有很多津贴补助，生活相当优裕。他们成为索马里新兴的官僚特权阶层。有些高官还利用权力，或在农村大量购买土地，经营种植园；或在城市经营房地产业，高价出售、出租房屋，牟取暴利等。

二　索马里社会的内在主要矛盾

与索马里社会严重的部落制残余密切相关，索马里社会的内在主要矛盾是部落与部落之间、氏族与氏族之间的矛盾。其他一些内在矛盾，如中央与地方之间的矛盾、世俗与宗教之间的矛盾、宗教派别之间的矛盾等，往往也通过这种矛盾表现出来。这种矛盾首先表现在不同部落背景的政治派别或政党为掌控国家权力相互争斗。这种争斗在索马里独立初期就已显露出来，结果导致总统舍马克（属达鲁德部落，1967年6月当选总统）1969年10月15日在北方视察工作时遭刺杀身亡。

  为了扼制和削弱部落意识，消除派别矛盾，促进经济发展，1969年10月20日西亚德·巴雷执政后采取了多项措施，例如降低政府部门雇员薪金、任人唯贤取代任人唯亲、用纪律代替无政府状态等。西亚德·巴雷政府还着重对地方行政部门进行一定的改革。首先，为了打破原有的部落、氏族的地域界限，政府将原有的大州划分为较小的州。其次，为削弱部落、氏族首领的权力，政府在州、区和村设立了由内政部统一管理的军事行政人员。再次，政府于1970年11月颁布法令，取消部落、氏族首领的头衔和特权。部落、氏族首领不再是政府利益的代表，而是"和平使者"，并可从政府领到一定的津贴。1971年4月，全国开展了为期一个月的"反对部落主义运动"。西亚德·巴雷在谈到这一问题时说："部落主义是前进道路上主要的巨大障碍"，"是殖民主义对非洲实行分而治之的手段"，政府"将不惜一切代价反对部落主义"。全国每一个区都建立起"新生活中心"，作为地方政治和社会活动的场所。规定所有婚礼都应在"新生活中心"举行，西亚德·巴雷本人还亲自主持过这类婚礼。这些措施引起一些部落、氏族首领的不满和反抗，但对削弱人们头脑中的部落意识还是起了积极的作用。

  然而，到20世纪70年代末，随着1978年索马里与埃塞俄比亚之间战争的结束，索马里同邻国关系的改善，西亚德·巴雷执政以来有所削弱的部落意识又滋长起来。一些以部落为根基的党派日趋活跃。现政府的反对派人士，大都是这类党派的首领。他们反对中央集权，只想要中央政府照顾，而不愿为国家尽义务，甚至以分裂国家相威胁。为了推翻西亚德·巴雷领导的中央集权政府，这些以部落为根基的党派实行联合，并于1990年10月达成协议，各派承诺在推翻现政府后分享权力，组织联合政府。可是，当1991年1月西亚德·巴雷领导的中央集权政府被推翻后，这些派别为掌控国家权力，相互间尔虞我诈，钩心斗角，使国家长期陷于内战和分裂割据状态。

1991年1月，以哈维耶部落为背景的"索马里联合大会"，自恃武装力量强大，并有天时地利人和的优势，在事先没有同其他派别打招呼的情况下，单方面率兵攻入摩加迪沙推翻以西亚德为首的中央集权政府，并单方面宣布成立临时政府。这自然引起其他有部落或氏族背景的政治派别的不满和反对，这些派别组织都拒不承认临时政府。1991年3月，以达鲁德部落中的欧加登人为背景的"索马里爱国运动"与以居住在东北部属于达鲁德部落的朱米提尼人和多尔巴汉塔人为背景的"索马里民主救国阵线"等派别，联合举兵攻打摩加迪沙，从而使"索马里联合大会"的临时政府的管辖权仅限于摩加迪沙市及其附近地区。

正当一些部落在摩加迪沙地区酣战之际，以北部地区伊萨克部落为背景的"索马里民族运动"乘机扩大势力范围，使其控制区面积增至18万平方千米，并于1991年5月18日宣布废除1960年同南部地区达成的"统一法案"，成立独立的"索马里兰共和国"，定都哈尔格萨，从而使始于西方殖民时期的南部与北部两个地区的索马里人之间的矛盾再次激化。"索马里民族运动"多次拒绝参加国际社会为解决索马里内战而召开的会议。而"索马里爱国运动"和"索马里民主救国阵线"等派别在对摩加迪沙攻打难克的情况下，转而割据一方，以提升自身在掌控国家权力斗争中的地位。

其次，社会内部矛盾还表现在同一部落不同氏族之间的争权夺利。例如，"索马里联合大会"在成立临时政府后虽然击退了其他派别对摩加迪沙的进攻，但是自身的氏族矛盾日趋尖锐，总统迈赫迪和议长艾迪德反目成仇，成为对立的两大氏族的首领。原来迈赫迪来自哈维耶部落的阿巴加尔氏族，而艾迪德则属于哈维耶部落的哈巴杰迪尔氏族。这两个氏族历史上因草原和水源问题，时有矛盾和冲突。迈、艾二人掌握临时政府大权后，从各自的氏族利益出发，互相斗争，最后发展成公开火并。1991年9

月初，双方首次在摩加迪沙交战，为首都控制权展开争夺战。战事延至11月下旬，双方死伤逾2万人。1992年12月，双方在联合国向索马里派出维和部队后虽然握手言和，宣布停止交火，但是当1994年初联合国维和部队撤离索马里后冲突再起。1994年12月，迈派与艾派民兵互相射杀，造成200多人伤亡。1995年2月24日，艾迪德与迈赫迪就双方共同管理摩加迪沙及周边地区的治安、接管机场和港口、组建摩加迪沙市政府等问题，在原则上达成共识，并签署协议。随后数月，艾迪德千方百计抓权力，但其地位反而受到削弱，而迈赫迪的地位相对有所提高，获得较多政治支持。1995年6月初，由艾迪德创立的"民族联盟"发生分裂，艾迪德本人失去党内大部分成员的支持，被免去主席的职务。属于哈巴杰迪尔氏族的另一家族人士奥斯曼·阿托被选为民族联盟主席，并自成一派。艾迪德不甘示弱，于6月15日径自宣布成立中央政府，自任"临时总统"，仍自称为"民族联盟"主席，并公布"索马里共和国过渡宪章"。对此，原临时政府总统迈赫迪等人予以坚决反对。联合国、非洲统一组织等均拒绝承认这个政府。6月底，非洲统一组织第61届部长理事会和第31届首脑会议重申了对索马里问题的立场，要求索马里召开民族和解大会，建立基础广泛的国家统一政府。1996年7月下旬，艾迪德在摩加迪沙南郊前沿阵地视察时，遭奥斯曼·阿托派武装民兵枪击，不治身亡。8月4日，他的儿子侯赛因·艾迪德被推选为艾派首领。侯赛因·艾迪德当即表示将带领艾派"沿着穆罕默德·法赫德·艾迪德的足迹前进"，并宣称"绝不会容忍外部的入侵或内部的侵犯"。类似摩加迪沙割据地区不同氏族甚至不同家族之间的矛盾和冲突，在其他割据地区同样存在。这不仅使索马里内战的局面异常错综复杂，而且使各派难以达成一致协议，或即使达成协议也难以贯彻。

可见，索马里社会内在主要矛盾实际上是索马里民族不同部落或同一部落不同氏族之间的矛盾。这种矛盾既有历史的渊源，又有现实的原因。当下，索马里新政府——2012年成立的联邦政府需通过提升政治治理能力、加快经济发展等方式，从根本上缓解社会矛盾，从而建立包容性社会。

第五章 社会

第二节 国民生活

索马里1960年获得独立后，政府做出了很多努力，民族经济有所发展，人民生活水平也有所提高。20世纪70年代初，政府为进一步发展经济，采取了国有化和合作化的措施，调动了群众积极性，使经济开始新的发展。但由于国有化和合作化过于激进，再加上同邻国边界领土争端加剧，不时有旱灾，所以到70年代末，索马里经济陷入严重困难，国民生活水平下降。80年代初，在世界银行和国际货币基金组织的干预下，政府调整经济政策，放宽对经济的种种限制，强调优先发展农业，逐步实行经济自由化，鼓励外商和国内私人投资，经济一度有新的起色，国民生活水平又有所提升。但80年代末开始，索马里长期陷入内战泥潭，各行业的生产和基础设施惨遭破坏，索马里经济全面崩溃，数百万难民背井离乡，国民生活水平急剧下降，安全难有保障。近些年，随着联邦政府的成立，国内安全形势好转，经济有所恢复，难民逐步得到安置，国民生活有所改善。

一 收入水平

索马里是世界上最不发达的国家之一，收入水平低下。1960年独立时，年人均国民生产总值仅28美元。80年代初，政府注意调整经济政策，强调优先发展农业，逐步实行经济自由化，放宽贸易限制，鼓励外商投资，紧缩财政开支等，经济有新的起色。1986年，人均国民生产总值增到280美元。但从80年代末开始的国内战争使刚有起色的经济遭到严重摧残。1991年，人均国民生产总值降为150美元。此后，由于索马里长期处于地方割据状态，难以收集可以作为人类发展指数的数据，索马里已被列入统计数据无法说明"人类发展指数"的另类国家。2004年，据联合国开发计划署统计，索马里日均收入低于1美元的极度贫困人口占全国人口的43%，日均收入低于2美元的贫困人口占全国人口的73%。2005年过渡联邦政府成立后，随着内战降温，时局渐趋稳定，私营经济得到较快发展，人均国民生产总值逐年增加。到2012年，人均国民生产总值超过内战前的水平达到348美元。

二　居住条件

索马里人的居住条件在城乡之间存在较大差异。广大从事饲养业的牧民和从事耕作业的农民居住的基本上仍是传统的茅舍。茅舍内的家具很简单，除了用来煮饭的铝锅或陶罐、盛水用的羊皮袋之外，就是草席、木枕，还有一些皮张、绳子等。一些较富裕的家庭，则用整张牛皮制作床垫。

游牧民居住的是一种活动性住房。所谓活动性住房，实际是一种易于安装、拆卸且便于搬迁的帐篷。如果需要在一个地方驻扎下来，牧民们就会用原来准备好的屋架搭成住所，上面盖上草席或兽皮。这种帐篷式的住房，搭建和拆卸均极为容易，甚至几个人抬起来就能转移地方。在旅途中，拆下来的屋架一般捆扎在骆驼背上作支架用，在上面放置其他日常用品。

与广大农牧民相比，城镇居民的居住条件则好得多。城镇居民的住房大体上可分两大类，一类是普遍居民的住房，另一类是政府新贵、富商和农牧业主的住房。

索马里普通城镇居民的住宅多为平房。这些平房一般沿主要街道两侧分布，一座挨一座地排列。这些房屋的墙主要分两种形式。相对贫困家庭的房屋一般用树枝编成墙，在上面抹草泥并刷白。距城市中心较近的相对富裕人家的房屋一般用水泥砖或块石作墙基和墙身，内外粉刷，外墙勾缝。墙上开有窗户，窗架一般用水泥花格预制块或木材做成；屋顶上覆盖着铁皮或石棉瓦，屋顶有两面斜坡、四面斜坡等形状，其中以四面斜坡居多，也有一些屋顶是平顶。屋内用水泥砖或席子分成数间，分别作为卧室、厨房、贮藏室、工作室等。

一些政府新贵、富商和农牧业主在城镇建的住房，在索马里则属于高级住宅。这些住房一般为独立庭院式建筑，多数为平房，少数为二层小楼。这类住宅多为钢筋混凝土结构，有平顶式，也有斜坡式。墙一般为水泥砖墙，内外粉刷。多数为水磨石地面。室内卫生设备较齐全。房屋的正面局部设花格砖墙或空廊，窗口上设水平遮阳板。玻璃窗内侧装有合金铝片百叶吊帘或用其他材料做成的百叶窗帘，兼有遮阳、采光、通风等功能。院内多种树木花草，具有遮阳、美化和保护环境的作用。

此外，一些大城市的市中心有为数不多的现代化的市政建筑，还有一些富人居住的西式别墅。

三　社会保险

索马里的第二产业大部分是手工业和小型企业。无论手工业者还是小型企业工人，其劳动条件都不好。在农村，他们大都是露天劳作；在城市，他们多数是在阴暗狭窄的房屋里干活。工具很简陋，劳动生产率很低。为了勉强养活家庭，他们只得增加劳动时间，可是工资仍然很少。据1964年国际劳工组织的报告，大部分手工业者每天能挣6~15索马里先令（当时1先令等于0.14美元），少数熟练的工人能挣20多先令。1962年，索马里政府为了解决劳动者面临的如职业病、失业和年老体衰等问题，设立了"社会求助基金"的社会保险制度。但是由于工资低下，大多数工人付不起保险费，享受不到社会保险。内战爆发后，国家分裂，社会动荡，劳动者更无社会保险。重建社会保险制度，是摆在2012年成立的联邦政府面前必须解决的一个社会问题。

第三节　难民与侨民

一　难民

自1960年索马里获得独立后相当长一段时间，索马里一直是非洲接受难民较多的国家之一。难民主要来自埃塞俄比亚和肯尼亚等国境内的索马里人，尤其是索马里1978年在同埃塞俄比亚的战争中失败后，埃塞俄比亚东部地区的许多居民成为难民纷纷涌入索马里。在这些难民中除了在该地区居住的索马里人之外，还有埃塞俄比亚的奥罗莫人（即加拉人）

索马里

等。据1980年联合国难民署估计，流入索马里境内的难民约65万人。尽管国际组织和外国一些救援机构给予了许多援助，但大量难民的涌入还是给索马里国家和政府造成了很大的经济负担。此外，大量难民的流入还导致某些疾病的蔓延、生态环境的恶化等。据索马里政府统计，到1987年，全国登记在册的索马里人中近1/6是难民。

然而，随着20世纪80年代末索马里国内战争的爆发，索马里很快由难民流入国转为难民流出国。内战是1988年从西北地区开始的，为了躲避战乱，当地的伊萨克人及其他居民一批又一批逃往埃塞俄比亚、吉布提和也门等国。1989年，随着内战向全国其他地区蔓延，一些居民为躲避战乱，也逃往埃塞俄比亚和肯尼亚等国。据估计，到1991年1月西亚德·巴雷政府垮台时，逃离家园到邻国避难的索马里人有120万人左右。西亚德·巴雷政府被推翻后，尽管一批又一批难民返回家园，但由于地方割据，部落、氏族内部存在矛盾和冲突，又有一些人重新沦为难民。不过总的来看，索马里流往邻国的难民人数在减少。不少人在亲戚或同族的帮助下，已获得所在避难国永久居民的身份，离开了难民营。到2004年，生活在埃塞俄比亚、肯尼亚、吉布提和也门等国难民营里的索马里难民尚有20万人。

除了逃往邻国避难之外，还有不少索马里人逃到国内相对安全的偏僻地带避难。据1992年9月联合国在索马里实行人道主义救援行动时估计，索马里国内因战乱和自然灾害而背井离乡的人口约160万人。居住在联合国搭建的临时营地的难民，仅南部就有50多万人。内战不仅造成大批人流离失所，政局动荡，而且对社会生产力造成严重破坏。

到20世纪90年代末，随着各地政局的相对稳定，有些背井离乡的人回到原居住地或在别的地方定居下来，开始新的生活，国内难民人数逐渐减少。据美国难民委员会报告，至2001年9月，索马里在国外的难民总数已降到40多万人，主要分布在肯尼亚和埃塞俄比亚。

可是，从2006年开始索马里连续数年干旱，不同部落或氏族的政治派别又经常为控制一处水源或一口水井而发生激烈冲突，局势再度紧张。不少索马里人为了生存下去，不得不背井离乡。他们有些在国内寻找安全的地方，更多的是逃亡邻国，形成了新的难民潮。到 2011 年 7 月，肯尼亚原设计容纳 9 万人的达达布难民营，接纳了 38 万名难民，严重超负荷运转。非洲联盟总部在发表的一份声明中说："索马里接近 300 万人，即索马里有 1/3 的人口还需人道主义援助。"非盟呼吁国际社会加大对索马里干旱地区的援助力度。正是在联合国难民署、世界粮食计划署等国际组织和有关国家大力援助下，索马里的灾荒逐步得到缓解，数百万难民得到救济。2012 年 11 月索马里联邦政府成立以来，索马里国内局势渐趋稳定，相当多的难民陆续返回家园。

当下，索马里难民问题仍较为突出，境内外难民总数为 218.8 万人（2017 年），约占总人口的 15%。难民主要分布在索马里国内及周边邻国。根据联合国难民署最新统计，截至 2017 年年底，索马里境内难民人数高达 986400 人，比 2016 年下降 3%，仍居全球难民总数第五位（居叙利亚、阿富汗、南苏丹和缅甸之后）。索马里的难民还生活在肯尼亚（281700 人）、也门（255900 人）、埃塞俄比亚（253800 人）、南非（27000 人）、乌干达（25000 人）、瑞典（22000 人）等国。[1]

二　侨民

近代以来索马里人就有向海外，尤其是中东阿拉伯国家移民的传统。他们到所在国后，有的做工，有的经商，有的从事教育和科学研究等。20 世纪 80 年代末索马里爆发内战后，向海外移民的人数激增。除了中东阿拉伯国家继续接收大批索马里移民之外，芬兰、瑞典和加拿大等欧美国家也大量接收。据估计，目前侨居海外的索马里人已超过 100 万人，约占索马里人口总数的 1/10。此外，索马里一些派别负责人、地方官员及其家人也持有外国护照。

索马里侨民不仅给索马里带回资金，而且带回新的思想和新的技术，对推动索马里社会的进步起着积极的作用。

---

[1] UNHCR, *Global Forced Displacement Trend in 2017*, https://www.unhcr.org/statistics/unhcrstats/5b27be547/unhcr-global-trends-2017.html, December 29, 2018.

1991年，索马里中央政府被推翻，地方军阀混战，众多企业纷纷倒闭，居民日用品和食品匮乏，但因为有不少索马里侨民的投资，一些小型工厂重新开业，甚至出现了新开企业而得到缓和。当时新开的企业主要是位于索马里北部的鱼罐头厂、肉类加工厂，此外还有约25家设在首都摩加迪沙的面条、糕点、瓶装饮料、纺织、皮革、肥皂、卧具、渔船、商品包装、塑料袋和石材加工等工厂。

进入21世纪以来，索马里侨民团体为促进国内各派别"和解"，用提供资金的方式组成"压力"集团。例如，2003年5月下旬，设在迪拜的索马里侨民组织——索马里商务委员会（Somali Business Council）执行委员吉尔德·胡赛恩（Jirde Husayn）率领该组织的代表团访问肯尼亚，与正在那里举行"和解"会议的各派负责人举行会谈，提出该组织提供资金的条件就是各派通过谈判，达成一致协议。目前，索马里侨民各有关组织在索马里社会政治生活中正发挥着越来越重要的作用。

第四节 医药卫生

一 独立初期的医药卫生

索马里医药卫生事业落后。独立之初，全国仅有23所医院和卫生所，42名医生。其中只有2名索马里人，其余都是外国人，意大利人占绝对多数。人们得病后，大多求助于民间偏方和民间医生，有的还求助于巫医巫术。不少人在头痛、胸痛或四肢痛时，往往用烧热的铁钉、铁锥或铜钱，在痛区或相关部位进行烧灼。在当地多数人的身上，人们都可看到因生病进行烧灼后遗留下的疤痕。此外，也有烟熏疗法，一般是把乳香或其他药放在碗里点燃，熏烤病人的有关部位。索马里有一种树叶能止血，当人们有外伤或手术后出血时，就敷这种树叶止血。一旦发生骨折，如果是上肢，就用木棍或木板固定；如果是小腿或大腿骨折，就把病人平放在地上，先在病腿下面放一块长木板（与腿一样宽），然后在腿的两侧各放一块木板，外边钉上木桩，经过一段时间的休养才能恢复。同其他国家一样，索马里的农村或牧区也有一些巫医巫术。

在索马里，几乎所有的女孩在 4~11 岁时都要行割礼，这成为影响女性健康的重要因素之一。大约 30% 的成年妇女易感染性病。与之相对应的是，索马里感染艾滋病的人仅占人口总数的 1%，是非洲艾滋病感染率最低的国家之一。

二 民族政府改善医药卫生状况的举措

独立后，索马里历届政府均重视卫生事业的发展，先后向苏联、意大利、埃及、英国和中国等派遣大批学生学习医学。70 年代，索马里政府在索马里国立大学设立了医学院，在摩加迪沙和哈尔格萨创办了两所中级卫生学校，培养医生、护士和其他医务工作者。政府还利用自助和外援的方式，在基层建立了一些小型医院和卫生所，使以往医护设施集中在摩加迪沙的情况有所改变。

到 20 世纪 70 年代后半期，索马里全国医院已增至 56 所，卫生所 187 家，医生 198 人。其中外籍医生 80 人，其余皆为索马里人。病床已由独立初期的 3100 多张增加到 4482 张。主要医院有 1965 年建成的综合性医院——总医院，1935 年建成的马蒂诺医院，1943 年建成的传染病医院，1967 年由苏联援建的军队医院，1970 年建成的警察医院和 1976 年由中国援建的妇产儿童医院等。

1972 年，西亚德政府对医疗行业实行国有化政策，取缔私人医疗服务。但到 70 年代末，随着索马里与苏联关系的恶化，索马里接受世界银行和国际货币基金组织的经济改革与调整计划后，私人医疗服务开始逐渐恢复。

应该指出的是，由于政府财政拮据，独立以来索马里发展医疗卫生事业的经费主要来自外援。例如 1989 年，索马里卫生部预算的 95% 靠外援资助，只有 5% 来自政府的预算拨款。

三 内战期间的医药卫生

1991 年民主共和国政府垮台后，随着外援的减少，一些医务人员流

索马里

亡国外，合格的医务人员人数减少，再加上环境恶化、营养不良、医疗条件降低等的影响，索马里的医疗卫生状况明显恶化。索马里是非洲国家医疗保健水平最低的国家之一。2000年，首都摩加迪沙仅有1所公立医院和62家私人诊所，缺医少药情况严重，仅28%的人口享有医疗服务。据估计，内战期间索马里每10万人口中仅有0.4名合格的医生和2名护士。索马里的卫生指数是世界上最低的，据世界银行统计数据，2004年索马里人均寿命仅为47岁，婴儿死亡率为13.2%，5岁以下儿童死亡率为22.4%，母亲因生育而死亡的比例为1.6%。

近二十多年来，索马里各种疾病的免疫接种率极低。仅有10.6%的1岁以下婴儿和不到27%的5岁以下儿童获得了所有针对儿童疾病的免疫接种，水痘等传染病成为造成索马里儿童死亡率较高的原因之一。黄热病疫苗长期短缺。索马里肝炎的感染率也是非洲国家中最高的，约为0.3%。20世纪90年代之前，索马里仅在1970年和1985年爆发过霍乱。但从1994年起，霍乱几乎每年都要在索马里爆发一次。因饮用水污染，大约75%的索马里人容易患各种肠道疾病。疟疾在70年代曾得到控制，但90年代以来又重新蔓延，成为造成索马里人死亡的主要疾病之一。1997年裂谷热在索马里的流行，导致沙特阿拉伯等阿拉伯国家于1998年开始禁止进口索马里的活畜，给索马里的经济造成重大损失。传染性疾病和寄生虫疾病在索马里也非常流行，游牧区的青年则最容易患上结核病。

由于政府公共卫生设施在内战中遭受严重破坏，近些年一些私人卫生机构因应社会的需要而产生。据统计，1997年，索马里90%的医疗服务是私人医疗机构提供的，大约75%的病患接受私人医疗机构诊治。不过，由于私人的医疗机构多设在城市，所以占全国人口大多数的农牧民就难以得到医疗服务。例如，在巴里州，49%的卫生人员集中在博萨索市，而该州的东部地区仅有一名医生。

四 内战结束以来医药卫生状况的改善

战火硝烟的逐渐平息，为索马里联邦政府改善国民医疗卫生状况奠定了基础。在索马里一些相对稳定和建立了地方政府的地区,地方政府也开始恢复对医疗的投入。例如,索马里兰和邦特兰已分别将它们财政预算的2.9%和2.5%拨给医疗卫生部门,并在一些国际机构的帮助下,恢复了一些公共医疗机构。国际发展援助用于医疗科研与国民基本健康的投入力度加大,由2000年的613万美元增至2010年的2800万美元,2014年这一数字迅速增加到7042万美元。在国内外的共同努力下,索马里的医疗卫生设施有所改善,婴儿死亡率由2000年的44.5‰降至2011年的42.4‰,2015年又继续下降到39.7‰。2015年,索马里人出生时预期寿命为47.8岁。[①] 当然,这远远没有达到当地社会对医疗卫生服务的实际需要,提高医疗卫生服务水平是摆在联邦政府面前的又一重要问题。

第五节 水资源

一 水资源与饮用水

索马里是水资源严重匮乏的国家。根据研究,年人均水资源拥有量低于1000立方米,就会对社会经济的发展和人的身体健康产生不良影响;如果降到500立方米以下,就会威胁到人类的生命安全。由于人口增长和水源不足,索马里人年均水资源拥有量在20世纪80年代是1000多立方米,1990年下降到900多立方米。

从饮用水来看,由于城市和农村的供水设施都非常落后,1985~1990年,大约71%的人口得不到卫生的饮用水。内战又使一些城市的供水系统遭到严重破坏,更加重了这种状况。尽管近十多年来在国际社会的援助下,不少被破坏的城市供水系统得到修复,但是供水状况仍无多大改观。多数城镇仍缺少自来水供应和污水排放的公共设施。居住在两河流域的居

---

① The African Development Bank, *Gender, Poverty and Environmental Indicators on African Countries 2017*, 2017, pp. 226-227.

索马里

民直接从河中取水。农村每个村子一般只有一口水井。水井过去由政府管理，现在由私人或社区管理，有的甚至被政治派别集团掌控。游牧民仍过着逐水草而居的生活。目前，无法得到卫生的饮用水的人口占全国人口总数的76%。一旦出现干旱，不同部落或不同氏族的人们就为争夺水源、水井发生冲突，甚至相互残杀。发生在拉卜杜雷（Labdure）的"水井大战"充分说明了这一点。

2005～2006年，小镇拉卜杜雷地区干旱缺水，两个部落为控制一口水井发生了激烈冲突，村民们将此类冲突称为"水井大战"。村民法图玛·穆罕默德在同美国《华盛顿邮报》记者埃米莉·瓦克斯谈到她的丈夫的死时说，2005年春季的一天，她的丈夫出去找水，当天没有回来。两天后，他被发现已经死了。他是在对立的双方人群因争夺水井而开战时被乱枪打死的。她异常悲痛地说："他的尸体上到处是血，就躺在水井边，身旁还横七竖八地躺着其他死者。干旱逼得人们相互残杀。"说这番话时，她身上背着一个哭泣的婴儿，另外九个孩子拉着她的破衣裳。另一位叫伊莎·亚丁·侯赛因的女子在接受采访时也说，她的丈夫也是在拉卜杜雷的"水井大战"中死的。她带着几个孩子步行100多千米来到沃吉德（Wojid）是为了找水，希望自己不要成为"水井大战"的牺牲品。①

索马里自1991年西亚德·巴雷领导的中央政府被推翻后，在没有强有力的政府、不同地方由不同政治派别霸占的情况下，不仅严重缺水的地方经常爆发冲突，有的水供应相对充足的地方也会因水的问题爆发冲突。大多数索马里人要为生存而苦苦挣扎。

二 解决水资源短缺的途径

索马里水资源匮乏，饮用水短缺，既与自然条件密切相关，也与人们对水资源利用不合理、管理不科学有关。

索马里整个国土处在邻近赤道的纬度内，以干旱的大陆性气候为主，

---

① 埃米莉·瓦克斯：《索马里大旱，人们为水而死》，《华盛顿邮报》2006年4月13日。

终年高温,年降水量不多,蒸发量大,再加上对水资源存在利用不合理、管理不科学的问题,因而人们越来越感到水资源的匮乏,感到日常用水的紧张。

1960年索马里独立后,曾邀请有关国家的专家对索马里水资源进行勘查。勘查结果表明,问题不在于水资源不足,而在于如何正确、合理地利用水资源。例如,谢贝利河和朱巴河洪汛期间淹没了约7万公顷的肥沃土地,而人工灌溉面积仅3万公顷。又如,许多水井,特别是地下水自然露出的水洼,由于人们用水时不遵守卫生准则,水污染的情况十分严重。经常有大批家畜聚集在水洼和水井附近,践踏和污染水洼和水井周围的土壤,干旱时尤为严重。降雨时所有脏物混合成浑浊的水流,流向水洼和水井,使水洼和水井里的水呈暗灰色,有臭气,不适于饮用。这是各种肠胃病的病源。索马里还有一个与其他一些非洲国家相似的地方,就是下雨时,雨水满地横流;雨停后,雨水无影无踪。可见索马里的水资源有待进一步开发,对水的利用和管理要科学。水利专家表示,要长远解决索马里水问题,可以采取的措施包括使用新的水资源勘探技术、修建水库将雨水收集起来、建设现代化的灌溉系统、合理利用水资源等。这就需要强有力的政府出面组织,并强制执行。因此,制定科学规划,合理利用水资源,是索马里联邦政府必须解决的重大社会问题。

第六节　海盗

索马里自1991年民主共和国政府垮台以来一直战乱不断,其沿海地区海盗活动猖獗,被国际海事局列为世界上最危险的海域之一。我们将海盗看成一个社会问题,首先是因为每天都有大量的人受到它的影响,其次海盗行为是社会内部的一种破坏力量,是无政府、无法制状态的基础和表现。

索马里

一 主要海盗组织

索马里海盗主要有四大团伙,即邦特兰卫队、国家海岸志愿护卫者、梅尔卡和索马里水兵。

1. 邦特兰卫队(Puntland Group)

邦特兰位于索马里东北部,当地部落氏族首领于1998年7月发表自治宣言,并在努加尔州的加罗韦建立了自治政府,而"邦特兰"是对政府管辖区域的称呼。邦特兰卫队是索马里海域最早从事有组织海盗活动的团伙。

2. 国家海岸志愿护卫者(National Volunteer Coast Guard)

规模较小,主要劫掠沿海航行的小型船只。

3. 梅尔卡(Merkah)

以沿海港口马尔卡为基地的海盗团伙。该团伙是以火力较强的小型渔船为主要作案工具,作案方式较灵活。

4. 索马里水兵(Somali Sailors)

这是势力最大的海盗团伙,其活动范围远至海岸线200海里处。

这些海盗团伙自有一套编制,实行严格管理。其中"索马里水兵"还设立所谓"舰队大帅""少帅""财政官"等职位,对其成员实行严格管理。对外则自称"索马里海军陆战队"。

二 海盗产生的原因

1. 社会政治经济原因

索马里海盗产生于20世纪90年代,兴盛于21世纪,至今仍未得到妥善解决,有着深刻的社会政治经济原因。

索马里是世界上最不发达的国家之一,经济以畜牧业为主,工业基础薄弱。1991年民主共和国政府被推翻后,全国陷入战乱和地方武装割据状态,再加上不时发生旱灾,生活必需品短缺,物价飞涨,众多索马里人逃离家园,流落异地他乡,成为难民。为救济难民,联合国等国际组织做了多方面努力,但由于索马里国内频繁发生暴力活动,故难以向索马里运

第五章 社　会

送粮食及其他生活必需品，即使运进去了也无法进行合理分配，有时还会遭到抢劫。针对国际援助机构人员的袭击事件不时发生，迫使一些援助机构撤离索马里。难民缺衣少食，度日如年，更使暴力活动增加。在人人为生计发愁的年代，到海上去抢劫就成为人们解决生路的一种手段。据说无以为生的索马里人，有的甚至假参军，领到武器就出海当海盗。海盗似乎成为一部分索马里人获取财富的重要方式。从事海盗不仅不会受到惩罚，而且会得当地人的赞扬和羡慕。干这行的人越来越多，被劫持的船只也越来越多。据估计，海盗活动初期不过数十人，2008~2009年一直在100人左右。到2013年，已上升到1100~1200人。

外国渔船在索马里海域的偷捕，迫使索马里人以保卫自身的利益走上海盗的道路。从1991年起，一些外国渔船利用索马里没有强力政府的时机，在索马里领海偷捕。索马里的一些地方武装派别头目为了捞钱，也向外国渔业公司出售捕鱼许可证。这极大地威胁到以捕鱼为生计的索马里人。他们为了对付那些非法作业的外国渔船，开始自发地武装起来，以此保护自身的利益。后来，随着内战的延续，渔民们的生活得不到保障，自卫武装组织敌不过装备精良的外国渔船，于是不得不走上海盗的道路。而一些地方派别武装人员和军人的加入，就使海盗活动变得更为频繁和凶残。

外国船东的妥协助长了索马里的海盗活动。被劫船只的船东在权衡得失时，往往采取妥协的方式处理，这种心理也为海盗所掌握。船东认为，"付一些赎金事小，最值钱的是船员和船只"。这对海盗来说是一种纵容，海盗因此而发展，变得更强大。除了海盗人数增多外，海盗的装备也得到了更新，绳索、大刀和长矛等传统工具已不再用，快艇、重型武器（AK47突击步枪和火箭筒）以及现代化的全球定位系统、卫星通信等高科技产品在劫持活动中得到了充分应用，使攻击范围从索马里沿岸扩展到数百千米之外的公海，劫持活动变得更加肆无忌惮。索马里海盗心狠手辣，碰到国际海军舰艇就把被劫持人员放到甲板上，如果海军采取强硬手段，他们就杀害被劫持人员。为了保护被劫持人员的生命安全，国际海军往往做出让步。海盗因此更加猖獗。而为海盗提供情报、后勤服务的人则难以计数。索马里海盗成分复杂,既有本国贫苦的农牧民和走投无路的当地居民,也有好战成性的部落武装成员和军人,还有来自周边国家或地区的"外来务工"人员。

2. 地理原因

索马里地处非洲东北部,三面环海,每年经过索马里海域附近的船只约有5万艘。索马里北面的亚丁湾位于印度洋与红海之间,是从印度洋通过红海和苏伊士运河进入地中海与大西洋的海上咽喉,战略地位十分重要。据统计,每年通过亚丁湾进入红海和苏伊士运河的船只约有1.8万艘。这对海盗来说,除了军舰之外,都是"天赐"猎物。而亚丁湾狭窄的航道,则是海盗活动的理想海域,索马里海盗的抢劫活动大多数发生在这个海域。再者,索马里的陆地面积也不小,有很大的转移空间。一旦海盗在海上抢劫不顺利,或遇到攻击,可以跑到内陆躲藏。

三 敲诈勒索

索马里海盗训练有素,装备先进,战术奸诈,得手率甚高。海盗出击时,往往配备卫星电话、全球定位系统等通信器材,拥有AK47突击步枪和火箭筒等武器。在前面提到的四个主要海盗团伙中,最为奸诈狠毒、最具危害性的是以阿巴迪·埃弗亚(Abadi Efua)为头目的"索马里水兵"。

阿巴迪·埃弗亚,娃娃兵出身。1991年,年仅12岁的埃弗亚就被家乡邦特兰地区的军阀抓去当兵,并很快以勇猛毒辣而在军营里站稳了脚跟。一个熟悉埃弗亚的索马里记者说:"有一次,埃弗亚随军阀头目杀回他出生的村子,当发现父母早已因贫困而病死后,他一把火烧了整个村子。那一年他才15岁!"埃弗亚这次的"勇猛表现"令军阀头目对他刮目相看,很快就让他当上了排长,并在两年内将其提升为分队司令。21岁那年,他率亲信将一手提携他的军阀头目乱枪打死,自立为王,抢得邦特兰地区头号军阀的交椅。埃弗亚决定以军事组织结构与黑手党手腕相结合的方式,打造一支全新的海盗队伍,没花多长时间，他就靠手中的武装将附近的小海盗们统统收编旗下，队伍的规模迅速膨胀到1000人左右。接着，他设立了"舰队大帅""少帅""财政官"等职位，对海盗们实行严格管理，对外自称"索马里海军陆战队"。

占山头、拉队伍的埃弗亚很快就体会到了"当家不易"。为了养活近千人的武装，他很快把眼光投向海洋——向每年在索马里附近海域过往的大约5万艘国际船只"讨钱"。为了方便"海上作业"，埃弗亚强征当地仅有的几艘可出海的大型渔船，将其改造成"海盗母船"，后来又高价买来数十艘快艇，分派给各艘"海盗母船"。"海盗母船"每天轮流出港游弋，能对距海岸600千米水域内航行的各种船舶发动袭击。一旦发现"猎物"，伪装成渔船的"海盗母船"就马上放下快艇，向"猎物"包抄过去。面对全副武装的海盗，船员们往往只能束手就擒。

2006年4月4日，韩国"东源628"号渔船在距索马里海岸线200千米左右的海域捕鱼时，被埃弗亚手下的8个海盗劫持。经过长达4个月的艰苦谈判，在船东交了80万美元的赎金后才得以获释。仅14天后，在索马里沿海作业的台湾"庆丰华168"号渔船又遭埃弗亚手下劫持。2006年5月25日，由于与台湾船东的谈判陷入僵局，埃弗亚让手下杀害了一名船员。船东和埃弗亚谈判到同年11月5日，付了150万美元赎金后，才使其余船员得以获释。

海盗活动投入的成本是很少的，与他们劫持船只所带来的利润不成比例。他们从被劫持的船只中平均每艘可获100万~200万美元。2008年7月20日劫持"斯特拉·玛丽斯"货轮后，索要金额达300多万美元。全世界在2008年给索马里海盗的赎金共1.2亿美元。由此造成的各种损失达250亿美元。巨额的赎金使海盗活动起来越猖獗。更多的人铤而走险，加入海盗行列。

四　解决海盗问题的途径

由上述内容可知，索马里海盗以本国陆地为基地，作案时从索马里某一港口出发，作案后又回到某一港口。索马里海盗的根基在本土。要解决

索马里

索马里海盗问题，在从海上打击的同时，还必须加强陆地上的治理，以达到标本兼治之目的。

1. 海上打击

索马里海盗的猖獗不仅威胁国际贸易，妨碍各国经济发展，而且使旷日持久的索马里内战复杂化，有进一步升级的危险。海盗问题已成为实现索马里国内和平必须解决的一个重大问题。但要从海上打击海盗，2005年1月成立的索马里过渡联邦政府自感力不从心，只好求助国际社会施以援助。2008年5月，总统艾哈迈德致函联合国，希望借国际力量对付索马里海盗，强调外国军队对海盗可以运用武力。在索马里政府的请求下，联合国安理会援引《联合国宪章》第七章，先后于2008年6月2日和10月7日通过了两项决议，呼吁各国积极参加打击索马里沿海和公海上的海盗行为，必要时可申请进入索马里领海内缉凶。11月20日，联合国安理会就索马里安全局势和日益猖獗的海盗活动等问题再次举行会议，通过第1843号决议，决定对所有破坏索马里和平与稳定的个人和集体实施制裁。12月16日，联合国安理会通过第1851号决议，再次呼吁各国积极参加打击索马里沿海地带的海盗和海洋上武装抢劫行动。中国外交部副部长何亚非在安理会通过第1851号决议后发言表示，中国正积极考虑近期派军舰赴索马里海域参加护航海活动。同月17日，索马里过渡联邦议会议长谢赫阿丹·马多贝表示，欢迎中国政府向索马里附近海域派遣军舰参加护航行动。

在联合国安理会通过有关索马里海盗问题决议之前，2007年11月至2008年6月，美、英、法、德、意等国组建的"150联合特遣队"已在索马里海域附近巡逻，但其主要任务是反恐，其次才是打击海盗，为世界粮食计划署的运粮船护航。2008年8月，"150联合特遣队"根据联合国安理会相关决议，设立了索马里"海上安全巡逻区"（MSPA），为来往船只提供海上安全通道。美国的一支舰队在索马里海域巡逻，以遏制索马里海盗攻击外国货轮。同年9月23日，俄罗斯海军总司令维索茨基发表谈话，表示俄罗斯将在近期参加打击索马里海盗的行动，但不加入为此成立的集团组织的行动。10月9日，北约国防部长会议宣布，北约将派遣军舰到索马里海域打击索马里海盗。11月10日，欧盟成员国外交部长会议正式批准向索马里海域派遣军舰和飞机打击海盗，代号"阿塔兰塔"的军事行动于12月启动，19个欧盟成员国先后加入护航行列。12月26日，中国派遣前往索马里执行反海盗巡逻任务的三艘军舰从三亚港出发，于2009年1月6日到达预定的亚丁湾海域。这是我国首次使用军事力量赴海外维护国家战略利益，是我军首次组织海上作战力量赴海外履行国际人道主义义务，也是我军首次在远洋保护重要运输线安全。

除了上述国家之外，派遣军舰前往索马里海域打击海盗的国家还有印度、巴基斯坦、伊朗、马来西亚、泰国、韩国和日本等。

由于多国海军来到索马里海域巡逻护航，再加上一些来往货轮加强自身防卫措施，从2009年起，尽管索马里海盗仍不时对来往货轮发动袭击，但成功率明显降低。例如，2009年1月1日，8名索马里海盗分乘两艘摩托艇试图登上一艘航行在亚丁湾的巴拿马籍货轮行劫，法国的一艘护卫舰迅速赶到拦住这两艘摩托艇，抓获了艇上8人，缴获一批武器弹药，然后将此8人移交索马里当局处理。又如，2009年11月12日，中远集团所属的中远香港航运公司"富强"号货轮在亚丁湾遭遇索马里海盗袭击，船员们及时还击，一小时后，中国海军护航舰队的直升机赶到。慑于直升机的到来，海盗们仓皇逃遁，"富强"号货轮摆脱了险境。据国际海事局于2009年12月29日公布的数据，索马里海盗在2009年一共实施214次袭击，但成功劫持的船只仅47艘。

索马里附近海域由于有多国海军为来往商船护航，有效地遏制了海盗的猖獗活动，大幅降低了他们劫船的成功率。于是，有的海盗扩大作案范围，远离索马里海域，深入印度洋，这增大了各国海军反海盗的难度。英国皇家国际问题研究所海洋分析师米德尔顿（Midltan）也认为，各国海军在亚丁湾撒下"防护网"，但海盗开始避开这一海域，深入印度洋。"亚丁湾航运繁忙，但印度洋其他海域也有一些海上贸易通道……在亚丁湾以外的海域，海盗仍然可以向众多商船下手。"在远离海岸的水域，商船相对稀少，海盗必须等更长时间才能发现袭击目标。对此，海盗们事先都有所准备。"他们带更多饮用水和燃料，配备全球定位系统，以便得手

索马里

后回家。"一个典型的例子是，2010年4月18日，索马里海盗在距索马里海岸以东大约2200千米的印度洋水域袭击3艘泰国渔船，劫持77名船员。这是2008年多国海军执行反海盗任务以来发生在距索马里海岸最远的海盗劫持事件，超出通常护航区域1000多千米。如果海盗们在离岸1000千米以内作案，就有遇到护航军舰阻截的可能。例如，2010年5月5日俄罗斯一家公司的"莫斯科大学"号油轮航行在索马里海岸以东大约800千米的印度洋水域，遭到一伙索马里海盗的劫持。俄罗斯军舰的特种兵得知消息后迅速赶到事发水域，成功解救23名船员，逮捕10名海盗，击毙1人。俄特种兵在解除海盗的武装，没收他们的导航设备后，让他们乘船离去。

2008年8月至2010年6月，各国护航海军舰队遇上的海盗大约800人。由于没有相应的法律依据起诉他们，所以被各国护航舰队遇上的海盗中近60%被当场释放。这不仅引起索马里过渡联邦政府的质疑，而且引起国际社会关注，认为不能对被逮捕的海盗"放任自流"，而应让他们接受公正审判。其实，有关国家护航军舰之所以将逮捕到的海盗予以释放，这不仅因为这些国家缺少恰当的法律条文可将海盗活动定为刑事犯罪，缺乏相应司法审判程序，而且肯尼亚等国因为法庭和监狱负担过重，希望停止起诉被捕海盗，这致使许多海盗在被擒以后未能受到公正的审判。正是针对这种情况，2011年4月11日联合国安理会一致通过了俄罗斯等国提出的一份旨在加强打击海盗行为的决议草案，决定在索马里境内和境外设立特别法庭，负责审判索马里附近海域实施海盗行为的嫌疑人。这是朝着建立一个有效的司法机制，以确保将海盗绳之以法迈出的重要步伐。安理会在决议中强调必须采取综合手段应对海盗活动及其根源问题，并就此列举了一系列措施，包括呼吁成员国就人质被劫持问题加强合作，协助索马里加强海岸警卫能力，在本国法律中将海盗行为定为犯罪，并起诉和拘禁在索马里沿海抓获的海盗嫌疑人，以及调查起诉那些资助、策划、组织海盗活动或从中获利的人等。

多国海军舰队护航力度的加大、审判索马里海盗的特别法庭在索马里境内和境外的设立以及来往船只安全防卫能力的提高，都有力地遏制了海盗的袭击行为。2013 年 5 月 2 日,索马里海盗问题联络小组主席霍普金斯指出,打击索马里海盗行动已取得巨大成功,相关海域已接近一年没有被海盗成功劫持的案件。这在很大程度上应归功于多国海军舰队参加护航,并将抓获的海盗送交特别法庭审判。他还表示,当时已有 21 个国家关押着 1140 名索马里海盗,这是索马里相关海域海盗行为减少的一个重要因素。据统计,2011 年索马里海盗劫持船只 25 艘,2012 年 5 艘,2013 年和 2014 年海盗虽制造了一些袭击事件,但没有一艘船被他们劫持。

2013 年,美国反海盗组织"海上无盗"在其年度报告中指出,索马里海盗对地区和国际航运的威胁已极大减弱。这同国际社会护航密切相关,中国海军护航编队的作用更为世人瞩目。据中国海军有关部门提供的数据显示,2008 年 12 月 26 日至 2018 年 12 月 26 日,中国海军共派出 31 批次护航编队,安全护送 1198 批 6600 艘中外船舶,保障了被护船舶和编队自身的绝对安全。① 在护航行动中,中国海军官兵严格遵守国际法有关规定和联合国有关决议,把保护世界粮食计划署等国际组织运送人道主义物资船舶的安全作为重要任务,并积极为外国商船提供紧急救援。在中国海军安全护送的上述中外船舶中,一半以上是外国或世界粮食计划署船舶。在护航期间,中国海军官兵积极履行国际人道主义义务,派舰船远赴地中海与俄罗斯、丹麦、挪威三国舰艇共同完成了 20 批叙利亚化武海运联合护航任务,紧急调派舰船执行马航失联航班搜救、赴马尔代夫提供淡水、赴也门撤离中外人员等紧急任务。在 2011 年利比亚战争期间,当地 3 万多华人华侨和中资机构人员处于极度危险之中,中国海军第 7 批护航编队"徐州"号导弹护卫舰(舷号 530),紧急启程赶赴利比亚班加西以北海域,与载有 2142 名中国在利比亚人员的希腊客轮"维尼泽洛斯"号会合并提供警戒护航。此外,自第 3 批护航编队与俄罗斯海军组织"和平蓝盾 – 2009"联合军演以来,中国海军以护航为契机,与数十个国家开展联演。由此,中国向国际社会提供了公共安全产品,同时有力保护了中国自身利益,展现了中国负责任的大国形象。

---

① 《中国海军亚丁湾护航 10 余年 上演无数感人故事》,《人民日报》2019 年 1 月 31 日。

索马里

2. 陆上治理

索马里海盗活动自2011年以来日趋减弱，不仅与多国海军加强海上巡逻、护航，从海上进行打击密切相关，更与索马里当局加强国内治理以及其国内政治经济状况密切相关。这是因为外国海军巡逻护航只是在一定程度上遏制海盗活动，是治标不是治本。而要从根本上解决海盗问题，就应在海上采取军事行动的同时，在陆上采取措施促进索马里和平进程，建立健全国家管理机制，促进国家经济发展，消除贫困，消除社会不安定因素等。

索马里海盗问题，说到底，是一个和平与发展的问题。

首先，自1991年民主共和国政府被推翻后，索马里就陷入无政府状态，全国各地被不同政治派别武装割据，相互间混战不断。混乱的局势为海盗提供了生存空间，使他们可以从容作案而不必担心受到任何惩罚。为了实现索马里国内和平，国际社会不仅要对从事地方割据的政治派别实施武器禁运，而且要实施必要的经济制裁。与此同时，应增加对索马里联邦共和国政府的支持和援助，建立一支忠于共和国并有很强战斗力的军队，结束内战，发展经济，以便从根本上解决索马里海盗问题。

其次，从近几年"透明国际"每次公布的"全球贪腐印象指数"排行榜来看，索马里皆是垫底。尽管"透明国际"的排行存在一些问题，但是从一个侧面说明索马里国内治理依然很差，政府官员贪污腐败、不作为的问题严重。国际社会应把对索马里的援助与索马里政府加强自身建设、提高执政能力、整顿腐败、改善民生的进程相挂钩，加强对索马里财政资金使用的监管，合理分配援助物资，做到人人有饭吃、有事做，并在此基础上发展经济，减少贫困，提高居民生活水平，以便从源头上铲除滋生海盗的土壤。

再次，教育严重缺损。1960年独立前，索马里成人识字率仅为2%。20世纪70年代，西亚德·巴雷领导的民主共和国政府重视发展教育事业，开展扫盲运动，使识字率达到60%。1991年内战全面爆发以后，学校几乎全部关闭，文盲人数大增，识字率由60%下降至14%。有的年轻人就是因为学校长期关闭，不能入校求学而走上海盗之路。近些年，在联合国教科文组织及一些非政府组织的帮助下，许多地方小学重新开学，但全国成人识字率仅20%左右。治盗、治乱、治贪和治愚，最终都须教育。人们思想深处观念的改变，才是最根本的改变。在索马里这样一个部落观念重、畜牧业占主导地位的国家，要人们确立民族和国家整体观念，推行民主政治，树立法治观念，消除海盗行为，铲除内战祸根，减少贫困现象，都有赖于教育的普及。教育普及了，人们的思想认识提高了，也就不会从事海盗这种不光彩的行当了。

为了加强陆上治理，早在2006年3月东非七国就在"伊加特"峰会上通过了《内罗毕宣言》，表达了合作打击索马里海盗的决心。随后，这些国家借鉴新加坡、马来西亚、印度尼西亚在治理马六甲海峡海盗问题上的成功经验，开展情报交流和联合巡逻行动。

加强陆上治理，就是要加大对反政府武装派别尤其是"青年党"的打击力度，构建国内的和平与安全环境。"青年党"既是宗教极端组织，又是恐怖团伙，属于"基地"组织的一个分支，是当前索马里国内不安定的主要因素。2005年成立的过渡联邦政府和2012年成立的联邦政府，都将打击"青年党"作为政府的一项重要任务。2014年10月5日，索马里政府军和非盟驻索马里特派团发动攻击，一举夺回了"青年党"占领的沿海地区的最后一座重要堡垒——南部港口城市巴拉韦。这不仅切断了"青年党"重要资金来源地，而且极大地改善了索马里东南沿海地区的安全环境。

加强陆上治理，就要采取措施促进经济发展，增加人们的就业机会。为促进索马里经济发展，不论过渡联邦政府时期还是联邦政府正式成立之后，私人投资企业都得到鼓励，私人企业享受优惠政策。从2013年起，索马里经济已表现出较好的发展趋势。这一年3月，摩加迪沙港的进港货柜数量近21年来首次超过了1200个。摩加迪沙港3月的统计数据还显示，停靠在该港的货轮数量达到40艘，而以往每月平均只有15艘。如果这种势头得以保持，那么每月通过摩加迪沙港的货物交易额能达到2亿美元。经济的发展增加了人们就业的机会，正逐步消除海盗存在的基础。港口税收也充实了索马里国库。

索马里

陆上治理还包括对海盗实行正确的政策。2013年2月,索马里联邦共和国政府对海盗颁布了"特赦令"。2月27日马哈茂德总统在接受法新社记者专访时说,政府当前正通过有威望的年长者对海盗做工作,政府希望向从事海盗的年轻人提供"另一种谋生方式"。他们先前由于生计选择拿起枪,加入海盗团伙。总统特别强调,特赦"对象不包括海盗团伙头目",他们攫取非法所得的绝大部分,有些人还被国际刑警组织列入"通缉名单"。政府对海盗中的不同人采取不同政策,有利于对海盗团伙的分化和瓦解;以宽容促使海盗中的年轻人"回头",有利于尽早结束令国际社会忧心的海盗难题。

近年来,在国际社会与非洲国家对索马里海盗的持续强力打击之下,索马里海域的海盗袭击案件呈下降趋势(见表5-1)。

表5-1 2010年至2017年1~9月索马里海盗犯罪情况

单位:件

	2010年	2011年	2012年	2013年	2014年	2015年	2016年	2017年1~9月
索马里海盗犯罪案件总数	219	237	75	15	11	0	1	7
世界海盗犯罪案件总数	445	439	297	264	245	246	191	121

资料来源:"IMB Piracy and Armed Robbery Against Ships: Annual Report (2010-2016)," https://icc-ccs.org/index.php/1237-4-takeaways-from-the-imb-s-latest-global-piracy-report,最后访问日期:2017年12月28日。

第六章

文　化

第一节　教育

一　殖民时期的教育

独立以前，索马里处在英、意殖民统治下，教育事业极为落后。为了便于对当地人的剥削和统治，在教育上，意大利殖民者寻求的是将索马里儿童培训成仅具备初级技术的工人；而英国殖民者在英属索马里建立了一些基础教育系统，则是为了培训一些索马里人担任中下级行政机关职员，充当警察和医护人员等。

第一次世界大战前，意属索马里仅有15所学校，其中10所为政府办的学校，5所为教会办的孤儿学校，仅有万分之一的适龄儿童有入学机会。意大利殖民当局还规定索马里人只能上小学，意大利人可以上中学。相比之下，英属索马里的教育情况稍好些。到1947年时，英属索马里有17所为索马里人和阿拉伯人开办的政府小学，2所私立中学，1所招收了50名索马里人和阿拉伯人学生的教师培训学校。

第二次世界大战后联合国托管统治期间，联合国托管委员会不顾意大利的反对，通过了包括扩大教育覆盖面、增加教育经费在内的托管协议。协议呼吁建立公共教育系统，分为初级教育、中级教育和职业教育，要求至少初级教育应免费。为了发展索马里教育事业，协议还规定要建立教师培训机构，派遣学生到国外大学学习等。

索马里

但由于各种条件的限制，特别是许多索马里人仍过着逐水草而居的游牧生活，孩子们上学仍然困难重重。据统计，1960年8月全国在校儿童仅占全国适龄儿童的14%。即使全国教育事业最为发达的摩加迪沙市，在校儿童也仅为适龄儿童的25%。

索马里的教师也非常缺乏。据统计，1959年全国共有教师1300人左右。在南区的小学教师中，外籍教员占教师总数的20%；在中学和专业学校，外籍教师的比重更大。1954年以前，索马里全国没有一所高等学校。1954年创建了一所法律、经济和社会学院。这是索马里独立前唯一的高等学校，主要培养行政和经济官员。学校成员除了校长是索马里人之外，其余皆是外国人。

二 独立以来的教育

1960年索马里获得独立后，历届政府均重视发展教育事业，提出了"索马里人告别愚昧、贫困、疾病"的口号，开始兴建新的学校。到1965年，索马里全国共有233所小学，在校学生18700人；35所中学，在校学生4400余人；2所师范学校；1所高等学校即摩加迪沙大学。摩加迪沙大学的前身是1954年创建的法律、经济和社会学院。另外还有成年业余学校200多所，学习科目主要是文化、外国语和职业技能等。

独立初期，由于索马里没有自己的文字，教育制度仍沿袭过去殖民统治时期的传统。索马里学生在校学习期间，除必修阿拉伯文外，南区学生还须学意大利文，北区学生则须学英文。小学一年级用阿拉伯语教学，从二年级开始学习英语或意大利语。在不完全中学和完全中学，教学用的语言，或是英语，或是意大利语。这些学生在中学毕业后要进高等学校深造，多数只能去意大利、英国或阿拉伯国家。

1969年西亚德上台以后，政府对过去殖民统治时期遗留下来的教育制度进行改革，制定了扩大教育系统的计划。目标是使索马里儿童都能上学，扩大为国家建设服务的技术教育和高等教育规模，并宣布要在索马里扫除文盲。

第六章 文　化

1971年4月，政府决定取消学生的学费，要求当时全国23所寄宿学校"优先招收游牧民和边远地区居民的子女"入学，并决定对部分经济困难家庭的子女给予公费食宿待遇。1971年9月，政府又宣布从小学到大学的教育都要在尽可能短的时间内实现索马里化。1971年颁布的《国民服务法》规定，所有高中毕业生必须参加半年或一年的军训和革命指导课，然后再当半年或一年的教师，才能安排工作。1972年10月，政府将所有外国人办的学校和私人学校收归国有，并要求各学校不断增加索马里本国教师人数，以逐步取代外籍教师。

1972年，政府公布了索马里文字，并规定将它作为官方文字。1973年1月，政府开始在全国推广索马里文字。索马里文字的推广有力地促进了索马里民族教育的发展。各学校开始教授自己本国的语言文字，并编写了适合本国情况的中小学索马里文教科书。1973年，索马里小学开始使用索马里文字的教材。1975年，中学和高等教育也开始使用索马里文教材。

据估计，1972年，索马里人的识字率仅为约5%。在使用新的索马里文后，政府发起了"文化革命"，以使全体人口在两年内脱盲。1973年，政府在全国开展扫盲运动。为了开展扫盲运动，政府调集了8000名政府官员和军官。不久，扫盲成员又扩大到2万人。新增加的成员主要是中学的学生。到1974年3月，已有约40万人参加了识字学习。

西亚德政府还通过"自助计划"，采取国家投资和群众捐献相结合的办法，兴建了大批校舍，使索马里的教育事业有了较大的发展。1971~1972学年，全国共新建学校348所，其中小学215所、初中101所、高中23所、中等技术学校6所、高等学校3所。

到20世纪70年代中期，索马里政府加大对教育的投入，将政府经常性预算的约11%投向教育，并继续开展全国性的扫盲运动，使索马里的识字率从独立前的2%提高到60%，全国学生人数从1969~1970学年的42156人，上升到1973~1974学年的23万多人。

全国的教育体制也逐步趋于统一，实行学前、小学、中学和大学四级教育体制。其中小学实行四年制教育，主要开设索马里语、阿拉伯语的

索马里

读、写及算术等课程，并教授一些与农业和畜牧业有关的知识。到1990年，索马里的小学发展到1200多所。中学分为初中和高中。初中也实行四年制教育，分为普通中学与技术中学。普通中学主要开设索马里语、阿拉伯语、英语、数学、历史、地理、化学、物理、生物、宗教、体育等课程。技术中学的课程一般是根据国民经济发展的需要而定，但普通基础课仍占相当大的比重。高中亦为四年，分为普通高中和技术高中。普通高中的课程与初中基本相同，学生毕业后可以升大学，也可以直接参加工作。但技术高中主要是培养国家急需的技术员、技术工人、建筑人员及政府职员，毕业后直接走向社会。全国普通初中与高中已增加到180多所，技术职业学校30多所。

1970年，政府将摩加迪沙大学改名为索马里国立大学（Somali National University），最初设有农业、经济、教育、工程、地理、法律、医学、科学和兽医学9个学院。后来又增加了语言、新闻和伊斯兰3个学院。学制一般为4～6年。其中教育学院主要是为了培养中学教师。到70年代末，索马里国立大学每年招收约700名学生。除国立大学外，政府还建立了一些培养专业人才的技术学院，主要有护士学院、电信学院、兽医学院和工艺学院等。为了加强对成人教育的指导，政府还建立了全国成人教育中心（National Adult Education Center），对农村地区的成人进行扫盲教育。

到80年代后期，为对付日益扩大的反政府武装力量，政府军费开支增加，对教育的投入逐渐减少。到1990年，教育经费仅占政府经常性预算的1.5%，而且主要依靠外援。结果导致大批教师流失、学校关闭、升学率下降。据联合国有关机构统计，到90年代初，索马里的识字率仅为24%。

1991年1月西亚德政府垮台，国家处于四分五裂的状态，索马里的学校几乎全部关闭。大量受过教育的合格教师外流，文盲率剧增。到2004年，全国成人识字率仅为19%。

近些年来，在联合国教科文组织及其他一些非政府组织，特别是伊斯兰教组织和清真寺的帮助下，索马里的许多地区开始重建小学。小学在校

第六章 文　化

学生人数已从 1990 年的 15 万人上升到 2000 年的约 20 万人。2002 年，索马里各类小学共 1105 所，在校生约 26 万人，占应入学儿童人数的 20% 左右，是世界儿童入学率最低的国家之一。

在中等教育方面，自 1997 年第一所中学恢复后，索马里先后已有 20 所中学开学。中学在校生为 5350 名，但其中只有 10% 为女学生。除中学外，也有一批职业教育机构先后得到恢复和新建。据联合国教科文组织 2000 年统计，仅西北部的索马里兰就有 83 家此类职业教育机构，其中半数为语言学校，大多教授阿拉伯语和英语。这些机构得到一些伊斯兰教组织和外国机构的资助，也有一些学校教授计算机技术。到 2000 年，各援助国向索马里教育事业提供的援助金额约为 1090 万美元。

在高等教育方面，自 1991 年教育系统瘫痪以后，第一家开学的高等学府是 1998 年 11 月建成的阿茂德大学（Amoud University）。随后，又有 4 所高等教育机构相继成立。阿茂德大学设在索马里兰阿瓦多（Awado）地区。该校起初只招专科生，近些年已开始招收本科学生。创办该大学的主意是侨居在海湾国家的索马里人提出的，他们与索马里社区、行政机构、商业界和侨居在外国的索马里侨民有紧密的联系，并通过这些单位和机构募集资金和实物。大学目前设有教育、工商管理、医疗和农业学院。大学为社区所有，招收符合条件的本国和邻国的学生，并由从海外回国的合格的索马里人担任教师。目的是为居住在索马里的学生提供接受高等教育的机会，为恢复和发展索马里的教育、工商、医疗卫生和农业等贡献力量。

2003 年 6 月 15 日，索马里又在摩加迪沙正式建立了内战爆发以来的第一所医学院"贝纳迪尔大学医学院"（Benadir University Medical College，BUMC）。当时的索马里过渡全国政府总统阿布迪卡西姆出席了成立仪式。该学院 2003 年有 22 名在校生，其中一半是女性。学校是由索马里医生捐助建立的，学制 5 年，学生每年的学费为 1500 美元。学院已与沙特阿拉伯、英国、美国、意大利和瑞典的一些大学建立联系，并获得了它们的帮助。这些学校同意向学院的学生提供远程培训和教学设备。学校教师由来自索马里和海外索马里籍医生组成，教学语言为英语。2014年，成人识字率已由2004年的19%上升为23%。

第二节　科学技术

　　索马里的科学技术很不发达。就科研机构设置来看，除了医疗、农业和畜牧业三部门有一些研究机构之外，其他部门均为空白。而医疗研究机构基本上是靠引进外来技术为索马里所用，或在索马里仿制有关药品。一些最起码的普通药品，索马里本国很少能生产，基本上是依靠进口。

　　索马里虽然历史上一直是一个以畜牧业为主的国家，但现代兽医技术和设备都非常落后。1966年，各州、区的兽医站仅有一些简单的防疫器材、少量药品及一辆吉普车。全国仅有兽医师18名、兽医助理62名和防疫员200余人。在为数不多的兽医师中，不少人还是外国人，其中包括5名印度人、4名意大利人和1名联合国派遣专家。为了培养兽医人才，1966年10月，政府投资200万先令在摩加迪沙建起了一所较大的兽医训练中心，并于1967年开课，学制2年。同时，该中心还开设短期培训班，并附设兽医院供学习和实习用。1970年政府在索马里国立大学设立了兽医学院。1972年，政府在2个州、11个区、17个村设立了兽医中心。

　　在生产兽药方面，马尔卡生物药品所起了积极作用。该所为意大利人所建，1960年索马里独立后为民族政府接管，索马里的大部分兽药是该所监制生产的。此外，在联合国的帮助下，索马里政府还成立了畜牧发展局和畜牧基金会，负责调整和完成全国畜牧发展计划，管理兽医训练中心、种畜站和生产牛痘疫苗等，对牲畜的防病、治病和繁殖都起了积极的作用。

　　总之，索马里独立后，由于政府的重视，兽医学得到一定的发展。索马里独立后畜牧业能不断发展，并成为国民经济的支柱产业，是与兽医学的发展分不开的。

第三节 文学艺术

一 文学

索马里人由于长期没有本民族文字,所以口头文学较发达,许多民间艺人具有口头讲述历史传说和民间故事的高超技能。为了收集和整理在民间流传的口头文学,1973年建立的国家图书馆设立了专门机构,由专人负责。但由于国内外诸多因素,至今仍未见到索马里民族文学书籍出版。

二 戏剧电影

索马里的戏剧电影事业十分落后。独立前根本没有现代意义上的戏剧和电影。独立后,政府成立了一些专业艺术团体。1971年3月,索马里政府将摩加迪沙电台艺术团和国民军艺术团合并为国家艺术团。该团曾拥有专业艺术人员百余人,先后编演过一些歌曲、舞蹈和戏剧,主题是歌颂民族独立,歌颂革命,反对部落主义,强调民族团结、发展民族经济和文化。

索马里没有电影制片厂。1969年索马里民主共和国政府成立前,索马里全国共有30多个电影院,全部系私人经营,均放映外国影片,每年从意大利、印度等进口影片百余部。1971年,索马里民主共和国政府颁布法令,对违反道德和损害民族利益的电影、戏剧、出版物进行监督。1972年1月,政府又决定以后私人不得进口和发行影片,一律由国家新闻部统一进口和发行。索马里新闻部仅拍摄一些新闻片。

到20世纪90年代初,经过清理和合并,索马里全国共有23家电影院。大部分是由意大利人经营的,主要放映西方国家的影片。

三 音乐舞蹈

索马里有本民族独特的舞蹈和音乐。舞蹈动作比较简单,男女都会跳。在男子集体舞蹈中,有一个传统的"棍子舞",反映的是古代各部落间的械斗情景。由于长期遭受殖民主义文化的腐蚀和熏染，索马里的音乐、舞蹈也受到西方的一些影响。

第四节　体育

由于社会、政治和经济诸方面的原因，索马里体育事业不景气，没有发展成为全民体育。独立后，索马里政府在外国的帮助下，兴建了一些体育设施，如国家体育馆、游泳池和足球场等，还建立了国家足球队、乒乓球队、篮球队、田径队、游泳队和跳水队等。不过，这些运动队只致力于参加国际比赛，或赴友好国家访问。在20世纪70年代，索马里有多个体育运动队访问中国，参加有关比赛或与相关运动队进行经验交流。这些体育代表团主要有：1973年6月14日至7月6日来华的索马里国家足球队；1973年8月25日来华参加亚非拉乒乓球邀请赛的索马里乒乓球队；1974年7月14日至8月2日来华访问的索马里篮球队；1975年5~6月来华训练、学习并对我国进行友好访问的索马里国家田径队；1975年8月来华参加北京国际游泳、跳水比赛的索马里游泳队，赛后该队还在北京进行为期两周的训练；1978年5月28日至6月13日来华访问的索马里篮球队；等等。1991年1月民主共和国政府被推翻，全国陷入地方割据状态后，体育设施全遭破坏，各类体育运动队也荡然无存。2008年8月第29届奥运会在北京举行，索马里派了2名运动员，分别参加男子5000米和女子200米的比赛。

第五节　新闻出版

一　报纸与通讯社

从1960年独立到1973年，索马里由于没有本民族文字，新闻出版物使用的是阿拉伯文或意大利文、英文。这期间的报纸主要有如下几种。

《索马里信使报》，意大利文。为政府机关报，在摩加迪沙出版。每周出版 6 期，4 开 4 版。国际新闻主要来源是意大利安莎通讯社，同时部分采用西方其他通讯社的消息。发行量约 4000 份。这家报纸雇有意大利专家，总编辑也是意大利人，实际上仍由意大利操纵。

《索马里之声》，系日报，阿拉伯文。1964 年创办，由索马里新闻部主办。

《索马里新闻》，系周刊，英文。也是官方报纸，每周星期五出版，发行量 3000 份左右。这家报纸的编辑、记者全是索马里人。

《联盟报》，用意大利文和阿拉伯文同时出版。索马里青年联盟的机关报，每周出版一次，社址在摩加迪沙。

《旗帜报》，阿拉伯文，不定期出版，社址在北区的哈尔格萨。

《战斗报》，阿拉伯文，是民主联盟的机关报，每周出版一期。

1960～1969 年，起初索马里只有一家由私人经营的通讯社。1964 年 7 月成立了官方通讯社，名为索马里国家通讯社。

1969 年民主共和国政府成立后，政府对现有报纸和通讯社进行取缔。索马里国家通讯社成为唯一的通讯社，新创办的《十月之星报》成为唯一的日报。此外，还有一种名叫《先锋报》的周刊和一种名叫《新时代》的月刊。周刊用意大利文、阿拉伯文出版，月刊用英、意、阿三种文字出版。

《十月之星报》起初用阿拉伯文和英文两种文字出版。在 1972 年索马里政府决定用拉丁文字母拼写的索马里文为官方文字后，《十月之星报》又增加了索马里文版。该报日发行量为 1 万份左右。

作为索马里唯一的官方通讯社"索马里国家通讯社"，每天除了在国内发布新闻之外，还要向外国新闻机构发送新闻稿一份。该通讯社在国外没有分支机构，但同路透社、法新社、塔斯社、苏联新闻社、南通社、东德通讯社、德新社、也门通讯社等签订有新闻通讯合作协定。

1991 年 1 月民主共和国垮台后，索马里的原有媒体基本上被破坏。随着部分地区局势的逐渐缓解，一些地方自治政府和军阀、新闻界人士和商人开始创办新的报刊和广播电台与电视台。

目前，索马里的新闻媒体以地方性报纸为主。例如，在摩加迪沙出版的日报有《民族报》《知情者》《当代报》三种,均用索马里文出版。其中,《民族报》是目前索马里发行量最大的报纸,但其总部设在伦敦。在哈尔格萨出版的日报有《共和国人》和《小骆驼》,用索马里文和英文出版。在加罗韦出版的日报有《探索》《快乐》《东部之光》,皆用索马里文出版。

二 广播

由于文盲率较高,广播成为索马里最流行的新闻媒体。20世纪40年代,广播首先被引入哈尔格萨。此后,短波收音机成为索马里全国最基本和珍贵的家用电器之一,成为人们了解外部世界的主要手段。独立之初,索马里共有2家广播电台,一个设在摩加迪沙,一个设在哈尔格萨,规模都很小。

1969年民主共和国政府成立后,索马里新闻部的广播局负责广播和电视节目的播放。设在摩加迪沙和哈尔格萨的两个广播电台播送新闻和娱乐节目。摩加迪沙广播电台为国家电台,使用的语种有索马里语、英语、阿拉伯语、意大利语、法语、斯瓦希里语、阿姆哈拉语、阿法尔语、盖拉语等,每天广播十多个小时。哈尔格萨电台属于北区地方政府电台,主要用索马里语广播。西亚德政府时期,广播受到政府的严格控制。据1988年统计,当时的索马里有37.5万台收音机。

1991年1月民主共和国政府被推翻后,各种各样的广播电台先后出现。主要广播电台有:博萨索调频台(Bosasso FM);设在摩加迪沙的非洲之角广播电台(Horn Afrik Radio),该台为独立的调频台,兼转播英国广播公司的索马里语节目;拜多阿广播电台(Radio Baidoa),为"索马里西南国"政府的电台;贝纳迪尔广播电台(Radio Banadir),为亲过渡全国政府的电台;自由索马里广播电台(Radio Free Somalia);索马里电视网广播电台(Somali Television Network Radio);圣可兰经之声广播电台(The Voice of the Holy Kran),为宣传伊斯兰教的电台;总部设在摩加迪沙的人民之声广播电台(The Voice of the People);索马里共和国之声广播电台(The Voice of the Republic of Somalia),为亲艾迪德派电台;设在哈尔格萨的索马里兰共和国之声（Voice of the Republic of Somaliland），为索马里兰政府电台；摩加迪沙广播电台（Radio Mogadishu），是2000年8月成立的过渡全国政府的官方电台。2005年1月过渡联邦政府成立后，接管了该电台。2012年11月联邦共和国政府成立后，该电台成为联邦共和国政府的电台。此外，英国广播公司（BBC）设在摩加迪沙和哈尔格萨的索马里服务台，主要向索马里转播BBC的节目。BBC设在埃塞俄比亚的和平之声（Voice of Peace）台，也向索马里播送广播节目。

三 电视

索马里最早的电视台是1983年在摩加迪沙建立的"索马里电视台"（Somali Television）。该台用索马里语和阿拉伯语播放彩色电视节目，但该台的传输覆盖面很小。到1987年，全国估计共有20万台电视机，约60万名观众。

1991年1月索马里民主共和国政府被推翻后，随着相对便宜的电视台设备的进口，一些地方割据政权和商人建立了一些电视台。1996年，索马里兰地方政府电视台（Somaliland Television）在哈尔格萨建立。1999年在摩加迪沙建立的非洲之角电视台（Horn Afrik），系索马里内战以来由索马里人创办的第一家私人电视台，播放两套索马里语节目，还转播美国有线电视新闻网（CNN）节目以及体育节目。由索马里海内外商人共同兴办的索马里电视网（STN）设在摩加迪沙，2000年3月开播，共有22个频道。2003年5月，该电视网的广播节目开始用卫星播放，并很快设立一个卫星电视频道。该电视网的节目除了用索马里语广播之外，还相继推出英语、阿拉伯语、阿姆哈拉语和斯瓦希里语节目。在北部地区的布劳市，则有布劳电视台（TV Burco）等。

至于一些餐馆和饭店的主人及富裕家庭的人，他们除了收看本国有关电视台节目之外，还通过购买电视天线的方式收看CNN新闻，收看印度、阿拉伯国家和西方的电视、电影节目。不少餐馆和饭店还把它作为吸引顾客的手段或让一些人通过付费的方式前来观看。

此外，互联网也被一些商人、索马里海外侨胞等引入索马里，在一些城市里出现了计算机培训班和网吧等。但总体来看，索马里的电子产品用户数量十分有限。

四　互联网

互联网进入索马里是近十数年的事情，它是由索马里的一些商人和海外侨胞等引入的，在一些城市出现了计算机培训班和网络班等。不过，由于战乱和教育水平低等诸多因素，索马里的电子产品用户十分有限，并且只能通过卫星连接互联网。索马里最大的电信运营商豪穆德公司（Hotmud）与毛里求斯液体电信公司（Liquid Telecom）于2013年11月12日签署合作协议，将铺设一条连接肯尼亚与索马里的光纤电缆。建成后，索马里用户将通过液体电信公司光缆网络连接全球。这对索马里社会经济的发展具有重要的意义。

第七章
外　交

独立后索马里的外交可分为三大时期，即索马里共和国时期、索马里民主共和国时期和内战地方割据时期。其中，索马里民主共和国时期又分为前后两个阶段。

在索马里共和国时期，由于其政府领导人多接受意大利和英国的教育，基本上奉行亲西方的外交政策。但为了表示其独立性和不结盟政策，也重视发展与苏联和中国的关系。此外，作为伊斯兰国家，索马里与阿拉伯国家一直保持着传统友好关系。索马里虽然支持非洲国家的独立和民族解放斗争，主张非洲走向政治统一，积极参加非洲统一组织的活动，但与邻国的关系则因领土争端而长时间处于紧张状态。虽然接受苏联培训其军队，但是为了平衡苏联的影响，也寻求美国等西方国家为其培训警察部队。

1969年索马里民主共和国成立后，奉行不结盟政策，反对殖民主义，反对种族歧视，支持民主解放运动。不过，其前期采取亲苏联的外交政策。后期因与苏联产生矛盾，开始向以美国为首的西方靠拢，但在人权、民主等问题和走什么样的经济发展道路方面又与美国存在矛盾。在与邻国的关系上，索马里民主共和国政府宣布"将采取负责任的态度以实现统一的目标"。1977～1978年为欧加登领土问题，与埃塞俄比亚发生大规模战争。

1991年民主共和国政府被推翻，全国出现军阀混战和地方割据以后，各派成立的所谓中央和地方政府一般都采取亲西方某一个国家或国家集团的政策，以获得经济援助和支持，并试图争取国际社会的承认。2005年1

索马里

月成立的过渡联邦政府和2012年11月成立的联邦共和国政府，采取了较全面的外交政策，逐步得到国际社会的承认。

第一节 外交政策

独立后的索马里历届政府均奉行各国平等、尊重各国领土主权完整、互不干涉内政的外交政策。

独立之初的索马里共和国政府主张加强同非洲和伊斯兰国家的关系，支持实现非洲统一和非洲所有地区的完全解放。索马里是非洲统一组织的创始会员国之一。1974年6月，在摩加迪沙成功召开了非洲统一组织第11届首脑会议。1986年1月，索马里加入了由东部非洲国家吉布提、埃塞俄比亚、肯尼亚、苏丹和乌干达组成的"政府间抗旱与发展组织"（Inter government Authority on Drought and Development，IGADD），后改名为"政府间发展组织"（Inter government Authority on Development，IGAD），简称"伊加特"。

一 共和国时期的外交政策

在索马里独立初期，索马里的政治家普遍认为，统一索马里人居住的地区是他们面临的一大政治任务，如果不把西方殖民时期分割出去的索马里人居住区的领土收回，他们的政府就无法获得索马里人的广泛支持。索马里共和国设计的国旗上的五颗星除了包括南区和北区之外，还包括法属索马里（今吉布提）、埃塞俄比亚的欧加登和肯尼亚的东北省。1961年通过的宪法虽然谴责用战争手段解决国际纠纷，但同时规定凡是索马里人，无论其居住在哪里，都是索马里共和国的公民，要求索马里人占多数地区的国家或殖民地给予索马里人自决权。共和国政府将建立大索马里作为自身的目标之一。

在1961年伦敦会议讨论肯尼亚的未来时，来自肯尼亚东北地区的索马里人代表要求英国让该地区在肯尼亚独立前与肯尼亚分离，遭到英国的拒绝。为此，居住在肯尼亚境内的索马里人在索马里共和国的支持下开展分离运动。这也是1963年索马里与英国断交的原因之一。同年12月肯尼亚获得独立后实行的是中央集权而非联邦制,肯尼亚东北部地区的索马里人与肯尼亚中央政府的敌对情绪急剧上升,开始进行长达4年的反政府游击战争。

索马里还拒绝承认1897年英国与埃塞俄比亚签订的埃塞俄比亚与索马里的边界条约,也不承认其他有关埃塞俄比亚与索马里边界的附加条约。根据条约,英国人将索马里人居住的20万平方千米的欧加登地区交给埃塞俄比亚。作为交换条件,埃塞俄比亚向英国保证,不支持当时蓬勃高涨的苏丹人民反英武装革命斗争。索马里独立后6个月,即1961年1月,埃塞俄比亚境内欧加登地区的索马里人因要求脱离埃塞俄比亚而遭当地军警镇压,引起了索马里与埃塞俄比亚之间关系的紧张。1964年2月,索马里军队与埃塞俄比亚军队在两国边界发生冲突,埃塞俄比亚空军轰炸了索马里境内的目标。在代表非洲统一组织的苏丹政府的调解下,双方于同年3月实现停火,并在边界建立了15千米的非军事区。

1967年7月,舍马克当选总统后,面对难以改变的边界状况,对邻国采取了积极改善关系的政策。1967年秋,索马里先后同埃塞俄比亚和肯尼亚签订了相关协定,表示相互尊重对方主权和领土完整,停止一切敌对行动等。

二 民主共和国时期的外交政策

1969年民主共和国政府成立后,对外奉行中立和不结盟的政策,反对帝国主义和新老殖民主义,支持民族解放运动。最高革命委员会《第一号革命声明》中指出,民主共和国政府的对外政策是支持国际团结和民族解放运动,反对一切形式的殖民主义和新殖民主义,努力维护索马里的民族统一,坚持各国人民和平共处原则,继续奉行积极中立和不结盟政策。

1970~1978年,民主共和国政府为了在索马里实行建设"社会主义"的方针,对外奉行亲苏联的政策,与苏联、东欧国家和中国关系密切。在1977~1978年的欧加登战争中失败后,索马里民主共和国因苏联在战争中支持埃塞俄比亚，双方关系急剧恶化。索马里开始向以美国为首的西方国家靠拢，寻求依靠西方国家的经济和军事援助，允许美国等西方列强将索马里的海港和机场作为军事基地。

在与邻国的边界问题上，民主共和国政府起初坚持邻国的索马里人居住的地区应与索马里持统一的立场。但1977~1978年在与埃塞俄比亚争夺欧加登战争中的失败，以及难民、旱灾等引起的经济困难，使索马里政府不得不放弃原来的立场，并从20世纪80年代开始寻求改善与邻国的关系。到20世纪80年代中期，索马里与吉布提、肯尼亚和埃塞俄比亚的关系先后得到改善。

到1991年1月民主共和国政府被推翻之前，有50多个国家在索马里设有使馆，其中重要的有阿尔及利亚、保加利亚、中国、古巴、吉布提、埃及、埃塞俄比亚、法国、德国、印度、伊朗、伊拉克、意大利、肯尼亚、朝鲜、科威特、利比亚、尼日利亚、阿曼、巴基斯坦、卡塔尔、罗马尼亚、沙特阿拉伯、苏丹、叙利亚、土耳其、阿拉伯联合酋长国、英国、美国、也门、苏联、南斯拉夫和津巴布韦等。

三 联邦共和国时期的外交政策

索马里经历多年内战，国内经济发展百废待兴。加之国内安全形势仍然严峻，"青年党"和海盗给国内安全带来了不安定因素。索马里的经济发展与安全治理均需得到国际社会的援助。对此，联邦政府奉行各国平等、尊重各国主权和领土完整、互不干涉内政、加强睦邻友好的外交政策，努力推进与英、美等发达国家以及周边邻国、阿拉伯国家等的友好往来。2013年4月，英国外交大臣黑格访索并与索总统马哈茂德共同主持英驻索使馆复馆仪式，英国由此成为1991年索内乱以来首个恢复驻索使馆的欧洲国家。2018年12月，美国在索马里首都摩加迪沙重开使馆。

此外，索马里还努力深化与新外交伙伴的关系。土耳其是中东的非阿拉伯国家，但鉴于索马里在非洲重要的战略位置，近年加强与索马里的外交关系。2010年5月、2012年5月，土耳其两次主办索马里问题伊斯坦布尔国际会议。2012年3月，土耳其航空公司开通伊斯坦布尔至摩加迪沙的航线。2016年6月，土耳其驻索马里使馆开馆。2017年，土耳其为索马里建设的军事训练基地落成，用于训练索马里及其他非洲国家的军队。对此，索马里政府也加强了与土耳其的双边往来和合作。穆罕默德总统于2017年4月、2018年8月和10月三次访问土耳其。目前，土耳其是与索马里开展经贸合作项目最多、对索马里影响最广的国家，涉及公路、公路、机场、港口、供水、航空、医疗、安全、人道主义救助等多个领域。此外，土耳其政府每年还向索马里提供大量留学生名额，并为索马里培训政府官员、军警、医护人员。

四 索马里政府签署的人权条约

1960~1991年，索马里历届政府签署的人权条约主要有：《消除一切形式种族歧视国际公约》（International Convention on the Elimination of All Forms of Racial Discrimination）、《公民权利和政治权利国际公约》（International Convention on Civil and Political Rights and its First Optional Protocol）、《经济、社会和文化权利国际公约》（International Convention on Economic, Social and Cultural Rights）、《禁止酷刑和其他残忍、不人道或有辱人格的待遇或处罚公约》（Convention Against Torture and Other Cruel or Degrading Treatment or Punishment）、《根除强制和强迫劳动公约》（Convention on the Eliminiation of Forced and Compulsory Labour）、《消除就业和职业歧视公约》（The Eliminiation of Discrimination in Respect of Employment and Occupation）和《日内瓦公约》（Geneva Conventions）等。

第二节 同美国的关系

第二次世界大战后，美国开始对索马里积极进行经济渗透。1952年，美国取得在索马里勘探和开采石油矿藏的权利，在摩加迪沙设立了索马里-辛克莱公司。1954年，美国在摩加迪沙建立了美国国际合作总署分部，并同意大利签订了《索马里经济合作和技术援助协定》，给意属索马里提供了价值65万美元的物资援助，向索马里派遣了2000名专家，取得

索马里

了在索马里执行"第四点计划"、开采石油、建立教会学校等特权。美国商人在"索马里开发基金会"中同意大利人享有同等权利。

1960年，美国给索马里的援助拨款为65万美元，用于发展农业、渔业以及修建公路和港口。同年，美国给予索马里2000吨的粮食援助。1961年，美国在答应给予索马里2500吨的粮食援助的同时，又宣布将于1962年向索马里提供560万美元的援助用来修建基斯马尤港。1962年2月，美国飞马石油公司同索马里政府签订一项协定，获得在索马里的希兰地区、穆杜格部分地区和南部共56000平方千米的地区勘探和开采石油的权利。根据索马里官方公布的数字，从索马里独立到1963年底，美国对索马里的经济援助为2620万美元。从1962年起，美国开始向索马里派遣"和平队"，并在索马里设立了新闻中心，出版新闻公报。美国还向索马里留学生提供奖学金名额。

1961年，美国提出援建基斯马尤港项目，因双方在港口的使用上意见不一，直到1968年才完成。1964年2月，索马里对美国向埃塞俄比亚提供军事援助表示不满，认为埃塞俄比亚会用美国提供的武器对付索马里，要求美国改变这种政策。1969年索马里民主共和国政府成立后，索马里采取同苏联接近的政策，美国与索马里两国关系一度紧张。1969年12月，索马里宣布驱逐美国"和平队"。

1978年，索马里在同埃塞俄比亚的战争中失败后，与苏联的关系全面恶化。美国很快宣布愿向索马里提供武器。特别是在伊朗的巴列维王朝于1979年被推翻后，美国失去了在中东的一个重要军事据点，更加需要在附近地区得到一个军事基地作为其在中东军事存在的补充。1980年，华盛顿和摩加迪沙签署协议，美国通过允诺在今后2年里向索马里提供价值4000万美元的武器，换取了使用索马里的柏培拉、摩加迪沙和基斯马尤的港口和机场的权利。美国还对过去由苏联援建的柏培拉港的设施进行整修和扩建，作为美国快速反应部队进行军事演习和活动的基地。一年后，美国向该港派去了常驻军事顾问。此后索马里军队与美国军队一起利用该港进行军事演习。在1990年的海湾战争中，该港还被美国用作向沙特阿拉伯运送美军的基地。

第七章 外　交

20世纪80年代前半期，美国对索马里的军事援助逐年增加。据统计，美国对索马里的军事援助1980年为33万美元，1981年和1982年合计为4000万美元，1983年为2120万美元，1984年为2430万美元，1985年为8000万美元。为了加强两国的关系，1982年2月，总统西亚德·巴雷亲自率领索马里政府代表团访问美国。

但是，进入80年代后半期，由于美苏关系出现了缓和，索马里在美国战略中的地位开始下降。美国借口西亚德政府腐败无能、违犯人权和有领土扩张野心等，逐步减少对索马里的援助。1986年，在大赦国际（Amnesty International）和非洲观察（African Watch）等国际组织指责索马里存在大规模违犯人权的现象后，美国国会于1987年通过了大规模削减对索马里援助的法案。1989年，布什政府停止对索马里的军事援助，但仍提供粮食援助，并继续培训索马里的军事人员。1990年2月，美国看到西亚德政权日益不稳，遂决定停止对索马里的所有援助。

到索马里内战最激烈的1991年1月，美国关闭了其设在摩加迪沙的大使馆，并撤出了所有美国在索马里的人员。1991年8月，迈赫迪临时政府成立后，美国承认了该政府。

在如何解决索马里久拖不决的内战问题上，美国的政策是随国际形势，特别是随美国国内形势的发展变化而有所不同。美国先是主张联合国使用武力干预索马里事务，并积极参与联合国的索马里维和行动，于1992年底率多国部队出兵索马里，积极介入索马里的内部冲突。1992～1995年两次维和行动资金25亿美元中的大约2/3是由美国提供的。但在遭遇艾迪德派坚决抵抗并损兵折将后，美国迫于国内外压力而调整对索马里的政策，强调用政治手段解决索马里问题。维和行动失败后，美国较少介入索马里事务。着重鼓励并支持索马里兰和邦特兰的重建努力，向两个地方政府提供了人道主义援助和发展资金。但在是否承认索马里兰独立这件事上，美国又持谨慎态度。

2001年"9·11"事件以及美国开始在阿富汗打击"塔利班"和"基地"组织后，为防止"基地"组织残余分子进入索马里藏匿，美国一方面冻结与"基地"组织有联系的索马里"伊斯兰团结党"和巴拉卡特

索马里

银行在美国的资产，对索马里进行军事和经济封锁；另一方面加大对索马里问题的参与力度，派军事小组和美国驻肯使馆主管索马里事务的官员访问拜多阿和摩加迪沙，会见索马里地方政府领导人和过渡全国政府的官员，了解索马里境内恐怖主义组织的情况，要求索马里过渡全国政府与恐怖主义组织划清界限。

2002年，美国出于其全球反恐战略的需要，积极支持联合国和伊加特调解索马里各派冲突，希望通过促进索马里各派和解以结束索马里的无政府状态，消除恐怖组织在索马里滋生和蔓延的土壤，并为索马里新一轮和会的召开提供了部分财政援助。同年8月，美国在确信巴拉卡特银行与恐怖组织无关后，解除了对该银行资产的冻结。

美国还通过联合国难民署向索马里的难民提供了一定数量的人道主义援助。2003年5月，美国开始接收因内战逃到肯尼亚的1.18万名索马里班图裔难民到美国定居。

2005年1月，索马里过渡联邦政府成立后，美国很快予以承认，并在政治经济等方面予以大力支持。美国先后支持埃塞俄比亚、非洲联盟出兵，协助过渡联邦政府打击"伊斯兰法院联盟"和"青年党"武装。2008年6月2日，联合国安理会根据索马里过渡联邦政府请求，通过第1816号决议，授权外国军舰进入索马里海域打击索马里海盗活动，美国派遣多艘军舰参加。2009年9月，美军突击队在索马里南部地区建立击毙"基地"组织负责东非地区的重要头目纳卜汉（Nabhan）。2010年以来，美国在继续向过渡联邦政府提供支持的同时，加强了同索马里兰、邦特兰等地方政府的关系。

2012年11月索马里联邦共和国政府正式成立后，美国加大了支持力度。2013年1月13日至19日，马哈茂德总统访问美国，分别会见美国总统奥巴马和国务卿希拉里·克林顿，还与美国国家安全事务副助理、国际开发署高官和20名国会议员座谈，就索马里与美国关系、索马里国内局势等问题交换意见。同年2月21日，美国国际开发署署长沙阿访问索马里，宣布美国将向索马里提供总额为2亿美元的援助，帮助索马里改善医疗卫生服务，提高教育水平。4月8日，奥巴马总统授权向索马里提供武器援助，表示此举有利于加强美国安全，促进世界和平。奥巴马总统还表示，要对索马里发展方面提供援助，希望索马里政府提高执政能力。2014年8月，马哈茂德总统赴美出席首届美非峰会。同年9月，美军特种部队出动战机和无人机，对索马里"青年党"领导人戈达尼实施斩首行动并将其炸死。2015年5月，美国国务卿克里访问索马里。2016年，美国自1991年以来首次任命专职驻索马里大使，常驻内罗毕。目前，美国是索马里的最大援助国，其援助主要在为非盟驻索马里特派团和索马里安全部队提供后勤支持及培训、政府能力建设、医疗卫生、食品安全等领域。

第三节 同意大利的关系

意大利作为原索马里南部地区的宗主国，与索马里有着千丝万缕的联系。独立前后，意大利在索马里的经济利益以农业为主，它在索马里南区的谢贝利河和朱巴河一带，占有大量肥沃的土地，开办了263个种植园。这些种植园主要种植香蕉、甘蔗等经济作物。索马里为数不多的几家工厂也为意大利资本所垄断。索马里较大的几家商店和企业多为意大利人所经营。意大利在索马里设立的银行有意大利银行、罗马银行等，并实际控制着索马里货币的发行权。

索马里独立时，意大利与索马里签订了两项条约和六项协定。两项条约是《友好条约》和《领事条约》，六项协定是《贸易支付与技术合作协定》、《航空服务协定》、《货币协定》、《香蕉利益一般规定的协定》、《技术合作协定》和《文化协定》。通过这些条约和协定，意大利继续保持对索马里政治、经济等方面的重要影响。意大利除了派遣顾问参与索马里各级政府部门的工作之外，每年还向索马里提供巨额财政补助，提供技术援助和军事援助，帮助训练索马里的军官和警察等。1963年12月，意大利因索马里接受苏联的军事援助而撤走其军事人员。

然而，意大利在经济、政治和文化等方面仍保持着对索马里的影响，仍是索马里的重要援助国和贸易伙伴之一。根据1960年意索文化协定，意大利继续帮助索马里建立学校和学院，给予索马里留学生奖学金，鼓励

索马里

他们到意大利接受高等教育。到1965年，仍有3000名意大利人居住在索马里，意大利人仍掌握着索马里的经济命脉。在整个20世纪60年代，意大利对索马里的经济援助在索马里接受外来经济援助总额中占1/4。索马里的许多产品，特别是农产品主要出口意大利。在意大利的支持下，索马里与当时的欧共体建立了关系，并得到其经济和技术援助，享有向欧共体市场出口产品的优惠待遇。

从1978年起，意大利给予索马里的援助再度超过所有西方国家，其中包括用于军队后勤运输的菲亚特卡车（索马里军队的主要运输车辆）、军用飞机、教练机、轻型坦克和装甲运兵车等。1980年，在意大利政府资助下，意大利公司出口索马里的武器总额达到1.24亿美元。1981年，意大利外长访问索马里，双方签署了意大利向索马里提供价值4000万美元军援的协议。1983年，双方签署了意大利帮助索马里培训军事人员的协议。1985年，双方又达成了新的军援协议。除军援外，意大利海军舰只还经常造访摩加迪沙港。直到1990年7月，在索马里形势日益恶化的情况下，意大利才宣布撤出其在索马里的56名军事顾问和教官。

20世纪80年代末，在索马里内战日益扩大的情况下，意大利积极调解冲突各方，并向因内战而流离失所的人提供了3500万美元的人道主义援助。1990年，意大利积极与埃及合作，试图调解西亚德政府与反对派的冲突，但未能成功。1992年，意大利派兵3000余人参加联合国的索马里维和部队。在美军与艾迪德的冲突加剧的情况下，意大利对美国用武力降服艾迪德派的做法表示不满，转而反对用军事手段解决索马里问题，主张西方国家尽早撤军。

从1997年起，意大利积极参与索马里问题的调解工作，多次派特使在各派间斡旋。意大利是吉布提提出的索和平倡议的最初发起国之一，曾积极支持并推动索马里和会的召开。2000年，意大利提出愿向和会及索马里过渡全国政府前期的运作提供经费30万美元，其交换条件是意大利享有对索马里和会的主导权。但遭到吉布提政府拒绝。

从2002年起，意大利开始积极支持伊加特主导的索马里和平进程，为索马里新一轮和会的召开提供了财政支持。意大利与索马里兰关系密切，向其提供了大量援助。2005年1月索马里过渡联邦政府成立后，意大利很快予以承认。2012年11月索马里联邦共和国政府正式成立后，意大利表示愿在双边及欧盟框架下在司法和发展方面向索马里提供援助，将于2013年2月启动对索马里警察的培训项目，恢复两国政府间的协调机制。意大利与邦特兰地方政府也有较多联系。

第四节　同英国的关系

英国作为原索马里北部地区的宗主国，与索马里有着独特的关系。独立前，英属索马里财政预算入不敷出，每年都有大量赤字，需要依靠外国的财政援助。英国在1955～1958年一共向英属索马里提供了245万英镑的财政补助。英国在索马里北部的投资主要在对外贸易和金融方面。英国的国民海外银行在索马里的北部地区设有两个分行，控制着索马里北部地区的金融业。

独立时，英国取得了其飞机飞越索马里北区的过境权，取得了在柏培拉港口设立电台的权利，并答应每年给予索马里150万英镑的财政补助。英国在摩加迪沙设有新闻中心，出版新闻公报。此外，英国在索马里的警察训练、行政制度、教育制度等方面仍有很大的影响。

1963年3月，由于英国决定把肯尼亚境内索马里人居住的北部地区划为肯尼亚的第7个省，索马里断绝了与英国的外交关系。不久，索马里又宣布废除索英两国航空协定，不再许可英国军用飞机飞越索马里领空，并且拒绝接受英国的财政援助。1964年，索马里的财政赤字主要依靠中国和意大利给予的援助来弥补。此后，索马里与英国除保持正常的贸易关系外，双方的政治关系一直比较冷淡。

到80年代中期，索马里的一些反对派以伦敦为基地建立反政府组织，索马里与英国的关系出现紧张。1986年9月，索马里外交部长、西亚德·巴雷的弟弟阿卜迪拉赫曼·贾马·巴雷指责英国广播公司从事反对索马里的宣传。

索马里

内战爆发后，英国作为联合国安理会常任理事国，积极支持联合国干预索马里内战和向索马里派遣维和部队。维和行动失败后，英国政府支持联合国、非洲统一组织和索马里的邻国出面调解索马里各派之间的冲突。此外，英国主张通过支持地方政府建立稳定的政权的方式，逐步推动索马里的和平进程，建立联邦制中央政府。英国同其前殖民地索马里兰保持密切关系，向索马里兰提供了一些人道主义援助，但拒绝在外交上承认索马里兰的独立地位，并认为索马里兰是索马里共和国的一部分。2005年1月索马里过渡联邦政府成立后，英国很快予以承认。2012年11月联邦共和国政府正式成立后，十分注重同英国的关系。马哈茂德总统在2013年1月19日结束访问美国后不久，即于同年2月1日至5日访问英国。在与英国首相举行会谈后，双方同意5月在伦敦召开索马里问题国际会议，为索马里新政府实施目标寻求国际支持，英国答应向索马里提供300万英镑援助。4月25日，马哈茂德总统与英国外交大臣黑格共同出席英国驻索马里使馆复馆仪式，英国是第一个恢复索马里使馆的欧洲国家。黑格在开馆仪式上表示，英国恢复索马里使馆显示了英索两国双边关系的牢固，英国将继续与索政府在反恐、打击海盗、提供人道主义援助等优先领域紧密合作。

5月7日，有54个国家、地区及国际组织的代表参加的"索马里问题国际会议"在伦敦召开，英国首相卡梅伦和索马里总统马哈茂德共同主持会议。根据会议发布的"联合公报"，国际社会将对索马里新政府提供大力支持，并将会在发展和壮大索马里国内安全部门、建立司法体系和健全公共金融系统三个领域进行重点援助。8月6日，索马里自然资源部长代表政府与英国朔马（Soma）油气公司签订协议，授权该公司在索马里境内进行地质勘探，并建立索马里油气资源库。

2016年，英国外交大臣哈蒙德访问索马里。2017年5月，第三次索马里问题国际会议在伦敦召开。

第五节 同德、法等欧盟国家的关系

索马里独立后不久，即与联邦德国建立外交关系。德国除了向索马里提供经济援助之外，还向索马里的警察和安全部队提供技术援助，帮助训练了大约60名索马里特种武装力量人员；还向索马里警察所属的航空部门派遣了一个技术小组，帮助维护索马里警察的飞机。到1985年，联邦德国已向索马里提供了价值6800万德国马克的车辆和技术设备。1985～1987年，联邦德国对索马里的军事援助价值约为1200万德国马克。直到索马里内战爆发后，联邦德国才停止对索马里的军事援助。2005年1月，索马里过渡联邦政府成立后，德国恢复了对索马里的援助。德国农业专家被派到索马里实地考察。2013年7月30日，索马里国防部与德国控股公司"大西洋海洋与海岸集团"签署协议，该公司将为索马里组建和培训海上警卫队，以保护索马里专属经济区和海洋资源安全，打击索马里海域的海盗和非法捕鱼行为。

索马里同法国的关系因索马里反对法国对法属索马里的占领而长期不睦。法属索马里1977年获得独立后，索马里同法国的关系得以改善，双方建立了正式外交关系。索马里内战爆发后，法国积极支持联合国干预索马里内战。联合国在索马里的维和行动受挫后，法国转而支持索马里的邻国出面调解索马里各政治派别之间的矛盾和冲突。2008年6月，联合国安理会通过第1816号决议，授权外国军舰进入索马里海域打击索马里海盗活动后，法国派遣多艘军舰参加，并设立特别法庭对抓获的索马里海盗进行审判。

索马里同欧盟其他成员国如挪威、瑞典、丹麦、芬兰、比利时和荷兰等都有外交关系。索马里联邦共和国政府2012年11月成立后，这些国家先后恢复了在索马里的使馆。

第六节　同苏联/俄罗斯和东欧国家的关系

独立后，为了争取索马里人五大聚居区的统一，索马里共和国政府计划将本国军队扩充到2万人。起初，索马里试图寻求美国的援助。但美国政府认为索马里只需5000人的军队就能维护内部安全，拒绝索马里为扩军而提出的援助要求。于是，索马里转而寻求苏联的军事援助。

索马里

1961年5月，索马里政府总理舍马克访问苏联。苏联为对抗美国对索马里的影响，决定无条件地向索马里提供为期20年的优惠贷款，与索马里签订了经济技术合作协定和贸易协定。苏联同意给予索马里4700万新卢布（约合5220万美元）的贷款，帮助索马里军队购买苏联的坦克、装甲运兵车和米格飞机等军事装备，以使索马里的军队现代化。索马里的军队很快扩充到1.4万人。60年代，美国和联邦德国等西方国家主要向索马里的警察部队提供一些援助，苏联一直是索马里的主要军事援助国。

1963年9月，索马里军事代表团访问苏联。11月，索马里宣布接受苏联提供的1070万英镑的军事援助，苏联派遣300多名军官到索马里帮助训练索军事人员，并接收500多名索马里军官赴苏接受培训。许多在苏联接受培训的索马里军官接受了马列主义的观点，这些人是索马里后来奉行亲苏联的外交政策和改行社会主义制度的主要支持者。苏联对索马里的出口也开始迅速增长。1963年，苏联对索马里的进口贸易额已超过英、美两国，仅次于意大利，居第二位。

1969年西亚德政府执政后，索马里与苏联的关系，特别是军事关系迅速发展。1972年，苏联国防部长访问索马里，与索马里签订了帮助索马里修建柏培拉港的协议。根据协议，柏培拉港修建完成后，苏联有优先使用该港设施的权利。苏联在柏培拉港修建了储存导弹的基地，修建了长达数千米、能够起降大型轰炸机的跑道，还修建了巨大的雷达和通信设施，将柏培拉变成苏联在非洲之角重要的战略基地。苏联向索马里军队提供了大量武器装备，其中包括大型坦克、喷气式飞机和米格-21战斗轰炸机等。

1974年，索马里与苏联签署友好合作条约（Tready of Friendship and Cooperation）。索马里军队开始得到米格-21战斗机、T-54坦克、萨姆-2导弹、鱼雷艇等当时比较先进的军事装备。苏联派往索马里的军事顾问也增加到1500人。此外，还有50名古巴顾问。苏联还帮助培训索马里军队的情报人员及国家安全局人员。在索马里与苏联关系恶化前夕，大约有2400名索马里军官在苏联接受过军事训练，还有150名索马里军官在东欧国家接受过军事训练。

1977年夏,索马里与埃塞俄比亚之间因欧加登问题爆发战争。起初,苏联以中间人的身份试图调解索马里与埃塞俄比亚的冲突,以继续保持与两国的友好关系,但未获成功。经过权衡,苏联选择了支持埃塞俄比亚,并于当年8月停止对索马里的武器输入,同时开始向埃塞俄比亚大量提供武器装备。三个月后,索马里宣布取消与苏联的友好合作条约,并将大批苏联顾问驱逐出索马里,宣布与苏联断交。两国的外交关系直到1986年才再度恢复。

苏联解体后,俄罗斯政府采取全面从非洲撤退的战略,对非洲地区的事务不像以往那样关心。在索马里问题上,作为联合国安理会常任理事国,俄罗斯政府仅在政治上支持联合国、非洲地区组织以及索马里的邻国为调解索马里冲突所做的努力。

索马里独立后,先后同东欧国家建立了外交关系。1961年5月,舍马克总理在访问苏联的同时,也访问了捷克斯洛伐克,同捷签订了经济合作、贸易和支付协定、文化合作协定等。捷答应给索马里150万英镑的长期低息贷款。

第七节　同周边邻国的关系

一　同埃塞俄比亚的关系

埃塞俄比亚系索马里的最大邻国,两国的边界纠纷集中在一块面积约为22万平方千米的叫作"欧加登"(又称哈拉尔)的地区。这块土地位于埃塞俄比亚的东部和索马里的西部边境,主要居住着索马里人。这里土地肥沃,盛产咖啡、小麦、甘蔗和棉花。据索马里方面的资料,1887年以前,欧加登属于一个独立的伊斯兰王国。1887年,埃塞俄比亚利用欧加登王国力量的衰弱,出兵占领了欧加登。1897年,英国与埃塞俄比亚签订了一项秘密协定,英国同意把欧加登地区的统治权交给埃塞俄比亚,而埃塞俄比亚则向英国保证不支持当时苏丹人民反对英国的革命运动。1908年,意大利与埃塞俄比亚签订协定,同样承认欧加登为埃塞俄比亚管辖下的领土。

索马里

1935年，意大利侵入埃塞俄比亚，占领了欧加登地区。1941年，英国在第二次世界大战爆发后赶走意大利人，夺回了原英属索马里保护地欧加登，而且控制了意属索马里。英国曾企图使各国承认它托管前意属索马里的权力，把这3个地区与它控制的肯尼亚的北方省合并组成大索马里后加入英联邦，但因遭到美、苏、法等国家的反对而未果。1954年，英国被迫放弃"大索马里计划"，把欧加登全部地区又交还给埃塞俄比亚。

1960年索马里独立后，埃塞俄比亚根据其同英国、意大利签订的有关协定，一再强调欧加登是埃塞俄比亚的领土。而索马里政府认为：这些条约的签订没有索马里代表参加，因而是非法的；在这一地区居住的索马里人与索马里共和国国内的居民有着共同的语言、宗教和风俗习惯，因此应该同索马里统一起来；唯一的解决办法是在有效的国际监督下实行民族自决。

由于双方在欧加登问题上的纷争，索马里独立后同埃塞俄比亚的关系长期不睦，在边境上不时爆发冲突。索马里政府要求实现欧加登与索马里的统一，提出了要通过合法手段，以和平方式统一欧加登的主张，但遭到埃塞俄比亚的坚决反对。1961年9月初，索马里总统欧斯曼出席第一次不结盟首脑会议时，与埃塞俄比亚皇帝塞拉西举行会谈，双方关系得到一定程度的缓和，索马里政府宣布同意埃塞俄比亚派大使到摩加迪沙。1963年6月，在埃塞俄比亚举行第一次非洲国家首脑会议时，索马里总统与埃塞俄比亚皇帝互换信件，表示要采取措施，加强两国的关系，但双方在边界问题方面的冲突并未得到根本解决。得到索马里支持的欧加登地区索马里人民兵组织，不时同埃塞俄比亚的安全力量发生冲突。欧加登地区的索马里人还开展游击战，要求在欧加登建立自治政府，塞拉西皇帝拒绝了他们的要求。索马里政府最初并未公开支持游击队，但当1964年1月埃塞俄比亚政府向欧加登地区增兵，加强对当地索马里人游击队实施镇压时，索马里军队也开始向游击队提供支持。两国军队直接发生冲突。1964年3月，索马里与埃塞俄比亚在苏丹的调解下在苏丹首都喀土穆签署协议，同意从边界撤军，停止敌对行动。

1969年索马里民主共和国政府成立后，索马里与埃塞俄比亚因欧加

第七章 外 交

登争端,关系继续不睦。1974年埃塞俄比亚皇帝塞拉西被推翻后,索马里政府试图利用埃塞俄比亚新政府立足未稳的时机统一欧加登索马里人居住地区,加大对欧加登索马里人组织"西部索马里解放阵线"(Western Somali Liberation Front, WSLF)的支持。1975年,"西部索马里解放阵线"在索马里军队的支持下,对埃塞俄比亚在欧加登的许多军警基地发动进攻。1977年6月,埃塞俄比亚指责索马里正规军入侵埃塞俄比亚。最初,索马里军队和游击队取得了一些胜利,到9月中旬占领了欧加登地区90%的土地。不过,索马里军队在埃塞俄比亚军队的顽强抵抗下也遭受严重损失。随后,埃塞俄比亚军队凭借苏联的武器装备,又有古巴军队的帮助,逐步由防御转为反攻,并于1978年初全线击败索马里军队。索马里政府被迫于同年3月9日宣布从欧加登撤军。

此后,索马里与埃塞俄比亚边界冲突不断,双方关系紧张,支持对方的反对派向对方发动进攻。索马里政府坚持支持埃塞俄比亚的反政府武装组织"西部索马里解放阵线",向其提供了大量军事援助,直至该组织于1984年分裂。为了向索马里政府施压,埃塞俄比亚的门格斯图政府也反过来支持索马里的反政府组织。1982年,埃塞俄比亚支持索马里反政府武装向索马里中部发动进攻,占领了索马里边界和穆杜格州的部分城镇。

从1982年起,伊加特成员国中的肯尼亚和吉布提提出了缓和非洲之角紧张局势的建议,开始调解索马里与埃塞俄比亚因欧加登问题存在的矛盾和争端。1986年1月,在伊加特成员国的调解下,西亚德·巴雷在吉布提会见了埃塞俄比亚领导人门格斯图·海尔-马里亚姆(Mengistu Haile-Mariam),双方讨论了索马里与埃塞俄比亚之间未定边界的临时行政分界线,同意进一步就边界问题举行谈判。双方还同意交换在欧加登战争中被俘的士兵,停止对对方国内反对派的支持。但双方除了在1986年和1987年继续就边界问题进行接触之外,其他协议并未得到认真执行。

1988年4月4日,西亚德·西亚德与门格斯图在吉布提再次举行会谈,双方签署了联合公报,同意恢复外交关系,互派大使,从共同边界撤出自己的军队和交换战俘,停止支持对方的反政府武装和敌对宣传。

索马里

1991年1月索马里西亚德政府被推翻后不久,即同年5月,埃塞俄比亚也出现政权更迭,门格斯图政府垮台。新成立的梅莱斯政府宣布对索马里内战持中立立场,并积极参与调解各派之间的冲突,安置来自索马里的大批难民。

1993年,埃塞俄比亚总统梅莱斯受非洲统一组织和伊加特委托出面斡旋,促使索马里各派签署了《亚的斯亚贝巴协议》。1996年11月上旬至1997年1月初,在埃塞俄比亚政府主持下,索马里26个派别领导人在埃塞俄比亚边境重镇索德雷召开会议,建立全国拯救委员会,启动"索德雷和平进程"。与此同时,埃塞俄比亚对索马里宗教极端势力对埃塞俄比亚进行的渗透活动保持高度警惕,多次派兵进入索马里西南部盖多州追剿索"伊斯兰团结党"武装分子。1999年,埃塞俄比亚帮助拉汉文抵抗军夺下索马里中部重镇拜多阿,间接控制了索马里与埃塞俄比亚交界的四个州,并在索马里境内驻军。

埃塞俄比亚对1999年吉布提提出的以"文化途径"促进索马里各派和解,并于2000年5月在阿尔塔主持召开索马里全国和会,心存芥蒂,但碍于其在使用出海口问题上有求于吉布提,不得不表示支持和会,实际上是冷眼旁观。对于这次"和会"上成立的具有明显的伊斯兰色彩的索马里过渡全国政府,埃塞俄比亚也极为反感。出于意识形态和安全利益方面的考虑,埃塞俄比亚加强了在埃索边境的布防,同时积极支持邦特兰等亲埃塞俄比亚派别与索马里过渡全国政府作对,以实现其另起炉灶、重新夺回索马里事务主导权的目的。索马里过渡全国政府曾向联合国状告埃塞俄比亚在索马里驻军并从事分裂活动,埃塞俄比亚则予以否认。

埃塞俄比亚在不承认索马里过渡全国政府的合法性与代表性的同时,积极支持与过渡全国政府作对的派别,重视发展与索马里兰和邦特兰的关系,向这两个地方政府提供大量援助,并与之开展经贸活动。2001年3月促成各派在埃塞俄比亚联合成立索马里恢复与和解委员会。

2002年,埃塞俄比亚作为伊加特授权联合调解索问题的成员国之一,积极推动索马里和平进程,继续与索马里兰、邦特兰等派别保持友好接触，积极敦促索马里恢复与和解委员会等派别召开新一轮索马里和会。3月，索马里兰"总统"埃加勒应邀访问埃塞俄比亚，双方探讨了埃塞俄比亚加大力度利用柏培拉港等事宜。埃塞俄比亚此时之所以重视柏培拉港，乃是因为1998年埃塞俄比亚与厄立特里亚于爆发长达两年的边界战争后，双方仍处于敌对状态，埃塞俄比亚的对外贸易受到影响，索马里兰的柏培拉港口对埃塞俄比亚货物的进出口越来越重要。据统计，2001年，来自埃塞俄比亚的货物就占柏培拉港吞吐货物总量的30%~50%。

2005年1月，经过埃塞俄比亚和其他各方的共同努力，索马里过渡联邦政府在肯尼亚成立。但过渡联邦政府要迁回索马里国内，面对的是极端势力和恐怖组织的阻挠和对抗。为了支持索马里过渡联邦政府，2006年12月，埃塞俄比亚出兵帮助击溃索马里"伊斯兰法院联盟"武装，控制了首都摩加迪沙及索马里中部和南部的大部分地区。2009年1月，埃塞俄比亚军队撤回国内。2010年，埃塞俄比亚促成索马里过渡联邦政府与重要武装派别"逊尼派联盟"达成合作协议。2011年12月，埃塞俄比亚再次出兵，协助索马里过渡联邦政府打击"青年党"武装。2012年11月索马里联邦共和国政府成立后，埃塞俄比亚军队继续留在索马里，协助索马里联邦政府打击"青年党"武装。2013年7月，埃塞俄比亚军队加入非洲联盟驻索马里特派团，参加对"青年党"武装的清剿行动。2014年，埃塞俄比亚在索马里的部队加入非盟驻索马里特派团。2017年2月，埃塞俄比亚总理海尔马里亚姆赴索马里出席索新总统穆罕默德·阿卜杜拉希·穆罕默德的就职典礼。埃塞俄比亚与索马里兰关系日益密切，双方互派代表。

二 同肯尼亚的关系

索马里同邻国肯尼亚也存在领土争端。这块有争端的领土位于肯尼亚的东北部，面积11万平方千米，居住着约20万索马里人。这一地区原为索马里朱巴地区的一部分。1925年英国与意大利在瓜分东部非洲时，朱巴地区的一部分划入意属东非版图，另一部分划入英属肯尼亚版图，成立北方省。1960年索马里独立后，肯尼亚北方省的索马里居民组成人民进

索马里

步党，要求脱离肯尼亚，同索马里共和国合并。在1962年春伦敦举行的肯尼亚制宪会议上，北方省的代表团也提出了同样的要求。索马里官方支持肯尼亚北方省索马里居民的要求，肯尼亚则一直反对北方边境索马里人提出的脱离肯尼亚的要求。

1963年3月，由于英国决定把肯尼亚原北方省索马里人居住地区划为肯尼亚的第7个省，成立了东北省，索马里和肯尼亚之间的边界争端一度紧张。索马里政府反对英国政府的单方面决定，并宣布断绝与英国的外交关系。1963年8月，英国、肯尼亚为一方，同索马里在罗马举行会谈。索马里政府建议将这个地区临时交由联合国管理，遭到对方的拒绝。1963年12月肯尼亚独立时，双方在该地区的争端仍未解决。1964年，肯尼亚总统肯雅塔与埃塞俄比亚皇帝塞拉西签署互助防御条约，以共同对付索马里可能的入侵。

1978年索马里在欧加登战争中失败后，深切认识到统一所有索马里人居住地区的希望难以实现。为缓解内外困难，西亚德政府于20世纪80年代初开始寻求改善与肯尼亚的关系。1981年，西亚德赴内罗毕访问，与肯尼亚总统莫伊举行会谈，首次宣布放弃对肯尼亚境内索马里人居住区的领土要求，以缓解对方的怀疑。1984年12月，索马里与肯尼亚政府签署协议，宣布双方在共同边界线上停止敌对行动，索马里永久放弃对肯尼亚的索马里人居住地区领土的要求。此后，索马里与肯尼亚的边界再未爆发大规模的冲突。但一些武装歹徒、偷猎者的非法活动和索马里难民的流动，仍使两国关系不时出现紧张状况。

20世纪80年代末索马里内战全面爆发后，大批难民，包括军人从索马里南部进入肯尼亚北部地区，不仅加重了肯尼亚的经济负担，而且影响到肯尼亚的安全形势和社会稳定。肯尼亚政府在国际社会的帮助下接收了索马里大量难民，呼吁索马里各派以大局为重，实现民族和解，恢复索马里的和平与统一；要求联合国在肯尼亚和索马里边境驻军，以制止武器流入肯尼亚境内。1995年4月4日，肯尼亚政府宣布，由于索马里没有合法政府，肯尼亚与索马里之间不存在外交关系。肯尼亚总统莫伊曾多次出面调解索马里问题，但均无果。1999年8月至2000年4月，肯尼亚全面关闭肯尼亚与索马里的边界，停止了与索马里的陆、海、空往来。

对索马里的诸多派别，肯尼亚政府均与其保持友好关系，各派在肯尼亚大多设有办事处或联络机构。对2000年成立的索马里过渡全国政府，肯尼亚政府认为该政府对索马里无实际的控制能力，无法在索马里和平进程中起主导作用，故未正式予以承认。2001年5月，索马里过渡全国政府总统阿布迪卡西姆访问肯尼亚，会见莫伊总统，寻求肯尼亚支持。11月和12月，肯尼亚两次发起并主持召开索马里过渡全国政府与反对派"索马里恢复与和解委员会"的和解对话会。但由于"索马里恢复与和解委员会"不承认过渡全国政府的合法性和代表性，"和解会"未取得成果。

2002年，作为伊加特授权联合调解索马里问题的主席国，肯尼亚积极协调各方立场，促成索马里新一轮和会于10月15日在肯尼亚成功召开，莫伊总统主持了开幕式。经过艰苦努力，索马里过渡联邦政府于2005年1月成立。索马里出现了恢复和平与统一的希望，肯尼亚与其他伊加特成员国的努力终于有了结果。2006年12月，肯尼亚支持索马里过渡联邦政府在埃塞俄比亚军队协助下对"伊斯兰法院联盟"进行武装打击。2011年10月，肯尼亚出兵协助索马里过渡联邦政府打击索马里"青年党"武装。同年12月，肯尼亚在索马里的军队加入非盟驻索马里特派团，参加对"青年党"武装的清剿。2013年9月，"青年党"在肯尼亚首都内罗毕西门购物中心发动恐怖袭击，造成67人死亡、240余人受伤。2015年4月，"青年党"又在肯尼亚的加里萨大学制造了一起恶性恐怖袭击事件，造成148人死亡、100多人受伤。2017年2月，肯尼亚总统肯雅塔赴索马里出席索新总统穆罕默德·阿卜杜拉希·穆罕默德的就职典礼。同年3月，肯尼亚总统肯雅塔访索，随后穆罕默德·阿卜杜拉希·穆罕默德总统访肯并出席在内罗毕举行的索马里难民问题峰会。2018年5月，穆罕默德·阿卜杜拉希·穆罕默德总统访问肯尼亚。

三　同吉布提的关系

吉布提人与索马里人同种同源。索马里独立前，吉布提系法国的殖民地，因而被称为法属索马里。索马里独立后，曾坚决要求收回法属索马

索马里

里，并支持法属索马里人民要求独立并同索马里共和国合并的斗争。1975年法国答应吉布提独立，到1977年吉布提进行公民投票表决时，在赞成独立的选民中，却有95%的选民选择单独建立国家，而不是与索马里合并。

吉布提认为，非洲之角各国保持现状对其最为有利。作为索马里的邻国，吉布提政府对索马里自20世纪90年代以来的动乱局势十分关注，希望索马里政局早日恢复稳定。吉布提尤其关心与其为邻的索马里西北部地区的动向，主要是因为占吉布提人口多数的伊塞人，与占索马里兰人口多数的伊萨克人存有历史积怨。因而，吉布提认为，一个由许多部落组成的统一的索马里更能保障索马里西北部地区的伊塞人的权益；如果一个由伊萨克人占多数的索马里兰获得独立，那么其境内的伊塞人的权益将难以保障。

从1991年秋开始，吉布提总统盖莱就试图调解索马里各派的冲突，并提出愿将吉布提首都作为各派会谈的地点。1991～1998年，索马里各有关派别在吉布提多次举行会议，讨论索马里和平与统一问题。1999年9月，吉布提总统盖莱在联合国大会上提出通过"文化途径"解决索马里问题的倡议，得到索马里各界及国际社会的广泛欢迎。2000年5～8月，吉布提主持召开了由索马里民间各界、部落长老、海外索马里侨胞等参加的索马里全国和会，选举产生了索马里内战十年来首位总统，并建立了索马里过渡全国政府和议会。

2001年，吉布提继续关注索马里的和平进程，在积极支持索马里过渡全国政府巩固政权，争取国际社会支持该政权的同时，还积极参加伊加特主导的索马里问题调解活动。10月1日，吉布提向索马里过渡全国政府派驻大使，成为内战以来第一个向索马里派遣大使的国家。2002年，吉布提作为伊加特授权联合调解索马里冲突的国家之一，参与了调解索马里问题的活动，并派外长出席了在肯尼亚召开的索新一轮和会开幕式。由于在如何对待索马里过渡全国政府问题上吉布提与其他伊加特成员国存在分歧，吉布提对2002年新一轮索马里和会持消极态度，还一度离开"和会"。2005年1月，新一轮"和会"产生了索马里过渡联邦政府，吉布提很快予以承认。同年11月，索马里过渡联邦政府首任总统优素福访问吉布提，同吉布提总统盖莱举行会谈。2006年12月，吉布提支持埃塞俄比亚出兵协助索马里过渡联邦政府打击"伊斯兰法院联盟"武装。2008年，吉布提促成索马里过渡联邦政府与重要反对派"索马里重新解放联盟"在吉布提举行和谈。结果是后者加入过渡联邦政府。2009年1月，以艾哈迈德为总统的新一届过渡联邦政府在吉布提成立。2010年12月，吉布提驻索马里使馆复馆。2011年11月，吉布提向索马里派遣200名维和士兵，加入非盟驻索马里特派团。2012年11月索马里联邦共和国政府成立后，吉布提继续为索马里的和平与发展而积极努力。2017年2月，吉布提总统盖莱出席索新总统穆罕默德·阿卜杜拉希·穆罕默德的就职典礼。

第八节　同阿拉伯国家的关系

作为伊斯兰国家，索马里与阿拉伯半岛的阿拉伯国家有着长期的文化、宗教和经济联系，双方关系密切。1974年，索马里加入阿拉伯国家联盟，成为该组织的第一个非阿拉伯成员国。索马里一方面支持阿尔及利亚、伊拉克、利比亚等国反对美国在中东地区的政策，另一方面又同亲西方的埃及和沙特阿拉伯等国保持良好的关系。埃及和沙特阿拉伯还向索马里提供军事援助。到70年代末，索马里因利比亚在欧加登战争中支持埃塞俄比亚而与之关系恶化，谴责利比亚领导人卡扎菲支持索马里的反叛力量。两国还因此于1981年断交，直至1985年4月方恢复外交关系。1988年西方国家以索马里政府镇压反对派、侵犯人权为由，先后停止对索马里的军事援助后，索马里又从利比亚得到军事援助，利比亚向索马里提供了一些轻武器。

在与阿拉伯国家的关系中，索马里与埃及的关系非同一般。1960年7月索马里独立不久，即该年11月，索马里政府总理舍马克访问阿拉伯联合共和国（埃及），两国签订协定。阿拉伯联合共和国向索马里提供5000名士兵的装备和2架飞机，并提供500万埃及镑贷款，以便索马里购买埃及和叙利亚的货物。埃及还帮助索马里训练陆军和海军。在欧加登战争期间，埃及向索马里提供了大约3000万美元的军事援助。战争结束后，埃及继续向索马里提供苏制武器弹药和零部件。在1982年索马里与埃塞俄比亚关系再度紧张期间，埃及向索马里提供了苏联制造的T-54坦克和T-55坦克等武器和弹药，并接受索马里军人到埃及受训、向索马里派遣了一支军事教官队伍。

沙特阿拉伯也向索马里提供军事援助，并希望通过援助使索马里脱离苏联的轨道，采取亲西方的外交政策。1974年，沙特阿拉伯在伊朗的支持下，试图以提供7500万美元的一揽子援助的方式来减少苏联对索马里的影响。但由于索马里政府拒绝了这一援助条件，沙特收回了援助承诺。1977年索马里与苏联的关系出现裂痕后，沙特阿拉伯除了用购买埃及和苏丹武器的方式帮助索马里之外，还向索马里提供战车、小武器和弹药等，并帮助培训索马里的军事人员。

其他中东国家也向索马里提供了一些军事援助。例如，在欧加登战争期间，伊朗、伊拉克和约旦都向索马里提供了武器弹药援助。1982年，科威特向索马里提供了40辆坦克。阿拉伯联合酋长国和阿曼也提供了战斗机和装甲运兵车等。阿拉伯国家还向索马里提供现汇援助，以帮助索马里采购其他国家的武器装备。

在1982年埃塞俄比亚支持索马里政府反对派进攻索马里边界和中部地区时，同年9月举行的阿拉伯国家联盟首脑会议公开表示对索马里政府的支持。在整个20世纪80年代，索马里同科威特、卡塔尔、沙特阿拉伯和阿拉伯联合酋长国等的经济联系日益密切，致使索马里在1990年海湾战争爆发时也加入美国领导的反对伊拉克入侵科威特的联盟。对联盟的支持使索马里得到了经济报偿，卡塔尔取消了索马里欠的所有到期债务的本息，沙特阿拉伯答应给予其7000万美元的援助，并以低于国际市场的价格向索马里出售原油。

索马里在90年代出现混乱和地方割据局面后，埃及、也门等阿拉伯国家及阿盟还曾积极推动索马里各派实现和解。1997年年底，埃及推动以艾迪德派和迈赫迪派为首的索马里派别签署《索马里问题开罗宣言》，共同倡导通过召开索马里全国和会实现和解，启动了"开罗和平进程"。2000年索马里过渡全国政府成立后，得到阿拉伯国家的积极支持和一些援助，并被接纳出席阿盟首脑会议。2001年2月，也门政府向伊加特部长理事会提交其索马里和解计划。索马里过渡全国政府外长布巴访问沙特阿拉伯寻求支持与援助。3月，索马里过渡全国政府总统阿布迪卡西姆出席在约旦举行的阿盟首脑会议，呼吁阿拉伯国家劝说埃塞俄比亚停止对索马里事务的干涉。4月，伊加特轮值主席、苏丹总统巴希尔任命特使，协助伊加特索马里问题委员会寻求解决索马里问题的办法。7月，阿布迪卡西姆总统访问阿拉伯联合酋长国，寻求支持与援助。

2002年，索马里过渡全国政府继续寻求阿拉伯国家的支持。8月，过渡全国政府总理哈桑访问沙特阿拉伯，希望沙特在索马里和平进程中发挥作用。9月，过渡全国政府外长优素福出席在纽约举行的阿盟外长会议。10月，阿盟派代表出席了索马里新一轮和会开幕式，苏丹总统巴希尔作为伊加特轮值主席出席开幕式并发表讲话。2005年1月索马里过渡联邦政府成立后，许多阿拉伯国家都表示欢迎和支持。2012年11月索马里联邦共和国政府正式成立后，阿拉伯国家都相继予以承认，恢复在索马里的使馆。2016年沙特与伊朗关系恶化，索马里支持沙特并宣布驱逐伊朗驻索大使，索马里与伊朗两国断交。2017年6月，在海湾外交危机中，索马里宣布保持中立态度。2018年4月，穆罕默德·阿卜杜拉希·穆罕默德总统出席在沙特阿拉伯举行的第29届阿拉伯国家联盟峰会。2019年2月，穆罕默德·阿卜杜拉西·穆罕默德总统赴埃及出席首届欧盟－阿盟峰会。

第九节　同中国的关系

一　索马里与中国关系概述

索马里与中国的友好交往可以追溯到公元八九世纪，于15世纪得到进一步发展。但此后，主要由于西方殖民者的入侵，中索之间的交往被迫中断。1960年索马里获得独立后,双方开始了新的交往。

索马里是较早与中国建交的撒哈拉以南非洲国家之一,亦是第一个与中国建交的东非国家。1960年7月索马里共和国成立时,周恩来总理致电祝贺并予以承认。同年12月14日,两国正式建交。中国在对索马里的工作中始终贯彻和平共处五项原则,在政治上坚决支持索马里人民反对帝国主义和新老殖民主义,反对霸权主义和强权政治,维护主权和独立的正义斗争。在经济上支持索马里政府发展民族经济,并向其提供了力所能及的援助。中国尊重索马里人民的选择,从不干涉其内部事务,不介入其与邻国的领土纠纷。索马里内战爆发后,中国驻索马里使馆、医疗队和工程技术人员于1991年1月被迫撤离,但两国仍保持外交关系。

索马里内战以来,中国一直关注索马里局势的发展,同索马里各派均保持友好关系,并通过适当渠道向索马里人民提供一定数量的人道主义援助。从1992年开始,中国政府和红十字会每年向索马里人民捐赠一定数额的药品和民用物资。中国政府始终深切关注索马里局势发展,支持国际社会、地区组织和有关邻国为调解索马里问题所做的努力。近些年来,中国常驻联合国代表团在联合国安理会积极参与讨论索马里问题,积极推动索马里和平进程。从2003年起,中国开始担任联合国安理会索马里问题协调员。中国政府认为,解决索马里问题的关键在于全体索马里人民共同努力,实现基础广泛的民族和解;国际社会推动索马里问题解决的努力应协调一致。中国真诚希望索马里各派以国家和民族利益为重,化剑为犁,早日重建家园。

二 中索外交关系的建立

1960年6月26日,索马里北区(英属索马里)宣布独立。周恩来总理在此前一天,即6月25日致电穆罕默德·易卜拉欣·埃加勒总理表示祝贺,陈毅外长亦电贺索独立并代表中国政府承认索马里;28日,埃加勒分别复电感谢周总理和陈外长。7月1日,索马里南区(意属索马里)宣告独立,随即与北区合并成立索马里共和国。6月30日,周总理及陈外长分别电贺南区总理阿卜杜拉希·伊萨（索统一后任外长），代表中国政府承认索马里共和国，并派新华社记者杨翊赴索马里采访7月1日的索马里独立暨合并建国大典，索马里临时政府总理阿卜迪拉希德·舍马克接见了杨。但由于索马里政府采取亲西方的外交政策，在台湾问题上仍犹豫不决，中索未能马上建交。

为加强对索马里的工作，1960年10月20日，中国外交学会邀请4名索马里国会议员访华。11月9日，陈毅副总理接见这4名议员并表示，如索马里政府同意，中国愿马上同索马里建交；如索方感到不便，中方可以等待。陈毅副总理还对索马里政府拒绝与台湾"建交"和在联大不支持美国的反华提案表示感谢。访华的索马里议员表示，希望尽快实现索中建交，并转述了索马里政府不承认"两个中国"的立场。

11月28日，周总理利用舍马克总理访问埃及的机会不失时机地做其工作，指示中国驻埃及大使陈家康向其转达信件，表示"我愿趁阁下访问开罗的时候，指示我国驻阿拉伯联合共和国大使陈家康，同阁下就发展中索两国关系问题，包括中索建立外交关系的问题，交换意见。如果阁下和索马里政府具有同样的愿望，中国政府愿意迅速同索马里共和国建立外交关系并互派大使级外交代表"。

舍马克在埃及会见了陈大使，表示索马里对中国是友好的，称索马里独立时未邀中国代表出席庆典系原意大利托管当局作梗。舍马克还表示索马里愿意同中国建立友好关系，允诺回国后即同内阁、议会讨论两国建交事宜，并尽早予以答复。

1960年12月14日，舍马克总理致电周恩来总理："索马里政府决定承认中华人民共和国，两国于即日正式建交并早日互派大使级外交使团。"16日，周恩来总理和陈毅外长分别致电舍马克总理和伊萨外长，祝贺两国建交。同日，《人民日报》发表社论庆祝中索建交。1961年2月，中国提名张越任驻索马里大使，征求索方同意。3月14日，索马里政府同意中国大使提名。5月29日，中国首任驻索马里大使张越抵摩加迪沙赴任。6月3日，张越大使向欧斯曼总统递交国书。

索马里

三 中国与索马里共和国的友好交往

索马里共和国历届政府均对我国友好,两国高层互访频繁。独立后不久,索马里政府便驱逐台湾代表,在东非率先与我国建交。舍马克总理、欧斯曼总统和侯赛因议长先后访华;周恩来总理也访问了索马里。中索先后签订了文化合作协定、贸易与支付协定和经济技术合作协定等。自1961年起,索马里在历届联合国大会上均投票赞成恢复中国在联合国的合法权益,同时,索马里也提出希望中国支持其统一"索马里人聚居区的领土"的立场。中国则建议索马里以和平方式解决领土问题,坚持不介入其与埃塞俄比亚、肯尼亚的领土争端。

1963年8月4日至10日,应周恩来总理的邀请,舍马克总理在新闻部部长希拉维的陪同下对中国进行友好访问。访问期间,中共中央主席毛泽东、国家主席刘少奇分别会见了舍马克总理,周恩来总理亲临机场迎送、主持正式会谈及国宴,并与陈毅副总理共同陪舍访问上海,陈毅副总理与希拉维部长举行了政治会谈。9日,两国总理签署《中华人民共和国与索马里共和国经济技术合作协定》。10日,双方发表《联合公报》,阐述了两国关于国际形势、亚非拉反帝反殖斗争及对发展中索双边关系的共同主张。

1964年2月2日至4日,应舍马克总理的邀请,周恩来总理率中国政府代表团访问索马里,副总理兼外长陈毅、国务院外办副主任孔原、外交部副部长黄镇等随行。周总理一行受到索马里人民的热烈欢迎,欧斯曼总统会见周总理一行,舍马克总理与周总理举行了三次会谈,双方还发表了《联合公报》。

1965年7月21日至28日,应刘少奇主席和周恩来总理的邀请,索马里总统阿丹·阿卜杜拉·欧斯曼对中国进行友好访问,索外长艾哈迈德·优素福·杜阿莱、内政部长阿卜杜勒·卡迪尔·穆罕默德·阿丁、总统办公室主任哈吉·穆罕默德·阿瓦勒·利班等随行。访问期间,毛泽东主席会见了欧斯曼总统,刘少奇主席和周恩来总理就国际形势和双边关系等问题同欧斯曼举行会谈,周恩来总理、李先念副总理陪同欧斯曼一行参观杭州、上海。28日,中索发表《联合新闻公报》,表示将进一步加强和巩固两国友好合作关系,坚决支持亚非拉各国人民的民族解放运动,决心为开好即将在阿尔及尔召开的第二次亚非会议而共同努力。

1966年9月8日至10月3日,应全国人大常委会委员长朱德的邀请,索马里国民议会议长谢赫·穆克塔尔·穆罕默德·侯赛因率索马里议会友好代表团访华。该团包括索马里各党派议员22人,系索马里独立后派出的最大规模代表团。朱德委员长亲赴机场迎送,董必武副主席和周恩来总理分别会见,郭沫若副委员长陪同代表团参观武汉、长沙、广州、上海、杭州及南京。10月1日,索马里议长参加中国国庆观礼,毛主席在天安门城楼会见索马里议长。

四 中国与索马里民主共和国的友好交往

索马里民主共和国时期(1969年10月至1991年1月),中索关系发展较快,两国高层互访频繁,各领域的交流与合作成果显著。索马里坚持一个中国政策,多次在联大仗义执言,并于1970年和1971年加入向联大提出恢复中国合法席位的提案国行列,为恢复中国在联合国的合法席位做出了积极贡献。中国支持索马里反对帝国主义和新老殖民主义的斗争,支持其独立自主发展国民经济,并向索马里提供了大量援助,赢得索马里政府和人民的真诚友谊。在索马里与埃塞俄比亚边界争端问题上,中国始终坚持不介入的立场,并建议索马里在非洲范围内与邻国和平解决争端。

1970年6月15日至20日,应中国政府的邀请,索马里最高革命委员会副主席穆罕默德·易卜拉欣·艾南希准将率政府代表团访华。访问期间,毛泽东主席、周恩来总理、董必武副主席分别会见,李先念副总理与其举行会谈,双方部长级官员代表各自政府签订了两国政府经济技术合作协定议定书。

1971年8月8日至12日,应中国政府的邀请,索马里外交部部长奥玛尔·阿尔特·加利卜率政府代表团访华。访问期间,加利卜向周总理面交了西亚德主席邀中国派团参加索马里民主共和国政府成立两周年庆典的信函,姬鹏飞代外长同加利卜举行了会谈。

1971年8月1日,索马里外交部照会中国驻索使馆,告知索马里民

索马里

主共和国政府已任命艾哈迈德·穆罕默德·达尔曼为首任驻华大使。8月11日，中国同意索大使提名。1972年3月24日，达尔曼大使抵京。3月29日，达尔曼大使在广州向董必武代主席递交了国书。

1972年5月13日至18日，应中国政府的邀请，索马里最高革命委员会主席穆罕默德·西亚德·巴雷少将对中国进行国事访问，索公共工程部部长穆罕默德·谢赫·奥斯曼上校、最高革命委员会主席顾问阿卜迪·瓦尔萨马·伊萨克少校、外长奥马尔·阿尔特·加利卜、计划协调部部长艾哈迈德·穆罕默德·马哈茂德博士等随行。西亚德一行于5月13日自上海入境，14日抵京，周恩来总理、叶剑英副主席、李先念副主席等到首都机场迎接。访问期间，周恩来总理同西亚德主席举行了三次政治会谈，中国对外经济联络部副部长陈慕华同马哈茂德部长进行经济会谈，副总参谋长王新亭同伊萨克少校进行军援会谈。通过会谈，双方就向索马里提供新的经济援助达成协议。

1977年6月20日至29日，应中国政府的邀请，索马里副总统伊斯梅尔·阿里·阿布卡尔准将率政府代表团访华，索马里革命社会主义党（简称"革社党"）思想意识局主任穆罕默德·亚当·谢赫、革社党工业局主任艾哈迈德·哈比布·艾哈迈德、索公共工程部部长穆罕默德·哈瓦德尔·马达尔等随行。索马里政府代表团此访的主要目的是寻求中国支持其抗衡苏联的立场，同时要求新的经济和军事援助。华国锋主席会见了代表团，李先念副总理到机场迎接、主持会谈及宴会，黄华外长同索思想意识局主任谢赫就国际和非洲形势交换了意见。交通部部长叶飞陪同代表团赴河南林县、郑州和上海参观访问。黄华外长同索公共工程部部长马达尔签署了中索经济技术合作协定第二号议定书。

1978年4月14日至18日，应中国政府的邀请，时任索马里部长委员会主席的西亚德率团再次访华。陪同人员有副主席伊斯梅尔·阿里·阿布卡尔、主席事务部部长奥马尔·阿尔特·加利卜等49人。国家主席兼国务院总理华国锋、副总理李先念等到机场迎接。访问期间，华国锋主席会见，李先念副总理主持会谈和宴会。应索方要求，耿飚副总理同伊斯梅尔副主席就两党友好联系进行了会谈。中索签订经济技术合作协定和军援议定书。在华期间，西亚德主席瞻仰了毛主席遗容，参观了警卫三师、遵化县小工业和沙石峪大队。

1978年7月30日至8月5日，陈慕华副总理率中国政府代表团对索马里进行正式友好访问，并参加中国援建的贝布公路及布劳桥的竣工典礼暨移交仪式。这是粉碎"四人帮"后，中国国家领导人第一次访非。此访恰逢索马里在欧加登战败后，面临苏联、古巴威胁的困难时期，索方视此访为中国对其的政治支持，极为重视，破格按国家元首级别接待。西亚德主席会见并宴请陈副总理，伊斯梅尔副主席主持会谈。代表团还赴哈尔格萨和基斯马尤访问，受到当地群众热烈欢迎。

1978年11月2日至5日，耿飚副总理对索马里进行私人访问。索第二副主席库勒米赴机场迎接并主持欢迎仪式。访问期间，西亚德主席同耿副总理三次会晤并设宴欢迎，双方就双边关系、国际和地区形势深入交换了意见。耿副总理离索时，库勒米副主席夫妇送行，并转交西亚德主席致华国锋主席的一封信。

1979年4月5日至10日，索马里外长阿卜杜拉赫曼·贾马·巴雷访华。华国锋主席接见，陈慕华副总理会见并宴请，黄华外长主持会谈并举行欢迎宴会。应索方要求，何正文副总参谋长会见了贾马外长，中国外经、国防、教育和外贸部门分别同索方部分人员进行了分组会谈。华国锋主席接见时，贾马外长面交了西亚德主席关于寻求我国军援的信件。除北京外，贾一行还赴上海参观访问。

1979年10月6日至7日、15日至16日，库勒米副主席在赴朝往返途中，均在京过境停留，并礼节性拜会中国领导人。何英副外长和宫达非副外长分别到机场迎接，陈慕华副总理和宫达非副外长分别会见并宴请。库勒米通报了非洲之角形势、索与美国达成美使用索军事设施协议的情况，希望中国将索方愿与肯尼亚改善关系的愿望转告肯方。中国领导人通报了我国应索主席要求，在肯总统莫伊访华期间向莫转达索愿同肯实现关系正常化的信息，希望索采取主动行动，改善与肯关系。中国还表示，如在索、肯改善关系过程中需要中国的帮助，中国将尽力而为。

1979年，索马里根据新宪法开始实行总统制。1980年1月西亚德当选索马里总统。1982年4月，西亚德总统派遣索第二副总统兼总统国家

索马里

事务助理侯赛因·库勒米·阿弗拉少将率领代表团对我国进行正式友好访问。在4月18日至23日访问期间，胡耀邦主席接见，赵紫阳总理会见并宴请，姬鹏飞副总理主持会谈。库勒米向胡主席递交了西亚德总统的亲笔信。除北京外，库一行还赴南京、上海参观访问。

1984年12月23日至26日，应国务委员兼外长吴学谦的邀请，索马里外长阿卜迪拉赫曼·贾马·巴雷对中国进行友好访问。其间，赵紫阳总理会见，吴学谦外长主持会谈，并与贾马外长分别代表各自政府，签署了中国向索马里提供5000万元人民币无息贷款、赠送2000吨玉米的协议。

1985年12月14日是中索建交25周年纪念日，中索双方均非常重视。1985年12月12日，国家主席李先念和外长吴学谦分别与西亚德总统和贾马外长互致贺电，中索分别举行多种庆祝活动。12月13日，中国对外友协和中非友协联合举行庆祝中索建交25周年冷餐招待会，全国政协副主席杨静仁出席。15日，中国驻索使馆举行招待会，索邮电部部长、国防部部长等出席。中国派出以对外友协副会长林林为团长的友协代表团赴索参加庆祝活动。索方组成了以党中央事务局局长博坦为首，由外交、国务、新闻、文化和高教等部多位正、副部长组成的庆祝活动筹委会，将12月14日至20日定为中索友谊周，以报纸载文、电视采访中国驻索临时代办、播放中索友好节目、举行群众集会、足球比赛等形式庆祝中索建交。12月17日，索驻华大使举行招待会，彭冲副委员长出席。

1986年3月21日至24日，应西亚德总统的邀请，中国国家主席李先念偕夫人林佳楣对索马里进行国事访问，国务委员陈慕华、外交部副部长齐怀远、对外经济贸易部副部长吕学俭等随行。访问期间，西亚德总统和李先念主席除了共同主持双方会谈之外，还进行单独会谈，国务委员陈慕华同贾马外长就双边关系等问题进行正式会谈，对外经贸部副部长吕学俭与索计划部副部长奥斯曼进行经贸对口会谈。中索签署了经济技术合作协定。西亚德总统与李先念主席共进午餐，并在为代表团举行的欢迎晚宴上授予李先念主席"索马里之星"勋章。李先念主席在西亚德总统的陪同下参观了中国援建的摩加迪沙体育场、阿夫戈伊革命青年中心（男生部）、阿夫戈伊监狱部队农场、索马里国立大学政治学院和贝纳迪尔医院，并为医院扩建工程奠基。

五 索马里地方割据时期的中索关系

1991年1月西亚德政权被推翻后，索马里各反政府派别因争权而相互仇杀，索马里陷入地方割据的混战状态。中国被迫于当月撤回全部驻索人员，但两国仍保持外交关系。索马里有关事务由中国驻肯尼亚使馆代管。作为联合国安理会常任理事国，中国积极推动安理会审议索马里问题，支持国际社会为恢复索马里和平所做的努力，始终坚持索马里问题应由索马里人民自主解决的立场，规劝索马里各派捐弃前嫌，通过实现基础广泛的民族和解，以便和平解决索马里问题。与此同时，还通过国际组织向索马里人民提供了一定数量的人道主义援助。

1992年12月，联合国安理会授权以美国为首的多国部队对索马里采取军事行动，为人道主义救援工作建立安全环境。由于受到索马里武装派别的顽强抵抗，维和部队被迫于1995年3月全部撤离，联索行动失败。

中国政府一贯反对外国干涉别国内政，尤其反对一国对另一国进行军事干涉。但由于索马里情况实属特殊，各派混战不止，无统一、有效的政府，对索马里人民的援助物资无法送达，因此中国在1992年12月联合国安理会表决有关联合国向索马里派遣维和部队的决议时投了赞成票。同时，中国亦鲜明地提出了修改意见，强调决议应明确反映索马里人民和国际社会的合理要求，尊重索马里的主权，不干涉内政；对索马里的军事行动应仅限于保护实施人道主义援助，联合国应对此次行动的目标严格监督。中国政府希望在联合国和国际社会的共同努力下，力求使对索马里的军事行动不偏离目标，使索马里的形势向好的方面发展；希望索马里各派以索马里人民的利益和本地区的和平与安全为重，与国际社会合作，通过和平方式解决彼此争端，使索马里尽快恢复和平与统一。鉴于中国对索马里问题的原则立场，中国未派维和部队参与联索行动。

六 索马里过渡联邦政府以来的中索关系

2003年中国担任联合国安理会索马里问题协调员，积极推动安理会讨论索马里问题。中国向在肯尼亚境内举行的"索马里和平会议"提供了资助。2004年10月10日,索马里过渡联邦议会举行总统选举,优素福当选过渡联邦政府总统。10月14日优素福总统宣誓就职。对此,中国政府表示了欢迎和支持。2006年11月,优素福来北京参加"中非合作论坛北京峰会"。2007年8月,中国驻肯尼亚大使郭崇立赴索马里首都摩加迪沙出席联合国和解大会,并访问索马里。2010年5月,索马里外交部部长贾马来华参加"中国-阿拉伯合作论坛"第四届部长级会议。2011年4月,索马里外交部部长奥马尔访华,杨洁篪与其举行会谈。2012年11月,中国驻肯尼亚大使刘光源访问索马里,并会见马哈茂德总统等索马里国家领导人。2013年8月22日至28日,索马里联邦共和国政府副总理兼外交部部长福西娅访华,汪洋副总理和王毅外长分别与其会见、会谈。

索马里内战全面爆发后,中国政府和红十字会多次向索马里无偿提供药品和一些其他民用物资援助。2011年8月,为帮助索马里应对旱灾,中国政府向索马里提供1600万美元的粮援现汇。

2014年10月12日,中国驻索马里使馆正式复馆,在摩加迪沙半岛皇宫酒店办公。同在这个酒店办公的还有埃及、卡塔尔等国的大使。2015年7月26日,半岛皇宫酒店遭恐怖炸弹袭击,中国驻索马里使馆一名警卫罹难,三名使馆工作人员受伤。我方为此向索方提出交涉,索方表示将采取一切必要措施,全力救治伤者,妥善处理有关问题,确保中国驻索马里机构和人员安全。2015年12月,习近平主席在出席中非合作论坛约翰内斯堡峰会期间会见索马里总统马哈茂德。2017年,中国政府向索马里提供1000万美元抗旱救灾紧急人道主义粮食援助;同时向肯尼亚提供500万美元援助,用于救济在肯尼亚境内的索马里等国难民。2018年7月28日,索马里-中国友好协会在索马里首都摩加迪沙成立。8月31日,中国国家主席习近平会见出席中非合作论坛北京峰会的索马里总统穆罕默德·阿卜杜拉西·穆罕默德。

七　中索经贸关系

与索马里建立外交关系后,中国与索马里两国间的经济与贸易关系得到了较快发展，中国向索马里提供了力所能及的援助，这些援助为索马里的经济发展和索马里人民生活水平的提高等均做出了积极贡献。中索间签订的重要经贸协定有：《中华人民共和国和索马里（民主）共和国经济技术合作协定》（共5个，分别签订于1963年8月9日、1978年4月18日、1984年12月25日、1986年3月22日和1990年7月9日）、《中华人民共和国和索马里（民主）共和国贸易与支付协定》（共2个，分别签订于1963年5月15日和1980年4月23日）、《关于向索马里共和国提供财政援助的换文》（1963年8月9日）、《关于建造索马里共和国国家剧场的协议》（1965年12月16日）、《关于修建贝莱特温至布劳公路的协定》（1971年6月7日）、《关于费诺力和巴洛温项目的技术与行政管理协定》（1984年7月2日）等。2015年，中索两国政府签署经济技术合作协定。

（一）技术合作

依照上述有关协定，中国承担了对索马里医院、公路、供水等多个援建项目，并向索马里提供了大量的物资援助，在帮助索马里进行经济建设和改善人民生活方面发挥了重要作用。主要援助项目如下。

1. 成套项目 27 个

其中24个已完成，分别是：国家剧场（1966年10月至1967年11月），乔哈尔水稻、烟草试验站（1966年6月至1970年4月），扩建乔哈尔水稻、烟草试验站（1970年4月至1975年3月），哈尔格萨打井工程（1969年4月至1970年3月），哈尔格萨供水工程（1972年3月至1974年2月），扩建哈尔格萨供水工程（1985年10月至1987年9月），卷烟厂（1972年5月至1975年1月），火柴厂（1972年5月至1975年1月），贝纳迪尔妇产儿童医院（1974年12月至1977年3月），扩建贝纳迪尔妇产儿童医院（1988年9月至1989年8月），索马里体育场（1975年12月至1977年11月），贝莱特温至布劳公路（1973年7月至1978年8月），布劳公路桥（1977年11月至1978年4月），作价移交加尔卡尤机械修理厂（1978年8月），烤烟厂房和仓库（1972年7月至1978年6月），巴依多瓦供水工程（1977年11月至1979年7月），索马里革命社会主义党政治学院校舍（1983年6月至1985年10月），北部四州打井供水工程

（1982年12月至1985年10月），体育场维修（1987年12月至1988年7月），剧场维修（1988年9月至1989年1月），巴洛温农场（1979年2月至1981年10月），费诺力水利工程（1978年8月至1987年10月），费诺力稻谷农场（1982年1月至1989年10月），盖比莱等三镇打井供水工程（1988年1月至1988年5月）。部分工程因索马里内战而终止。

2. 技术合作项目15个

其中12个已完成，分别是：巴依多瓦打井供水工程技术合作（共2期，每期1年，1979年8月至1981年7月），哈尔格萨供水工程技术合作（共6期，每期1年，1974年4月至1980年3月），卷烟厂及火柴厂技术指导（共5期，1979年1月至1986年11月），乔哈水稻、烟草试验站技术指导（1975年3月至1978年6月），体育场技术合作（共3期，每期1年，1977年11月至1980年11月），种植烟草和烤烟技术指导（1978年7月至1981年10月），中餐烹调技术指导（1972年10月至1973年12月），政治学院技术合作（1986年1月至1989年1月），农业中级官员培训（1989年4月至7月），巴洛温农场技术合作（1981年10月至1990年10月），费诺力农场技术合作（1987年10月起），农业部顾问（1988年10月）等。

3. 单项设备5个

公路养护设备（1978年8月），为渔业区安置提供建筑材料（1981年1月），向哈尔格萨供水项目提供3台柴油发电机组（1987年11月），向巴洛温农场提供农机具和零配件（1987年10月至1990年10月），提供一套10千瓦短波电台（1989年10月）。

4. 多边项目3个

畜牧发展中心，此系粮农组织认捐项目，总建筑面积380平方米，我国提供一批医疗物资和咨询服务，日期是1986年10月至1987年10月；小农具等3个考察项目，此系亚非工业合作项目，对小农具、煤油炉、煤气罐进行考察，日期是1988年9月至1989年2月；太阳灶项目，此系东非政府间抗旱与发展组织项目，中国捐助20个太阳灶、2个热水器，派2名专家指导，1989年4月完成。

（二）双边贸易情况

1963年5月15日，中索签订贸易与支付协定，规定两国贸易以记账方式进行。由于索马里适合中国需要的商品较少，而索马里对中国轻纺产品和其他日用工业品的需求又较大，在双方贸易中，中国常年大幅顺差。索马里长期外汇困难，无力清算账户，致使中国贸易顺差多年悬于账上，无法解决。1980年4月23日，中索签订新的贸易协定，将记账贸易改为现汇贸易，同时成立经济贸易混合委员会，规定每三年会晤一次。

中索记账贸易的最高纪录为1973年，达1400多万美元；现汇贸易的最高纪录为1982年，达1282万美元。截至1988年底，中索年平均贸易额为477万美元。中国主要出口商品有轻工业品、纺织品、西药、小五金、工具和小型机械设备等，从索马里进口的商品主要有没药、乳香、山羊和绵羊皮。

1991年1月索马里民主共和国政府被推翻，国家出现地方割据状态后，中国与索马里之间仍有一定数量的贸易往来。2016年，中索双边贸易额为4.04亿美元，同比增长24.48%，其中中国出口3.92亿美元，进口0.12亿美元。中国主要出口农产品、机电产品、纺织产品，主要进口冻鱼、芝麻等。

（三）劳务承包

1982年，中国开始在索开展工程承包和劳务合作业务。截至1989年3月，中国同索马里共签承包、劳务合同32项，总金额7274万美元，营业额5136万美元。在索马里开展互利合作的中国公司主要有四川国际公司、江苏国际公司、中水公司、中建公司和成套公司。

1988年以前，中国在索工程承包业务发展较快。在施工高峰期，中国在索承包人员达400余人。1988年后，由于索国内政治、经济形势不稳，中国承包业务量递减。1991年1月，中国所有承包人员自索撤回。

八 其他领域的交流与合作

中索之间还在文化、教育、体育、新闻、医疗卫生和科技等领域进行了友好交流和合作。1963年1月10日，中国对外文化委员会朱光副

索马里

主任和索新闻部部长希拉维分别代表两国政府签订了《中索文化合作协定》，规定双方根据互相尊重主权、互不干涉内政和平等的原则，鼓励和促进双方在教育、科学、文艺、医疗卫生、体育、新闻、广播电视等方面的交流与合作，协定有效期3年。中国多个文化团组，如太原杂技团、东方歌舞团、浙江歌舞团、中国武术团、陕西省杂技团、长春杂技团等先后访索并演出，受到索马里人民的热烈欢迎。索马里一些文化艺术团体，如索艺术代表团、索马里瓦贝里（黎明）歌舞团等也先后来华访问并演出。

1983年11月5日，索新闻与国民指导部部长穆罕默德·奥马尔·盖斯率索政府文化代表团访华。中国文化部部长朱穆之与盖斯分别代表各自政府签署了新的中索文化协定。

在教育合作方面，1978年5月21日至6月5日，索高教和文化部部长博坦率索教育代表团访华，陈锡联副总理和陈慕华副总理分别会见。经过会谈，中索就两国文化教育合作达成如下协议。（1）自1979年秋起的3年内，中方接受100名索教师来华进修，中方于1978年下半年派考察组赴索了解索师资业务水平和专业情况。（2）1979~1981年，索每年可派20人左右的大学教师代表团访华一个月；中方每年派教师赴索讲学2个月。此外，中国还同意有关艺术院校接收索留学生。

在新闻合作方面。1978年2月26日至3月15日，索新闻部部长阿布迪卡西姆·萨拉特·哈桑率索新闻代表团访华，邓小平副总理、黄华外长分别会见。中索签订了广播电视合作协定和新闻合作协定。代表团访问了北京、长沙、上海、韶山和大寨。

在体育合作方面，主要是双方互派体育代表团访问，相互学习，中国援建体育设施。有关索马里体育代表团或队访问中国的情况，本书第五章已作介绍。前往索马里访问的中国体育代表团或队有：中国国家足球队，时间是1972年1月9日至19日；中国男子篮球队，时间是1972年8月1日至9日。1977年11月13日，中国援建的索马里体育场举行竣工典礼和移交仪式，以国家体委副主任于步血为首的中国政府友好代表团应邀前去参加和访问，中国辽宁足球队随访。访问期间，代表团受到西亚德主席的接见，辽宁足球队与索马里足球队进行了友谊赛。

此外，中国还向索派遣了医疗队。1965 年，因遇严重旱灾，索方主动提出希望我国派医疗队赴索。同年 6 月，中国首批 15 名医护人员赴索参加救灾工作，为期半年。当年 10 月，中国应索方要求，将医疗队工作期限延至 2～3 年。1967 年 10 月，中国第二批 13 名医疗队员赴索。至 20 世纪 90 年代初，中国先后向索马里派出十三批医疗队。1991 年索马里内战全面爆发，中国医疗队被迫撤回。

九　中索历任驻对方大使简况

（一）中国历任驻索马里大使及其任期

张越，1961 年 5 月至 1964 年 7 月。

杨守正，1964 年 9 月至 1970 年 3 月。

樊作楷，1970 年 9 月至 1975 年 1 月。

张世杰，1975 年 3 月至 1979 年 4 月。

李玉池，1979 年 10 月至 1983 年 2 月。

王世琨，1983 年 9 月至 1985 年 10 月。

施承训，1986 年 1 月至 1990 年 3 月。

徐英杰，1990 年 4 月至 1992 年 4 月（1991 年 1 月索内战全面爆发后撤回）。

韦宏添，2014 年 8 月至 2017 年 2 月。

覃俭，2017 年 3 月至今。

（二）索马里历任驻华大使

艾哈迈德·穆罕默德·达尔曼，1972 年 3 月至 1975 年 10 月。

穆罕默德·伊斯梅尔·卡欣，1975 年 11 月至 1981 年 9 月。

谢里夫·萨拉赫·穆罕默德·阿里，1981 年 10 月至 1984 年 10 月。

优素福·哈桑·易卜拉欣，1984 年 11 月至 1988 年 11 月。

穆哈默德·哈桑·赛义德，1988 年 11 月到任（索马里民主共和国倒台后一直留住中国）。

穆罕默德·艾哈迈德·阿威儿，2005 年 12 月至 2010 年 12 月。

索马里

优素福·哈桑·易卜拉欣，2012年1月至2018年12月。

阿瓦莱，2018年12月至今。

第十节 同联合国的关系

在索马里同国际组织的关系中，同联合国的关系最为密切。这首先表现在索马里的独立同联合国的支持密切相关。第二次世界大战结束后不久，面对索马里人民日益高涨的争取民族独立的斗争，英国提出了所谓的"大索马里计划"，即当时分属意属索马里、英属索马里、埃塞俄比亚的欧加登和肯尼亚东北部索马里人居住区合而为一，成立大索马里，并加入英联邦。在遭到美、苏、英、法四大国会议否决后，英国又提出一个新方案，建议原意属索马里不定期地由意大利托管。这个建议激起了摩加迪沙和索马里境内其他地方民众的反对。在这种情况下，1949年11月21日联合国大会做出了在联合国监管下将原意属索马里交由意大利托管10年的决议。这个决议要求意大利当局"扶植自由政治制度的发展，促进这个地区的人民走向独立"。这个决议还有一个作为附件的"组织原则宣言"，用于保障索马里人的权利和保证托管当局履行托管义务。为了使索马里人更加放心，联合国还建立了一个咨询委员会驻摩加迪沙，以便直接联络意大利当局和索马里人代表。这个委员会可以对索马里各个领域的发展进程提出建议和报告。联合国还定期派出访问团，访问团与咨询委员会一样，向联合国托管委员会报告。这些措施使得意大利难以玩弄权术或逃避责任。在得知英属保护地索马里和意托管地索马里独立后将合并为一个国家，前者将于1960年6月26日实现独立后，1959年12月联合国大会通过一项决议，确定意托管地索马里的托管日期应在1960年7月1日结束，比原定的托管期限提前了几个月。这就使意托管地索马里能在1960年7月1日这一天摘掉"托管"这顶帽子，宣布独立，并同此前实现独立的英属索马里合并为一个国家——索马里。

索马里独立后，联合国在索马里驻有联合国秘书长的私人代表、财政顾问、司法顾问、粮食和农业组织代表、教科文组织代表以及世界卫生组织代表等。索马里对联合国大加颂扬，国旗采用联合国旗帜的浅蓝颜色，索马里希望"通过联合国获得援助"。

从20世纪80年代末开始的索马里内战给索马里带来了巨大灾难，田园荒芜，民不聊生。到1993年初，内战已造成35万人死亡，300多万人背井离乡，沦为难民。其中，约100万人流落邻国及其他国家。为了制止索马里内战，1992年1月23日联合国安理会通过第733号决议，宣布对索马里实行全面武器禁运，并展开了"联合国索马里行动"。

联合国维和部队撤出后，索马里各派武装在摩加迪沙及其他地区的冲突并未完全停止，他们仍在为争夺地盘和扩大影响而经常爆发冲突。但随着时间的推移，各割据势力已开始出现相互牵制和力量大致相对平衡的格局，长年的战乱已使大多数索马里平民和一些武装派别的领导人产生了厌恶情绪。在此情况下，联合国大力促进非洲统一组织/非洲联盟、阿拉伯国家联盟、伊斯兰会议组织、政府间发展组织和索马里的邻国继续积极努力，共同推动索马里各派通过政治谈判实现索马里国家的和平与统一。正是在联合国和其他国际组织的大力支持下，索马里得以在和平与统一的大道上不断前进，2005年1月成立索马里过渡联邦政府，2012年11月成立索马里联邦共和国政府，使人们看到索马里结束二十多年战乱和割据、重新实现统一的曙光。

21世纪初开始的索马里海盗的猖狂活动，既是对国际航运、海上贸易和海上安全的严重威胁，也是对索马里和平与统一进程的严重威胁。2005年1月成立的索马里过渡联邦政府无法应对这种威胁，于是向联合国求助。正是根据索马里过渡联邦政府的请求，联合国安理会于2008年6月2日通过第1816号决议，授权外国海军在获得索马里过渡联邦政府允许的情况下进入索马里海域，打击索马里海盗。近30个国家的海军来到索马里海域为各国商船护航。在多国海军共同打击下，索马里海盗劫持外国船只的活动逐年减少。近几年，索马里海盗有时虽仍有活动，但其成功率几乎降为零。

在成功遏制索马里海盗后，根据索马里联邦政府的要求，联合国对索马里的支持着重于提高联邦政府的执政能力和国家的重建。为了

索马里

帮助索马里建立一支强有力的安全部队,联合国安理会于2013年3月通过一项决议,决定解除自1992年以来对索马里实行的武器禁运,允许索马里政府进口轻型武器及其他军事装备。不过,地对空导弹、大炮和地雷等武器不在解禁之列。联合国特别支持非洲联盟向索马里派遣特派团,协助索马里政府打击"青年党"等反政府武装。为了帮助索马里联邦政府提高建设国家的能力,2013年6月3日联合国专门设立了由秘书长特别代表领导的"联合国索马里援助团"(简称"联索援助团")。联索援助团的主要任务是:支持索马里的和平进程;支持索马里联邦政府和非盟驻索马里特派团,就索马里国家建设提供战略和政策咨询与双边或多边合作;在充分尊重索马里主权的前提下,协助索马里联邦政府协调国际捐助方提供的援助。同年9月14日,联合国安理会表示,联合国索马里援助团将在索马里部署,向索马里派驻人员,为索马里国家重建发挥应有的作用。

当下,由于索马里安全形势堪忧,非盟驻索马里特派团(AMISOM)在当地履行维和任务,2017年,维和士兵共有22126人,来自乌干达、布隆迪、埃塞俄比亚、肯尼亚和吉布提。另外,联合国亦有驻索马里特派团(UNSOM),由8名观察员和579名士兵组成(2016年)。[①] 外部力量配合索马里本土武装力量,共同维护索马里的安全和社会稳定。

第十一节 同伊加特的关系

伊加特(Intergovernmental Authority on Development,IGAD),全称为政府间发展组织,其前身是成立于1986年的东非国家组成的政府间抗旱与发展组织,1996年3月改为现名。索马里是该组织的7个成员国之一。该组织成立以来,实现了由经济合作职能到政治、经济、社会、安全、环境等多领域全面合作的转变,其中该组织对维护索马里和平与安全方面的作用尤为突出。

---

① Iain Frame, *Africa South of the Sahara 2018*, Routledge, 2017, p.1100.

第七章 外 交

自1991年索马里陷入无政府状态后，伊加特积极调解索马里的派别冲突。2003年10月，伊加特成立索马里和平进程促进委员会，其成员包括埃塞俄比亚、肯尼亚、乌干达、吉布提和厄立特里亚。2005年1月，在伊加特的支持下，该组织在肯尼亚内罗毕召开了索马里和会。在这次会议上，选举产生了索马里过渡联邦议会、总统，并成立了索马里过渡联邦政府。2006年12月，伊加特与非盟、阿盟发表了联合公报，呼吁索马里过渡联邦政府和教派武装组织"伊斯兰法院联盟"于次年1月15日前无条件举行政治对话，并督促所有外国武装力量从索马里撤出，以捍卫索马里国家主权。2010年6月，伊加特各成员国在肯尼亚商讨帮助索马里过渡联邦政府对抗外来势力事宜，决定允许索马里邻国对索马里进行旨在维稳的军事干预。7月，面对索马里境内反政府武装在首都摩加迪沙造成的日益恶化的安全形势，伊加特第15届首脑会议在亚的斯亚贝巴举行，与会的7国政府代表一致同意向索马里政府增援2000名非盟维和部队士兵，并要求由联合国维和部队取代目前在索执行维和任务的非盟驻索马里特派团，促请非盟和联合国落实索马里过渡联邦政府和反政府武装此前达成的分权协议。2016年9月，第28次伊加特特别首脑会议在索马里首都摩加迪沙举行，这是伊加特成立30年来首次在索马里这个"非洲之角"国家举办首脑会议。与会领导人呼吁索马里举行自由公正的选举，早日实现和平与发展。2017年3月，伊加特在肯尼亚首都内罗毕召开索马里难民问题特别峰会。

大事纪年

距今 100 万年左右	旧石器时代。
距今 1 万年左右	新石器时代。
公元前 2000 年	蓬特国。
公元开始前后	柏培拉、泽拉等城邦国家。
公元 7 世纪	随着阿拉伯人大批进入，伊斯兰教也在索马里传播开来。
1499 年	葡萄牙开始入侵索马里。
1789 年	英国开始入侵索马里。
1840 年	法国开始入侵索马里。
1869 年	意大利开始入侵索马里。
1885 年	德国开始入侵索马里。
1888 年	英、法签订双方在索马里的殖民疆界协议。
1889 年	英、意在伦敦签订协议，确定双方在索马里殖民的势力范围。索马里西北部为英国势力范围，东北部和东南部为意大利势力范围。
1890 年	英、德签订条约，确定德国在东非的势力范围为南自伍鲁马河，北至温巴河；温马上河以北的沿海地区，均为英国势力范围。德国放弃在了索马里攫取土地的欲望。
1899 年 8 月	由穆罕默德·阿卜杜拉·哈桑领导的反瓜分武装起义开始。屡挫英国殖民军的讨伐。到第一

	次世界大战爆发前夕，起义军控制的地区逐渐形成以塔莱为中心的政教合一的国家。
1920年12月	英国殖民军占领起义军总部所在地塔莱。起义失败。
1935年	索马里民族协会诞生。
1943年5月13日	索马里青年俱乐部成立。
1947年12月	索马青年俱乐部改名为"索马里青年联盟"。此时它已是一个强大的民族主义政党，在有索马里人居住的地区包括原意属索马里、原英属索马里保护地、原法属索马里、欧加登地区和肯尼亚东北部索马里人居住区都有支部。
1950年12月	联合国托管委员会将原意属索马里交由意大利托管。
1960年6月26日	英属索马里保护地获得独立。
1960年7月1日	意属索马里托管地获得独立。同一天，与刚获得独立的英属索马里合并，成立索马里共和国。阿丹·阿布杜勒·欧斯曼任临时总统，阿布迪拉希德·阿里·舍马克任总理。合并后原英属索马里保护地区改称北区，原意属索马里托管地称南区。
1961年7月6日	索马里国民议会选举欧斯曼为共和国总统，舍马克再度被邀组阁。
1964年3月	欧斯曼再次被选为总统，阿布迪里扎克·哈吉·侯赛因被邀组阁。
1967年6月	舍马克当选总统，并任命穆罕默德·哈吉·易卜拉希姆·埃加勒为总理。
1969年10月15日	舍马克在北方视察时遭枪杀身亡。
1969年10月21日	以国民军司令西亚德·巴雷为首的军人发动政变，推翻埃加勒政府，成立最高革命委员会，

	统辖国家行政、立法和司法大权,废除前政府通过的宪法,禁止所有政党活动。政府日常工作由国家书记委员会负责。
1970 年 10 月	最高革命委员会宣布要在索马里实行"科学社会主义"。1971 年 11 月西亚德·巴雷访问苏联回国后不久,最高革命委员会宣布要将索马里建成一党制国家。
1972 年 10 月 21 日	经修订的用拉丁字母拼写索马里文字的方案正式颁布实施。
1974 年	索马里加入阿拉伯国家联盟,成为阿盟唯一的非阿拉伯语成员国。
1976 年 7 月 1 日	索马里革命社会主义党成立,最高革命委员会宣布解散,并将其权力移交给革命社会主义党。国家书记委员会改为部长委员会。
1977 年 7 月	在埃塞俄比亚军队和西部索马里解放阵线武装部队发生一系列冲突后,索马里军队进入有争议的欧加登地区,对埃塞俄比亚军队进行打击。
1977 年 11 月	索马里失去苏联对自己的支持。开始寻求西方国家对自己的支持。
1978 年 3 月	索马里军队被得到苏联和古巴支持的埃塞俄比亚军队击败后,从欧加登地区撤出。
1978 年 4 月	西亚德·巴雷政府挫败了由阿卜杜拉希·优素福中校领导的"索马里救国阵线"(1978 年初在南也门亚丁成立)发动的军事政变。政变失败后,该阵线一些军官逃往海外。1981 年该阵线与其他流亡海外的反政府组织合并,改名为"索马里救国民主阵线",优素福被选为主席。

索马里

1980 年	为了改善与西方国家关系，寻求西方国家对索马里的援助，西亚德·巴雷政府答应了西方国家提出的主要条件：索马里必须进行政治和经济改革，使之民主化；放弃对邻国境内索马里人居住区的领土要求；西方国家有使用柏培拉地区海、空军事基地的权利。
1981 年 4 月	旨在反对民主共和国政府的"索马里民族运动"在伦敦成立。
1988 年 4 月	索马里与埃塞俄比亚签署和平协议。根据协议，双方都不再支持在对方国内的反对派。
1988 年 5 月	索马里民族运动武装人员占领布劳和哈尔格萨，索马里政府军出动空军对哈尔格萨等进行轰炸，造成大量平民伤亡，迫使 65 万人逃到埃塞俄比亚。西方国家因此冻结对索马里的援助。
1989 年 1 月	联合索马里大会在罗马成立。
1989 年 3 月	索马里爱国运动在中朱巴成立。
1989 年 7 月	各类反政府派别组织已有二十多个。反政府武装斗争遍及索马里的四面八方。
1990 年 10 月	各主要政治反对派达成协议，承诺在推翻政府后分享权力，组织联合政府。
1990 年 12 月	西亚德·巴雷政府已失去对全国大多数地区的控制。
1991 年 1 月	以阿里·迈赫迪和法赫德·艾迪德为首的"联合索马里大会"的武装部队，在未同其他派别军队协调的情况下，单方面攻入摩加迪沙。1 月 27 日，西亚德·巴雷率领一部分忠于他的军队逃离摩加迪沙。1 月 28 日，联合索马里大会擅自成立临时政府，遭到其他派

	别的反对。内战进一步扩大。
1991 年 5 月	"索马里民族运动"宣布索马里兰共和国独立。
1991 年 6 月和 7 月	索马里各派在吉布提总统古莱德韩旋下,在吉布提先后举行两次和解会议,达成包括立即停火等多项协议,还正式任命阿里·迈赫迪为临时政府总统。但协议并未得到执行。内战愈演愈烈。
1992 年 4 月	第一期联合国索马里行动(1992 年 4 月至 11 月)。联索行动遭到当地军阀的敌视和破坏。
1992 年 12 月	第二期联合国索马里行动(1992 年 12 月至 1995 年 3 月)。为确保联索行动任务的完成,安理会决定向索马里派出特遣队。特遣队由 21 个国家组成,共计 3.7 万人。其中美军 2.8 万人。
1993 年 3 月	在联合国促进下,索马里 15 个政治派别在亚的斯亚贝巴召开和解会议。索马里兰以观察员身份出席。和会签署多项协议,但未能得到执行。
1993 年 10 月	艾德派武装部队在摩加迪沙击落两架美军直升飞机,并给美国特种部队造成严重的人员伤亡。美国公众强烈要求美国军队尽快从索马里撤离。
1994 年 3 月	美国特遣队全部撤出索马里。
1994 年 11 月	索马里兰内讧,爆发武装冲突。
1995 年 1 月	流亡尼日利亚的西亚德·巴雷病逝。
1995 年 3 月	第二期联合国索马里行动武装力量和文职人员全部撤离索马里。
1995 年 6 月	艾迪德宣布组成"基础广泛"的中央政府,

	并自封"临时总统"。但实际上甚至未能对摩加迪沙实行有效的控制,也未能得到国际社会承认。
1995年9月	拉汉文抵抗军在反对艾迪德派别武装斗争中组成,并控制索马里西南部的大部分地区。
1996年7月	艾迪德遭反对派枪击,不治死亡。其子侯赛因·艾迪德宣布继承父业。
1996年11月	在埃塞俄比亚资助下,索德雷和解会议召开,多数南部派别参加,小艾迪德和索马里兰拒绝与会。
1996年12月	索马里兰有关各方在哈尔格萨举行会议,宣布持续两年的内战结束。
1997年2月	索马里兰全国会议以临时宪法取代全国宪章,重新挑选埃加勒为任期2年的总统,后又将任期延长至5年。
1997年10~12月	谢贝利和朱巴河谷及两河间地区因遭受厄尔尼诺影响,发生严重饥荒,国际社会实施了大规模救济计划。
1997年11月	30多个派别的领导人参加了在埃及举行的和会,会议签署的和平协议未能得到执行。
1998年2月	因索马里爆发裂谷热,沙特阿拉伯禁止进口索马里的活畜,禁令持续了15个月。
1998年7~8月	以摩加迪沙为基地的派别领导人协商建立贝纳迪尔地方政府,小艾迪德放弃他的总统权力。
1998年8月	加罗韦制宪会议举行,东北部领导人组成索马里邦特兰国,挑选阿卜杜拉希·优素福为总统。
1999年5月	拉汉文抵抗军重新占领拜伊和巴卡尔,建立了自己的行政机构。

大事纪年

2000 年 5 月	在吉布提和伊加特的倡议下,索马里全国和解会议在吉布提的阿尔塔召开。
2000 年 8 月	由 245 名议员组成的过渡全国议会在阿尔塔组成,阿布迪卡希姆·萨拉德·哈桑被选举为过渡全国政府总统,部分索马里周边国家的国家元首和政府首脑、联合国、欧盟、非洲统一组织和阿拉伯国家联盟的代表出席其就职仪式。
2000 年 9 月	哈桑出席在联合国举行的千年首脑会议,索马里国旗在联合国总部升起。沙特阿拉伯数人死于裂谷热后,海湾国家再次禁止从索马里进口畜产品。
2000 年 11 月	过渡全国政府代表索马里出席伊加特首脑会议。
2001 年 2 月	过渡全国政府代表索马里出席在的黎波里举行的非统首脑会议。过渡全国议会批准非盟组织法。
2002 年 1 月	东非国家政府间发展组织(伊加特)第 9 次首脑会议授权肯尼亚、埃塞俄比亚和吉布提三国共同组成专门委员会,负责了解索马里冲突,并筹备召开新一轮索马里全国和会。
2002 年 3 月	拉汉文抵抗军宣布成立"索马里西南国",但不谋求独立。
2002 年 7 月	索马里新一轮即第 14 轮和会在肯尼亚的埃尔多雷特举行,索马里各个派别和民间团体除了索马里兰之外,均派代表与会。2000 年 8 月产生的"过渡政府"也以一个派别身份出席此次会议。10 月 27 日,与会各派领导人签署了《关于停止敌对行动和实现索马里全国和解的原则宣言》。
2003 年 9 月 15 日	第 14 轮和解会议通过《索马里过渡联邦共和

	国宪章草案》。
2004年2月23日	参加索马里第14轮和解会议的代表以绝大多数票通过《过渡联邦共和国宪章》，并决定过渡期由原来的4年改为5年。
2004年8月29日	索马里过渡联邦议会正式成立。10月10日，议会选举阿卜杜拉希·优素福为过渡联邦共和国总统。
2004年	"伊斯兰法院联盟"崛起。到2006年夏，联盟掌控了包括摩加迪沙在内的索马里南部和中部地区。
2005年1月	索马里过渡联邦政府正式成立。同年6月，政府迁移至国内距摩加迪沙240千米的拜多阿办公。
2006年12月	"伊斯兰法院联盟"从摩加迪沙出兵，包围了过渡政府所在地方拜多阿。埃塞俄比亚在美国支持下迅速出兵，协助过渡政府击溃伊斯兰联盟武装力量。次年1月，该联盟几乎丧失了全部的控制地区。
2007年3月	过渡联邦政府进入摩加迪沙办公。
2007年12月	联合国难民署发言人表示，由于摩加迪沙市武装冲突不断，局势恶化，2007年约有60万人逃离摩市，成为无家可归的人。
2007年12月30日	国际海事署最新发布的报告说，2007年索马里海域被海盗劫持的货船有31起，共有154名船员被绑架。
2008年1月1日	由于屡遭反政府武装组织的袭击和劫持，无国界医生组织开始从索马里撤离。
2008年1月18日	过渡联邦政府部队、埃塞俄比亚部队与反政府武装在摩加迪沙巴卡拉市场发生激烈交火。冲

	突持续到1月20日，以反政府武装分子逃离巴卡拉市场告终。
2008年6月2日	应索马里过渡联邦政府请求，联合国安理会于6月2日通过第1816号决议，授权外国军队在获得索马里过渡政府允许的情况下，进入索马里海域打击索马里海盗活动。
2008年6月9日	在联合国秘书长索马里问题特使阿卜杜拉主持下，索马里过渡联邦政府与反对派索马里重新解放联盟领导人谢赫·谢里夫·艾哈迈德在吉布提签署"和平协议"。
2008年7月22日	以阿维斯为首的索马里重新解放联盟中央委员会在阿斯马拉宣布开除与过渡联邦政府达成协议的谢赫·谢里夫·艾哈迈德的同时，还宣布他自己是该"联盟"的领导人，接管"联盟"的权力。同一天，艾哈迈德表示，在阿斯马拉的"联盟"中央委员不足2/3，选举无效。25日，联合国索马里问题特使阿卜杜拉表示，阿维斯没有通过合法选举获得领导权，他无权接管"联盟"，艾哈迈德仍是"联盟"合法领导人。
2008年10月7日	联合国安理会一致通过第1838号决议，呼吁各国派出军舰和战机，共同打击索马里附近海域的海盗。
2008年10月26日	过渡联邦政府与索马里重新解放联盟在吉布提再次召开会议，确定在埃塞俄比亚的军队撤离索马里后，由非盟特派团协助防务，确定双方联合组建一支1万人的警察与安全部队等。
2008年12月16日	联合国安理会一致通过第1851号决议，呼吁国际社会积极参加打击索马里沿岸的海盗和海

	上武装抢劫行为。
2008年12月29日	优素福总统在拜多阿宣布辞职,并向马多贝议长递交了辞呈书。根据过渡联邦宪章,在新总统选出来之前,马多贝议长将任代总统。
2009年1月31日	索马里过渡联邦会议在吉布提首都吉布提市举行,谢赫·谢里夫·艾哈迈德当选总统。
2010年3月15日	过渡联邦政府与重要武装派别"逊尼派联盟"达成协议,后者加入政府。
2010年5月16日	过渡联邦议会首次在摩加迪沙召开,因议员内部矛盾难以调解,马多贝议长于17日宣布辞职。28日,过渡联邦议会选举谢里夫·亚丁为新议长。
2011年6月	参加过渡联邦政府各派组织在乌干达斡旋下,达成了《坎帕拉协议》,一致同意将过渡期延长到2012年8月。
2012年8月1日	索马里全国制宪会议通过《索马里联邦共和国临时宪法》。
2012年8月20日	索马里联邦会议在摩加迪沙正式召开,选举产生议长和副议长。宣布终结过渡期,并将选举联邦共和国总统,成立新的政府。
2012年9月10日	哈桑·谢赫·马哈茂德当选联邦共和国首任总统。
2012年10月6日	马哈茂德总统提名阿卜迪·法拉赫·希尔敦为联邦政府总理。
2013年1月9日	马哈茂德总统在议会表示,实行联邦制是索马里人民的选择,任何国家或团体要改变索马里联邦体制的图谋都不会得逞。议会下一会期应审议并修订《索马里联邦共和国临时宪法》的部分条款,以便更快建立联邦体制。

2013年2月28日	马哈茂德总统在接受媒体采访时表示，索马里政府通过"特赦"和向海盗提供就业等方式来解决海盗问题。但这只针对海盗中的年轻人，不适用海盗头目。
2013年3月6日	联邦政府总理希尔敦与逊尼派领导人举行会谈并签署协议，双方同意将逊尼派联盟武装编入政府军。
2013年3月6日	联合国安理会通过第2093号决议，决定解除自1992年以来对索马里实行的武器禁运，但地对空导弹、大炮和地雷等武器装备不在解禁之列。
2013年4月12日	国际货币基金组织正式承认索马里联邦共和国政府。索马里联邦政府发表声明，对国际货币基金组织22年来首次承认索马里政府表示欢迎，希望此举为索马里带来更多国际技术援助和政策咨询，帮助索马里实现清偿债务，并最终重新获得国际货币基金组织贷款权。
2013年5月2日	索马里海盗问题联络小组主席霍普金斯表示，打击索马里海盗行动取得了巨大成功，相关海域已接近一年没有发生海盗劫持事件。在索马里附近海域、红海和印度洋面上，海盗袭击至少减少了75%。上次海盗成功劫持船员是在2012年5月21日。目前，已有21个国家关押着1140名索马里海盗。这也是海盗行为减少的重要因素之一。
2013年6月3日	联合国设立由秘书长特别代表领导的联合国索马里援助团（简称"联索援助团"）。联索援助团的任务是：支持索马里和平进程，就国家建设问题提供咨询；与双边和多边伙伴合作，

	南部对"青年党"发动名为"朱巴走廊"的行动，旨在捣毁其在南部内地的一些据点。
2015年6月26日	"青年党"对非盟驻索马里特派团设在索马里南部的一个军事基地发动袭击，造成50多名布隆迪军人丧生。"青年党"武装分子也有死伤。特派团团长马曼·西迪库说："这起袭击事件不会削弱我们继续支持索马里政府和人民，直至他们免受恐怖主义危害的决心。"
2015年7月26日	在摩加迪沙"半岛皇宫酒店"门口，"青年党"制造自杀式汽车炸弹袭击。至少有15人在袭击中遇难，有数十人受伤。设在酒店内的中国驻索马里大使馆一部分房间受损，大使馆1名警卫罹难，3名工作人员受伤。爆炸还摧毁了附近20栋住宅和商店，造成十多名居民伤亡。事后"青年党"声称对此次袭击负责，并说这是对非盟驻索马里特派团和索马里政府军近期"围剿"的报复。
2015年7月27日	马哈茂德总统对26日汽车炸弹袭击事件表示谴责："这样的恐怖袭击往往只是伤害索马里平民以及来这里帮助我们的国际友人，但难以阻挠索马里的和平进程，难以动摇我们同极端恐怖势力做斗争的决心和信心。"
2015年11月23日	索马里联邦议会表决通过《外商投资法》。
2015年12月4日	中国国家主席习近平在约翰内斯堡会见出席中非合作论坛约翰内斯堡峰会的索马里总统马哈茂德。
2015年12月29日	索马里联邦议会审议通过《媒体法》。
2016年2月2日	索马里一架民航客机在飞行中发生爆炸后在摩加迪沙机场紧急迫降，造成1人死亡、1人重

	伤。13日，索马里极端组织"青年党"发表声明，宣称对2月2日索马里达洛航空公司客机爆炸事件负责，并表示原计划袭击目标是土耳其。
2016年2月21日	索马里总统马哈茂德签署《反洗钱和打击恐怖主义融资（AML/CFT）法》，使之正式生效。该法案已于2015年12月26日由索马里联邦议会表决通过。
2016年3月31日	索马里总统马哈茂德表示，索国民军、非盟特派团部队已在南部发起打击恐怖组织"沙巴布"的新攻势，行动目标是将其赶出所有据点并歼灭。与此同时，进入东北部、中部地区的"沙巴布"分子已基本被两个地方政府部队歼灭，共击毙近200人，俘虏100余人，其中有部分是"娃娃兵"。
2016年5月9日	索马里兰当局与阿联酋公司（Dubai World）签署关于维修、更新设备、扩建柏培拉港口以及修建柏培拉至埃塞俄比亚公路（"柏培拉走廊"）的协议。在阿联酋访问的索马里兰总统西兰约表示，希望该项目尽快启动，最终目标是将柏培拉建设成自由港。位于索马里北部的柏培拉是深水良港，冷战时期苏联、美国曾经先后投资建设该港。
2016年6月2日	英国外交大臣哈蒙德访问摩加迪沙，会见马哈茂德总统、舍马克总理，承诺英国将继续在安全、反恐、发展等领域支持索马里。这是2012年以来英国外交大臣第二次访问索马里。
2016年6月3日	土耳其总统埃尔多安访问索马里首都摩加迪沙，这是埃及5年来第三次访索。埃尔多安出

	席了土驻索使馆新馆舍正式启用仪式，与索马里总统会谈，索、土双方签署了包括能源与矿产、投资、税收、教育、畜牧、警察培训等在内的9项合作协议。据报道，近年来土对索马里各类援助已达5亿美元，对索投资达1亿美元。
2016年7月28日	索马里兰政府内阁审议并批准与阿联酋DP World公司签署的柏培拉港合作协议。DP World将对该港投资4.42亿美元，并取得30年经营权。
2017年1月1日	索马里邦特兰地方政府与加勒穆杜格地方政府在索马里首都摩加迪沙签署和平协议，以结束双方的武装冲突。
2017年1月11日和22日	索马里联邦议会下院（人民院）、上院（相当于参议院）分别选出议长和副议长，至此索马里完成新一届议会（其中上院为首次成立）选举。按照本次选举办法，两院将成立一个联合委员会来研究确定总统选举日期，然后由两院议员联席会议选举新一任总统。
2017年2月8日	索马里前过渡政府总理穆罕默德·阿卜杜拉希·穆罕默德当选总统，成为索马里历史上的第九任总统。
2017年2月19日	索马里首都摩加迪沙一集市发生汽车炸弹袭击事件，造成30余人死亡，另有多人受伤。
2017年2月22日	穆罕默德·阿卜杜拉希·穆罕默德宣誓就职。
2017年4月2日	应索马里政府请求，美军向索马里派遣的数十名士兵抵达索马里，其任务目标是为索马里安全部队提供训练和装备，增强索马里军队的后勤保障能力，以帮助索马里军队更好地打击极

	端组织"青年党"。
2017年4月6日	索马里总统穆罕默德·阿卜杜拉希·穆罕默德宣布索马里全国进入战争状态,以打击极端组织"青年党"。
2017年4月10日至11日	索马里总统穆罕默德对阿联酋进行为期两天的正式访问。双方在安全、反恐、打击海盗、贸易、减债、移民等问题上达成多项共识。
2017年4月26日至28日	穆罕默德总统对土耳其进行国事访问,探讨加强合作等事宜。
2017年5月1日	德国副总理兼外长加里布尔抵达摩加迪沙,与海尔总理见面。加里布尔表示德国已向索马里提供7000万欧元的援助,并将再提供7000万欧元援助。海尔感谢德方援助,希望德方继续支持索马里的各项工作。
2017年5月2日	索马里联邦议会通过国家安全架构方案。各方认为该方案的通过是索马里安全改革的里程碑式事件,将对索马里未来形势发展产生深远影响。
2017年5月11日	索马里问题国际会议在伦敦召开,会议由英国首相、索总统、联合国秘书长任联合主席,多位国家元首、政府首脑、国家代表和国际组织负责人等出席。中国政府非洲事务特别代表许镜湖率团参会,并与索马里外长奥马尔举行双边会谈。会议通过《安全协议》《新伙伴协议》,并发表新闻公报。
2017年5月22日	穆罕默德总统率团出席在沙特阿拉伯举行的阿拉伯伊斯兰-美国首脑峰会。其间会见美国总统特朗普,双方同意加强反恐合作。
2017年5月23日至24日	穆罕默德总统访问吉布提,会见吉总统盖莱,

	就加强双边关系、反恐等进行了交谈,并出席吉布提新港开港仪式。
2017年5月23日	邦特兰州博萨索一处检查站发生自杀式炸弹袭击,造成至少5人死亡。"伊斯兰国"宣称对此事件负责。
2017年5月25日	穆罕默德总统访问卡塔尔,会见卡埃米尔阿勒萨尼。双方就在安全、财政、人道主义、教育、卫生等领域加强合作达成诸多共识。
2017年6月2日	针对索马里南部和东北部地区因旱情不断加剧的粮食供给困难,中国为索马里提供的2800余吨紧急粮食援助从上海启运,预计35天后可抵达索马里。
2017年6月7日	索马里与印度达成移交海盗囚犯协议,双方表示将尽快付诸实施。据悉,印度目前扣押了118名索马里海盗。同日,索马里外交部发表声明,表示对海湾"断交"危机严重关切,呼吁相关国家通过在阿盟和伊斯兰合作组织中的对话解决分歧,索马里愿为解决争端提供协助。
2017年6月11日	美军对位于索马里首都摩加迪沙西南方向的"青年党"目标实际了空袭,空袭是对"青年党"近期发动的袭击索马里军事基地等行动的直接回应。
2017年6月12日	索马里总理海尔出席在亚的斯亚贝巴举行的伊加特南苏丹问题峰会,并会见埃塞俄比亚总理海尔马里亚姆,就两国关系及共同关心的问题交换意见。
2017年6月22日	索马里总统穆罕默德对乌干达进行国事访问并出席在乌首都坎帕拉举行的联合国区域难民事

	务峰会，讨论东非地区难民问题。
2017年7月4日	索马里总统府遭到迫击炮袭击，其中一枚炮弹爆炸，造成2名国民军士兵死亡。
2017年7月21日	索马里北部萨那格地区发生部族冲突，已经造成至少6人死亡、18人受伤。穆罕默德总统随即发表声明，要求双方停火，以和平方式解决争端。
2017年8月8日	索马里联邦下院表决通过《国家电信法》。该法要求创建国家电信监管机构，保护企业和消费者权益，鼓励更多私营投资。
2017年8月14日	索马里希尔谢贝利州州长奥索布勒被州议会弹劾下台。13日，该州10余位部长、副部长集体辞职。次日，州议会发起对州长不信任案动议，并获绝大多数支持，通过对州长的弹劾。
2017年8月23日	盘踞在加勒古杜德州的"青年党"武装组织头目阿卜杜拉（Nor Ibrahim Abdulahi）向索马里政府军投诚。
2017年9月21日	中国外长王毅在联合国大会期间会见索马里总理海尔，双方就推进两国友好合作关系交换了意见。
2017年9月26日至27日	索马里总统穆罕默德对沙特阿拉伯进行正式访问，其间与沙特国王萨勒曼就加强两国在安全、贸易等方面的合作举行了会谈。
2017年10月2日	索马里总统穆罕默德签署国家通信法案，该法案旨在规范索马里电信业发展。
2017年10月4日	索马里总统穆罕默德访问苏丹，与苏丹总统巴希尔就加强两国合作交换了意见。
2017年10月12日	邦特兰州政府向阿联酋P&O港口公司移交该州博萨索港经营权。P&O公司获得该港30年

特许经营权。

2017年10月22日至23日　索马里总统穆罕默德对乌干达进行工作访问，与乌干达总统穆塞韦尼就增进两国关系和加强反恐合作达成共识。

2017年10月23日至24日　穆罕默德总统对埃塞俄比亚进行正式访问，寻求埃塞俄比亚对索马里打击恐怖主义行动的支持。埃塞俄比亚总理海尔马里亚姆表示，决不允许恐怖主义威胁地区和平与稳定。

2017年10月24日至25日　索马里总统穆罕默德对吉布提进行正式访问，与吉布提总统盖莱就打击恐怖主义等议题交换了意见。双方表示将加强合作，继续打击恐怖主义。

2017年11月15日　联合国安理会投票通过第2385号决议，将对索马里武器禁运和武器进口、木炭出口航运禁令以及对厄立特里亚武器禁运延长至2018年11月15日，将索马里厄监督组授权延长至2018年12月15日。

2017年11月21日　索马里兰"国家选举委员会"宣布，穆塞·比希·阿卜迪获得55%的选票，当选索马里兰第五任总统。

2017年11月30日　2400名邦特兰州地方部队士兵被纳入索马里国民军序列，该州成为索马里国家安全力量整合计划中首个将地方部队纳入国民军的州。

2017年12月7日至9日　穆罕默德总统出席在埃及沙姆沙伊赫举行的2017年非洲经济论坛，其间会见埃及总统塞西，就两国关系和卡塔尔断交危机等议题交换意见。

2017年12月28日　索马里正式收回其领空控制权。这是索马里时隔26年后重新取得其领空控制权。

2018年1月17日	联合国开发计划署发表2018年索马里人道主义援助计划。
2018年1月25日	索马里总理海尔在达沃斯会见加拿大总理特鲁多。
2018年1月28日至29日	索马里总统穆罕默德出席第30届非盟峰会,其间会见联合国秘书长古特雷斯。
2018年1月30日	索马里总理海尔召开索马里旱灾响应与恢复高级别会议。
2018年2月9日	索马里总统穆罕默德宣布将与索马里兰当局恢复对话。
2018年2月28日至3月2日	非索团出兵国会议在乌干达坎帕拉召开。
2018年3月22日	索马里外长阿瓦德在卢旺达首都基加利代表索马里签署加入非洲大陆自由贸易区协议。
2018年4月2日	索马里总统穆罕默德会见非盟和联合国关于非盟驻索特派团资金协商事宜的特使,讨论非索团向索国民军移交安全责任问题。
2018年4月15日	索马里总统穆罕默德出席在沙特阿拉伯举行的第29届阿拉伯国家联盟峰会。
2018年4月18日	索马里总统穆罕默德同埃及总统塞西通电话,就索马里当前形势和加强两国反恐合作交换意见。
2018年5月7日至8日	索马里举行禁止非法木炭交易会议,索马里副总理古莱德出席开幕式,表示将从供需双方入手管控木炭交易。非法木炭交易破坏了索马里生态环境,加剧了索马里人道主义危机。
2018年5月14日	索马里总统穆罕默德对卡塔尔进行国事访问,同卡埃米尔阿勒萨尼就贸易、卫生、投资等领域合作交换意见。
2018年5月14日至16日	索马里举行国家修宪会议,将2019年年底设

	为修宪最后期限。
2018年5月19日至23日	索马里兰州遭遇热带气旋袭击，至少25人死亡、27人失踪。
2018年5月24日至26日	索马里兰州和邦特兰州在争议地区图卡拉克发生激烈交火。
2018年5月26日至27日	索马里总理海尔访问埃塞俄比亚，同埃塞新任总理艾哈迈德就贸易、投资、航空、区域安全等举行会谈，并同非盟委员会主席法基就索马里联邦政府在政治、经济、安全等领域的改革交换意见。
2018年5月30日	索马里总统穆罕默德访问肯尼亚，同肯尼亚总统雅塔就双边关系、安全事务、区域和平稳定等交换意见。
2018年6月4日至6日	索马里国家安全会议在西南州拜多阿举行，索马里总统穆罕默德、总理海尔和各联邦成员州领导人与会。会议讨论了国家安全、宪法审议期限、2020年"一人一票"选举、国家资源共享、统一国家税收等议题，并发表会议公报。
2018年6月7日	索马里总理海尔访问吉布提，同吉总统盖莱就索安全、人道主义形势等交换意见，海尔感谢吉在维护索和平与安全稳定中发挥的作用。
2018年6月16日	索马里总统穆罕默德会见来访的埃塞俄比亚总理艾哈迈德，双方就加强贸易、安全等领域合作发表联合公报。
2018年6月19日至20日	索马里总理海尔赴挪威奥斯陆出席高级别和平论坛。
2018年6月21日	索马里总统穆罕默德赴埃塞俄比亚出席伊加特峰会。

索马里

2018年6月24日至25日	索马里总理海尔访问卢旺达，会见卢总理恩吉伦特，双方就经济、安全、司法改革等领域合作交换意见，并同非盟轮值主席、卢总统卡加梅讨论了非索团向索移交安全责任等问题。
2018年6月27日	索马里联邦议会人民院议长阿卜迪拉赫曼赴吉布提出席吉布提独立日活动，并同吉布提总统盖莱就加强两国关系和共同关心的问题交换意见。
2018年7月11日至13日	索马里海域海盗问题联络小组第21次全体会议在内罗毕举行，讨论根除海盗的创新性策略，呼吁国际社会高度重视，加强合作，共同应对。
2018年7月16日至17日	欧盟、索马里、瑞典在布鲁塞尔联合举办第二届索马里伙伴论坛，58个国家和6个国际组织代表参加，索马里总统穆罕默德出席。各方就涉索政治、安全、经济、复原力、人道主义援助等议题进行了研讨，索马里表示愿强化新型伙伴关系，推动索和平重建。
2018年7月19日	索马里总理海尔在卢萨卡与东南非共同市场代表举行会谈并签署协议，索马里重新加入共同市场。
2018年7月25日	索马里总统穆罕默德宣布组建国家经济论坛，该论坛将协助索政府设计经济发展战略。
2018年7月28日至30日	索马里总统穆罕默德访问厄立特里亚并会见厄立特里亚总统伊萨亚斯，这是1993年厄立特里亚独立以来索马里总统首次访厄。双方同意恢复外交关系并加强各领域合作。
2018年7月29日	索马里国家情报与安全局的武装力量并入贝纳迪尔地区警察机构。

2018年8月12日	索马里总统穆罕默德会见来索访问的厄立特里亚外长奥斯曼。
2018年8月16日	索马里总统穆罕默德访问吉布提，同吉总统盖莱就双边关系举行会谈。
2018年8月18日	索马里总统穆罕默德访问土耳其并出席土正义与发展党大会。
2018年9月25日	世界银行批准向索马里提供8000万美元支持其财政改革，用于促进索马里经济增长、消除贫困和改善民生。
2018年8月31日	中国国家主席习近平在人民大会堂会见出席中非合作论坛北京峰会的索马里总统穆罕默德。
2018年10月9日至11日	索马里总理海尔对沙特阿拉伯进行正式访问，同沙特国王萨勒曼、王储穆罕默德举行会谈，就双边合作与地区形势交换意见。
2018年10月12日	索马里当选2019~2021年联合国人权理事会成员。
2018年10月17日	埃塞俄比亚外长沃尔基内和厄立特里亚外长奥斯曼访索，同索马里总理海尔、外长阿瓦德分别举行会谈，就政治、经贸、安全等议题交换意见。
2018年10月23日	索马里北部索勒地区发生部族间武装冲突，造成至少50人死亡。
2018年10月27日	伊斯兰合作组织联络小组会议在摩加迪沙举行，索马里总理海尔主持。会议发表联合公报，赞赏索马里和平重建取得的成就，呼吁国际社会继续向索马里提供支持。
2018年10月31日	索马里总统穆罕默德赴南苏丹首都朱巴见证和平协议签署。
2018年11月9日至10日	索马里总统穆罕默德访问埃塞俄比亚，同埃塞

	总统阿比、厄立特里亚总统伊萨亚斯举行三方会谈并发表联合声明，对目前三国友好关系发展表示欢迎，强调索马里主权与领土完整和政治独立的重要性，支持索马里联邦政府和人民为实现国家和平稳定所做努力，欢迎联合国安理会解除对厄立特里亚武器禁运，呼吁推进非洲之角和平与一体化。
2018 年 11 月 11 日至 16 日	索马里首届国家经济政策论坛在摩加迪沙举行，索马里副总理古莱德主持。论坛主要讨论反腐、增加国内收入、资源分配、经济治理与合作等议题。
2018 年 11 月 18 日至 19 日	索马里举行首届公共－私营对话会，海尔总理主持。会议就促进私营部门发展、创造就业、消除贫困等议题进行了研讨。
2018 年 11 月 24 日	穆罕默德总统对乌干达进行正式访问，与乌总统穆塞韦尼举行会谈，就安全、教育、贸易与投资合作等交换意见，穆塞韦尼积极评价索马里、埃塞、厄特三方协议对解决地区政治冲突、促进经济发展的作用。
2018 年 11 月 26 日至 28 日	非盟和安理事会代表团赴索马里视察非索团维和与安全责任移交情况，与索马里总理海尔就索马里和平进程、过渡计划、经济恢复与增长、人道主义事务等交换意见，并访问索马里联邦成员州。
2018 年 12 月 12 日至 14 日	索马里总理海尔正式访问卡塔尔，双方就双边关系进行交流并签署数项合作协议。
2018 年 12 月 22 日	摩加迪沙发生连环汽车炸弹爆炸事件，造成至少 30 人死亡、54 人受伤。
2019 年 1 月 8 日	索马里邦特兰州举行州主席选举，原联邦政府

	计划与国际合作部部长穆罕默德当选。
2019年1月21日	索马里联邦政府和相关援助机构发布2019年索人道主义响应计划，呼吁国际社会向索受冲突、气候变化和流离失所影响的340万人提供10.8亿美元援助。
2019年1月28日	索马里总理海尔访问肯尼亚，同肯尼亚总统肯雅塔就提升两国经济与安全合作交换意见，两国签署促进经济、安全、人员交流等领域合作协议。
2019年2月9日至11日	索马里总统穆罕默德赴埃塞俄比亚出席非盟第32届峰会，并同联合国秘书长古特雷斯、埃塞总理阿比、乌干达总统穆塞韦尼等举行会谈。
2019年2月18日至19日	索马里总统穆罕默德访问布隆迪，会见布总统恩库伦齐扎，就非索团撤出、两国经贸与安全合作等交换意见。
2019年2月19日	索马里总统穆罕默德访问吉布提并会见吉总统盖莱，就索马里和平进程与双边关系交换意见。
2019年2月23日至25日	索马里总统穆罕默德赴埃及出席首届欧盟－阿盟峰会并发言，呼吁双方加强伙伴关系，促进经济发展。
2019年2月26日	索马里总统穆罕默德对卡塔尔进行工作访问，与卡埃米尔塔米姆会见，就两国经济、安全和发展领域合作交换意见。
2019年2月28日	摩加迪沙发生两起汽车炸弹爆炸袭击事件，造成至少24人死亡、50人受伤。
2019年3月5日	索马里总统穆罕默德会见埃塞俄比亚总理阿比，双方就加强地区合作、促进地区一体化

2019年3月6日	等交换意见。 索马里总统穆罕默德、肯尼亚总统肯雅塔、埃塞俄比亚总理阿比在内罗毕举行三方会谈。
2019年3月13日至14日	索马里总统穆罕默德出席在乌干达举行的"非洲今日"经济发展合作会议，并同乌总统穆塞韦尼举行会谈，就双边关系发展交换意见。
2019年3月16日至17日	吉布提总统盖莱访索，同索马里总统穆罕默德就双边关系举行会谈，并视察非索团吉布提部队维和情况。
2019年3月17日	希尔谢贝利州发生部族间冲突，造成至少7人死亡、17人受伤。
2019年4月1日至3日	索马里联邦议会上院与人民院第五会期相继开幕。会议将安全问题列为首要议题。
2019年4月13日	索马里安全部队在摩加迪沙枪杀2名平民，引发民众暴力抗议游行，造成4人死亡。
2019年4月24日	索马里穆罕默德总统访问厄立特里亚，与厄特总统伊萨亚斯会见，就两国合作与地区形势交换意见。
2019年4月25日至26日	索马里计划、投资与经济发展部部长哈桑、商务与工业部部长哈耶尔赴中国参加第二届"一带一路"国际合作高峰论坛。
2019年5月20日	索马里联邦议会人民院通过石油修正法案，该法案将设立石油监管机制和联邦政府与成员州间收入划分机制，允许联邦政府对外颁发石油开发许可证。该法案还需联邦议会上院审议通过。同日，索马里总理海尔会见来索马里访问的欧盟外交和安全政策高级代表莫盖里尼，主要就索马里改革进程和双方伙伴关系等议题交换意见。

2019年5月29日至6月1日	索马里总统穆罕默德赴麦加出席伊斯兰合作组织首脑会议，会议通过《麦加宣言》。
2019年5月30日	联合国秘书长古特雷斯宣布任命美籍外交官斯万担任新任索问题特别代表。
2019年6月2日	索马里总统穆罕默德同埃塞俄比亚总理阿比会见，就两国互惠关系和地区安全合作等议题交换意见。
2019年6月26日至29日	索马里副总理古莱德率团赴中国湖南长沙参加首届中非经贸博览会，并与胡春华副总理举行双边会见。
2019年7月20日至22日	南非前总统、非洲联盟高级别执行小组代表塔博·姆贝基率代表团访索。姆贝基此访目的在于评估索马里经济与安全形势，以推动地区经济整合和安全伙伴关系。
2019年9月7日	索马里总理海尔在西南州拜多阿会见驻索使团代表，呼吁国际社会为该州发展提供支持。
2019年9月17日	索马里总统穆罕默德赴加尔穆杜格州首府出席和解会议闭幕活动，会议发表组建该州包容性政府的联合公报。
2019年10月1日至2日	索马里联邦政府在摩加迪沙主持召开索伙伴方论坛，40多个国家和国际组织派代表与会。索马里政府回顾了和平重建取得成绩，国际社会重申对索马里各领域支持，双方并就当前索马里面临的优先事项达成共识。
2019年10月21日至25日	索马里总统穆罕默德率团赴索契参加首届俄罗斯–非洲峰会，在发言中呼吁加强非俄合作关系，鼓励外资赴索马里投资，并同俄总统普京举行双边会见。
2019年10月23日	联合国常务副秘书长穆罕默德与非盟妇女、和

索马里

	平与安全事务特别代表迪奥普共同访索，同索马里总理海尔举行会见，就促进索马里和平发展、解决分歧和提升妇女在政治与发展领域地位交换意见。
2019年11月3日	索马里总统穆罕默德、总理海尔等会见访索马里的世界银行副行长。世行宣布在索开设办事处，表示将支持索债务减免和经济改革措施。
2019年11月11日至13日	索马里总理海尔出席巴黎和平论坛并访问欧盟总部，与法国总统、欧盟委员会副主席等举行会谈。
2019年11月12日	索马里总统穆罕默德出席人口与发展国际会议期间同肯尼亚总统肯雅塔举行会谈，双方同意推动两国关系正常化。
2019年11月23日	索马里总统穆罕默德会见国内各政党代表，就2020/2021年议会和总统选举交换意见。
2019年12月28日	索马里首都摩加迪沙一处公路检查站遭自杀式汽车炸弹袭击，截至30日已造成至少79人死亡、149人受伤，成为2017年10月以来索马里发生的最严重的恐袭事件。

参考文献

一 中文部分

〔英〕巴兹尔·戴维逊:《现代非洲史——对一个新社会的探索》,舒展、李力清、张学珊译,中国社会科学出版社,1989。

顾章义:《非洲国家政局动荡中的民族问题》,《西亚非洲》1994年第6期。

联合国教科文组织编《非洲通史》第1~8卷,中国对外翻译出版公司,1980~1999。

刘恩照:《联合国索马里行动》,《国际问题研究》1995年第1期。

世界宗教研究所编《各国宗教概况》,中国社会科学出版社,1984。

苏世荣等编著《非洲自然地理》,商务印书馆,1983。

王启文、沪生、沪东、吉南编著《东非诸国》,军事谊文出版社,1996。

王涛、秦名连:《索马里青年党的发展及影响》,《西亚非洲》2013年第4期。

〔匈〕西克·安德烈:《黑非洲史》,上海新闻出版系统"五·七"干校翻译组译,上海人民出版社,1973。

〔苏〕伊·谢·谢尔盖耶娃:《索马里地理》,南京地理系非洲地理组译,江苏人民出版社,1977。

〔英〕约安·刘易斯:《索马里史》,赵俊译,东方出版中心,2012。

曾尊固等编著《非洲农业地理》,商务印书馆,1984。

二 外文部分

Africa South of the Sahara, 2002 - 2004, London, the Gresham Press.

Bachholzer, J., *The Horn of Africa*, London, 1959.

Drysadle, J., *The Somali Dispute*, London, 1964.

Lewis, I. M., *Blood and Bone*, New Jersey, 1994.

Lewis, I. M., *The Modern History of Somaliland: From Nation to State*, London, 1965.

Somalia Human Development Report, 2001 - 2003, United Nations Development Program.

Pankhurst, S. F., *Ex-Italian Somaliland*, London, 1951.

Farah, A. Y., Lewis I. M., *Somalia: the Roots of Reconciliation*, London, 1993.

Peterson, S., *Me Against My Brother: At War in Somalia, Sudan and Rwanda*, London, 2000.

Touval, S., *Somali Nationalism: International Politics and the Drive for Unity on the Horn of Africa*, Cambridge, 1963.

Lewis, I. M., *Peoples of the Horn of Africa: Somali, Afar and Saho*, London, 1955.

The Somali Republic and African Unity, Somali Government Publications, London, 1962.

索 引

A

阿卜杜拉·哈桑　29，44，231

阿卜杜拉希·优素福　67，68，236，238

阿卜杜拉希·优素福·艾哈迈德　86，233

阿尔塔和会　66，88

阿夫戈伊　25，27，126，218

阿拉伯国家联盟　20，62，209～211，227，233，237，252

阿拉伯语　13，48，176～179，184，185，233

阿里·迈赫迪　61，87，234，235

阿里·舍马克　232

埃尔多雷特和会　66

奥比亚　11，35，42，43，45，130

奥斯曼尼亚文　48，49，51

B

巴科勒州　9

巴拉韦（港）　173，244

巴里（州）　8，9，14，119，160

柏培拉　2，4，6，11，14，32，34～37，39，40，42，44，45，48，49，54，57～59，85，95，116，119，122，127～130，192，197，200，205，231，234，246，247

拜多阿（镇）　8，68，88～90，105，118，120，122，130，194，204，238，240，253，259

邦特兰　9，65，70，82，84，86，95，96，119，124，126，133，161，164，166，193，194，197，204，236，247，249～251，253，256

贝纳迪尔州　11，27

博萨索　2，4，14，91，98，118，120，122，126，127，129～131，134，160，184，249，250

布拉瓦　35，37～40，43，119

布劳　11，44，48，59，65，85，110，126，134，185，217，221，234

部落　1，12，36，41，45，46，48，50，51，55～61，65，66，68～71，73～

263

81，84~88，91，95，97，101，102，122，147~152，156，162，164，166，173，181，208

部落主义 55~57，74，75，77，148，150，181

C

重新解放索马里联盟 69，90

D

达鲁德部 56，86，150，151
迪尔（部落） 12，73，147，148
迪基尔（部落） 12，73，147，148
杜尔巴汉特 44

F

法赫德·艾迪德 61，152，234
非政府组织 91，92，173，178
非洲联盟 66，67，157，194，205，227，228，259
非洲统一组织 62，63，91，152，187~189，198，204，227，237
父系血统（托尔） 12，73，101，147，148

G

盖多州 9，204

格勒迪 35，40
国民议会 53，74，76，80，215，232

H

哈尔格萨 8，11，28，32，48，49，59，73，81，82，85，92，95，105，108，110，118，120，122，124，130，131，134，136，148，149，151，159，183~185，217，221，222，234，236
哈丰角 1，15，27，46
哈桑·谢赫·马哈茂德 109，240
哈维耶部落 61，87，151
海盗 70，115，163~174，190，194，198，199，227，238，239，241~243，248，249，254
旱灾 107，114，153，164，190，220，225，252

J

饥荒 41，46，62，236
基地 31，32，41，58，59，65，68，70，86，95，99，102，103，164，167，173，190~194，197，200，203，234，236，244，245，249
基斯马尤 3，6，27，31，32，41~44，54，57，63，88，95，120，126，127，129，145，192，217，244
旧石器时代 231

军阀　62~64，66，95，115，123，
　　125，128，158，166，183，187，235
军事政变　233

K

科学社会主义　56，84，233
库希特人　12，33

L

拉汉文（部落）　12，73，88，147，148
拉汉文抵抗军　66，85，88，95，122，
　　204，236，237
联合国　9，10，14，25，51，52，62~
　　69，75，89，91，98，104，110~112，
　　114，115，117，119，120，123，
　　125，128，131，135，141，143，
　　152，153，156，157，164，168，170~
　　172，175，178~180，193，194，
　　196，198，199，201，204，206，
　　208，212，214，215，219，220，226~
　　229，232，235，237~239，241~
　　243，248~252，255~257，259
联合国索马里行动　62~64，227，235
联合国托管委员会　175，226，237

M

马尔卡　35，40，43，44，52，126，127，
　　129，164，180

米朱提因　35，36，42~44
民族独立　29，45，47~49，51，75，
　　84，181，226
牧民　1，3，5，8，11，21，24，44，
　　46，47，57，96，101，102，104，
　　106，113，114，121，138，141，
　　148，149，154，160，162，166，177

N

难民　62~64，85，91，94，108，153，
　　155~157，164，165，190，194，
　　204，206，207，220，227，229，
　　238，243，249，250
努加尔州　9，164

O

欧加登部落　59，88
欧加登地区　42，58，59，88，189，201~
　　203，232，233
欧加登战争　58，94，189，190，203，
　　206，209，210
欧洲联盟　66

P

蓬特国　27，33，34，231

S

萨布人　12，147

萨里赫教派 44

"沙巴布"（索马里青年"圣战"组织）
　　90，98，246

沙里亚法 83，86，89

沙特阿拉伯 62，89，119，133，136，
　　140～142，160，179，190，192，209～
　　211，236，237，248，250，252，255

氏族长老 46，65

水资源 93，161～163

苏丹（指国家或地区） 35，42，44，
　　47，80，157，188～190，201，202，
　　210，211，249，250，255

素丹（指国王） 30，31，35，40～43

索马里爱国运动 59，60，85，86，88，
　　151，234

索马里公务员联盟 48，91

索马里共和国 49，52～54，75，79，
　　80，84～87，101，105，142，152，
　　184，187，188，198，199，202，
　　206，208，212～214，221，232

索马里救国联盟 85，87

索马里救国民主阵线 67，77，85，86，
　　90，233

索马里兰 9，65，67，70，77，82，85，
　　86，91，95，96，108，119，124，
　　126，129～131，133，134，136，
　　137，151，161，179，185，193，194，
　　197，198，204，205，208，235～237，
　　246，247，251～253

索马里民族联盟 49，50，53，85～87

索马里民族协会 48，49，91，232

索马里民族运动 59，77，85，151，234，
　　235

索马里青年俱乐部 51，232

索马里青年联盟 49，51～53，55，
　　74，75，183，232

索马里人 1，3～5，7，10～14，17，
　　19～26，29，30，33～36，39，42～
　　45，47～52，54，56～59，62～65，
　　71，73，74，79，89，91，96，97，
　　102，103，106，108，111，113，122～
　　125，134，135，137，143，148，149，
　　151，154～162，164，165，175～177，
　　179，181，183，185，188～190，
　　197，199，201～203，205～208，
　　212，214，219，221，224，226，
　　232，234，240，252

索马里统一党 49，50，53

T

塔莱 45，232

特遣队 64，168，235

W

瓦尔桑格里 35，45

X

西部索马里解放阵线 203，233

西亚德·巴雷 56～61，66，75～78，

80，81，84～89，94，95，97，150，151，156，162，172，193，197，203，216，232～235

希兰州 9，113

谢贝利河 6，7，11，12，15，17，18，25，27，28，43，45，73，101，103，110～112，114，148，149，163，195

谢赫·艾哈迈德 70

新石器时代 231

畜牧业 13，16，20，31，46，57，101，104，105，109，112，113，141，164，173，178，180

Y

伊加特 62，63，173，188，194，196，203，204，207，208，211，228，229，237，244，249，253

伊萨克部落 60，74，86，151

伊塞人 208

伊斯兰教 12，19，20，22，25，26，28，29，35，48，71，78～83，89，99，178，179，184，231

伊斯兰团结党 69，85，89，193，204

易卜拉欣·埃加勒 212

意属索马里 14，29，43，44，47，49，51～53，79，96，97，103，104，175，191，202，212，226，232

英属索马里保护地 202，232

游牧民 1，3，5，11，21，101，102，104，113，114，121，154，162，177

Z

泽拉 14，35，36，38～42，45，73，148，231

政党 50，51，53，55，56，60，65，66，74～76，83～85，150，232，233，260

朱巴河 6，7，11，12，15，17，18，27，31，39，43，57，73，101，103，110～114，126，148，149，163，195，236

最高革命委员会 13，56，57，76，80，84，127，189，215，216，232，233

新版《列国志》总书目

亚洲

阿富汗
阿拉伯联合酋长国
阿曼
阿塞拜疆
巴基斯坦
巴勒斯坦
巴林
不丹
朝鲜
东帝汶
菲律宾
格鲁吉亚
哈萨克斯坦
韩国
吉尔吉斯斯坦
柬埔寨
卡塔尔
科威特
老挝
黎巴嫩
马尔代夫

马来西亚
蒙古国
孟加拉国
缅甸
尼泊尔
日本
沙特阿拉伯
斯里兰卡
塔吉克斯坦
泰国
土耳其
土库曼斯坦
文莱
乌兹别克斯坦
新加坡
叙利亚
亚美尼亚
也门
伊拉克
伊朗
以色列
印度
印度尼西亚
约旦
越南

新版《列国志》总书目

非洲

阿尔及利亚
埃及
埃塞俄比亚
安哥拉
贝宁
博茨瓦纳
布基纳法索
布隆迪
赤道几内亚
多哥
厄立特里亚
佛得角
冈比亚
刚果
刚果民主共和国
吉布提
几内亚
几内亚比绍
加纳
加蓬
津巴布韦
喀麦隆
科摩罗
科特迪瓦
肯尼亚
莱索托
利比里亚
利比亚
卢旺达
马达加斯加
马拉维
马里
毛里求斯
毛里塔尼亚
摩洛哥
莫桑比克
纳米比亚
南非
南苏丹
尼日尔
尼日利亚
塞拉利昂
塞内加尔
塞舌尔
圣多美和普林西比
斯威士兰
苏丹
索马里
坦桑尼亚
突尼斯
乌干达
赞比亚
乍得
中非

欧洲

阿尔巴尼亚
爱尔兰
爱沙尼亚
安道尔

索马里

奥地利
白俄罗斯
保加利亚
北马其顿
比利时
冰岛
波斯尼亚和黑塞哥维那
波兰
丹麦
德国
俄罗斯
法国
梵蒂冈
芬兰
荷兰
黑山
捷克
克罗地亚
拉脱维亚
立陶宛
列支敦士登
卢森堡
罗马尼亚
马耳他
摩尔多瓦
摩纳哥
挪威
葡萄牙
瑞典
瑞士
塞尔维亚
塞浦路斯
圣马力诺

斯洛伐克
斯洛文尼亚
乌克兰
西班牙
希腊
匈牙利
意大利
英国

美洲

阿根廷
安提瓜和巴布达
巴巴多斯
巴哈马
巴拉圭
巴拿马
巴西
玻利维亚
伯利兹
多米尼加
多米尼克
厄瓜多尔
哥伦比亚
哥斯达黎加
格林纳达
古巴
圭亚那
海地
洪都拉斯
加拿大
美国
秘鲁
墨西哥

尼加拉瓜
萨尔瓦多
圣基茨和尼维斯
圣卢西亚
圣文森特和格林纳丁斯
苏里南
特立尼达和多巴哥
危地马拉
委内瑞拉
乌拉圭
牙买加
智利

巴布亚新几内亚
斐济
基里巴斯
库克群岛
马绍尔群岛
密克罗尼西亚
瑙鲁
纽埃
帕劳
萨摩亚
所罗门群岛
汤加
图瓦卢
瓦努阿图
新西兰

大洋洲

澳大利亚

国别区域与全球治理数据平台

www.crggcn.com

"国别区域与全球治理数据平台"（Countries, Regions and Global Governance, CRGG）是社会科学文献出版社重点打造的学术型数字产品，对接国别区域这一重点新兴学科，围绕国别研究、区域研究、国际组织、全球智库等领域，全方位整合基础信息、一手资料、科研成果，文献量达30余万篇。该产品已建设成为国别区域与全球治理数据资源与研究成果整合发布平台，可提供包括资源获取、科研技术服务、成果发布与传播等在内的多层次、全方位的学术服务。

从国别区域和全球治理研究角度出发，"国别区域与全球治理数据平台"下设国别研究数据库、区域研究数据库、国际组织数据库、全球智库数据库、学术专题数据库和学术资讯数据库6大数据库。在资源类型方面，除专题图书、智库报告和学术论文外，平台还包括数据图表、档案文件和学术资讯。在文献检索方面，平台支持全文检索、高级检索，并可按照相关度和出版时间进行排序。

"国别区域与全球治理数据平台"应用广泛。针对高校及国别区域科研机构，平台可提供专业的知识服务，通过丰富的研究参考资料和学术服务推动国别区域研究的学科建设与发展，提升智库学术科研及政策建言能力；针对政府及外事机构，平台可提供资政参考，为相关国际事务决策提供理论依据与资讯支持，切实服务国家对外战略。

数据库体验卡服务指南

※100元数据库体验卡，可在"国别区域与全球治理数据平台"充值和使用

充值卡使用说明：
第1步 刮开附赠充值卡的涂层；
第2步 登录国别区域与全球治理数据平台（www.crggcn.com），注册账号；
第3步 登录并进入"会员中心"→"在线充值"→"充值卡充值"，充值成功后即可使用。

声明

最终解释权归社会科学文献出版社所有

客服QQ：671079496
客服邮箱：crgg@ssap.cn

欢迎登录社会科学文献出版社官网（www.ssap.com.cn）和国别区域与全球治理数据平台（www.crggcn.com）了解更多信息

卡号：685746188828
密码：

图书在版编目（CIP）数据

索马里 / 顾章义，安春英编著. --北京：社会科学文献出版社，2020.7
（列国志：新版）
ISBN 978-7-5201-6099-5

Ⅰ.①索… Ⅱ.①顾…②安… Ⅲ.①索马里－概况 Ⅳ.①K942.2

中国版本图书馆 CIP 数据核字（2020）第 026271 号

·列国志（新版）·
索马里（Somalia）

编　　著 / 顾章义　安春英

出 版 人 / 谢寿光
组稿编辑 / 高明秀
责任编辑 / 许玉燕
文稿编辑 / 徐　花

出　　版 / 社会科学文献出版社·国别区域分社（010）59367078
　　　　　　地址：北京市北三环中路甲29号院华龙大厦　邮编：100029
　　　　　　网址：www.ssap.com.cn
发　　行 / 市场营销中心（010）59367081　59367083
印　　装 / 三河市尚艺印装有限公司

规　　格 / 开 本：787mm×1092mm　1/16
　　　　　　印 张：19　插 页：0.75　字 数：274千字
版　　次 / 2020年7月第1版　2020年7月第1次印刷
书　　号 / ISBN 978-7-5201-6099-5
定　　价 / 89.00元

本书如有印装质量问题，请与读者服务中心（010-59367028）联系

版权所有 翻印必究

	里建立一支训练有素的安全部队对维护社会稳定极为重要,希望联合国在这方面加大对索马里的支持力度。
2013年11月1日	世界银行、联合国毒品与犯罪问题办公室及国际刑警组织联合发布公告,指出从2005年至2012年,索马里海盗勒索赎金总额逾4亿美元,一般通过跨境现金走私、伪装贸易活动和地下钱庄汇款洗钱。
2013年11月12日	索马里最大电信运营商豪穆德(Hormud)公司与毛里求斯液体电信(Liquid Telecom)公司签署合作协议,将铺设一条连接肯尼亚与索马里的光纤电缆。豪穆德公司表示,目前索马里用户只能通过卫星连接互联网。光纤电缆建成后,索马里用户将通过液体电信公司光纤网络连接全球,对索马里经济发展有里程碑意义。
2014年2月21日	索马里总统府遭"青年党"袭击。恐怖分子未能闯入总统府。在交火中,有14人丧生,其中5人是政府官员和士兵,9人是恐怖分子。
2014年7月5日	一辆载有爆炸物的汽车在索马里座议大厦附近的检查站爆炸,造成4人死亡。死者为汽车司机、检查站士兵和检查站附近难民营中的难民,另有难民营中的7名儿童受伤。汽车是在检查站被值勤士兵拦下后爆炸的。当士兵对汽车检查时,司机引爆了爆炸物。事后,"青年党"宣布该组织制造了这次爆炸,并称前数天杀死一名索马里议员及其保镖的事也是其所为。